DE GAULLE

Esta obra beneficiou do apoio dos Programas de ajuda à publicação
do Instituto Francês / Ministério dos Negócios Estrangeiros e Europeus francês

Título original:
De Gaulle

© Éditions Gallimard 2008

Tradução: Victor Silva

Revisão: Jorge Palinhos

Capa: FBA.

Na capa:
Foto de De Gaulle tirada por Edward R. Yerbury em Edimburgo em 1942 /
Musée de l'Ordre da la Libération

Depósito Legal n.º 329508/11

Biblioteca Nacional de Portugal – Catalogação na Publicação

ROUSSEL, Éric

De Gaulle. - (Biografias)
ISBN 978-972-44-1643-4

CDU 929
32

Paginação:
MJA

Impressão e acabamento:
PAPELMUNDE
para
EDIÇÕES 70, LDA.
Junho de 2011

Direitos reservados para Portugal

EDIÇÕES 70, Lda.
Rua Luciano Cordeiro, 123 – 1.º Esq.º – 1069-157 Lisboa / Portugal
Telefs.: 213 190 240 – Fax: 213 190 249
e-mail: geral@edicoes70.pt

www.edicoes70.pt

Esta obra está protegida pela lei. Não pode ser reproduzida,
no todo ou em parte, qualquer que seja o modo utilizado,
incluindo fotocópia e xerocópia, sem prévia autorização do Editor.
Qualquer transgressão à lei dos Direitos de Autor será passível
de procedimento judicial.

ÉRIC ROUSSEL
DE GAULLE

Um Homem à Parte

«Acredite neste velho parisiense: não há memória duma família de Paris que tenha participado no jogo durante mais de três gerações sem ter sido liquidada.» Longe de ser um gracejo, esta confidência de Charles de Gaulle ao seu ajudante de campo Claude Guy ([1]) assume a sua verdadeira significação à luz da história bastante movimentada da sua linhagem paterna.

Até à Revolução Francesa, os de Gaulle foram burgueses parisienses prósperos, respeitados e orgulhosos das suas raízes longínquas no País de Gales. Depois da tormenta de 1789, tudo irá mudar. Tendo sido procurador no Parlamento, Jean-Baptiste de Gaulle, o trisavô do general, perdeu a maior parte da sua fortuna durante os distúrbios e o seu filho, advogado no Parlamento, feito prisioneiro pela Convenção e libertado após a morte de Robespierre, não conseguiu restabelecer a situação material da família. Com cerca de 60 anos e atravessando grandes dificuldades, acabará por se alistar no Grande Exército, amargamente desiludido com as ideias novas veiculadas pelos enciclopedistas, de que fora inicialmente muito próximo.

O seu filho, Julien de Gaulle, avô do fundador da V República, teve um percurso ainda menos invejável. Nascido em 1801, em Ménilmontant, formado na École Nationale des Chartes e tendo-se instalado ainda muito novo no Norte, trabalhava num pequeno pensionato de Lille, levando, ao que parece, uma existência precária.

> «O seu salário não devia ser muito elevado,» escreve Michel Marcq, o historiador da família, «e essa é talvez a razão por que este paleógrafo [...], que ocupava a maior parte das suas horas livres nos arquivos, vendeu em 1833-1834, quer em Gand, quer a um negociante da Rua Jean-Jacques Rousseau, em Lille, documentos que não lhe pertenciam.» (2)

Embora de natureza venal, a questão perseguiu, apesar de tudo, Julien de Gaulle durante uma parte da sua vida. Em 1837, quando a pequena instituição escolar de Valenciennes de que assumira a direção periclitou, correram de novo rumores sobre este episódio. Em todo o caso, foi numa extrema penúria que Julien de Gaulle, a sua mulher Joséphine e o seu filho Charles, dalguns meses de idade, abandonaram o Norte, tendo a sua mobília sido penhorada. «Depois de vendida a última camisa,» acrescenta Michel Marcq, «dirigem-se para Paris, onde viverão com poucos recursos, resultantes de muitos e diversificados trabalhos de escrita.» (3) Aparentemente as suas dificuldades não se ficam por aí, porque, uma vez instalados na capital, terão nada menos do que 27 domicílios entre 1837 e 1885.

Esta vida quase totalmente errante dos avôs do general, conhecida há pouco tempo graças às publicações do Institut Charles-de-Gaulle, não merece ser recordada senão na medida em que gerou um estado de espírito muito especial e teve consequências nas gerações seguintes. Joséphine e Julien de Gaulle parecem ter sido sobretudo uns socialmente inadaptados, tendo sido mais prejudicados pela sua ausência de sentido prático do que pelo pequeno escândalo a que o seu nome ficou ligado a partir de 1834. Se Julien de Gaulle, autor duma monumental *Histoire de Paris*, prefaciada por Charles Nodier, tivesse sido mais prudente, teria podido retirar algum benefício das suas investigações. De facto, a sua obra teve uma grande difusão, nomeadamente nos meios católicos e tradicionalistas, que prefeririam a orientação dos seus trabalhos à do seu concorrente, o convencional Dulaure, a que também se deve uma história da capital. Melhor gerida, a obra de Joséphine deveria ter proporcionado naturalmente lucros ainda mais substanciais. Os seus muitos livros (*Chant à Marie Pour Chaque Jour du Mois de Mai*, *Le Foyer de Mon Oncle*, *Histoire de Saint Joseph*, entre outros), todos eles de inspiração religiosa e moralizante, «no género da Condessa de Ségur, mas mais edificante» ([4]), tinham um público fiel e não negligenciável. Não há dúvida de que ela, tal como o marido, foi vítima de editores pouco competentes.

Um facto é certo: os de Gaulle estão à margem da sociedade do seu tempo. Como católicos intransigentes, detestam o mundo novo que emergiu das Luzes e da Revolução e lhes foi funesto, mas o seu espírito de caridade aproxima-os dos que denunciam as injustiças, mesmo que seja em nome de ideais muito afastados dos seus. Joséphine de Gaulle teve, por isso, um relacionamento próximo com Jules Vallès, que elogiará a sua generosidade e a elevação da sua alma. Embora Joséphine e Julien de Gaulle pertençam ao universo do Antigo Regime, a sua sensibilidade, reforçada provavelmente pelas provações por que passaram, leva-os a colocarem-se ao lado dos mais desprotegidos.

O seu filho Henri, pai do general, partilha os mesmos valores e a mesma visão do mundo. Brilhante e com possibilidade de entrar na Polytechnique, vira-se para o direito e para as letras, entrando depois para o Ministério do Interior, por conselho do marquês de Talhouet-Roy, deputado pelo departamento da Sarthe e antigo presidente da Assembleia Legislativa. Tendo sido admitido em 1875 no concurso para redator, permanece quase dez anos na administração, até que, em 1884, o anticlericalismo cada vez mais acentuado do regime que saíra da derrota de 1870 o leva a demitir-se. Em vez de servir uma República cuja política interna lhe provoca repulsa, prefere entrar então para o ensino particular. Deste modo, torna-se professor no Collège de l'Imaculée-Conception, na rua de Vaugirard, dando também aulas na célebre instituição Sainte-Geneviève de Versailles (onde terá alunos célebres como Georges Bernanos e os futuros marechais Leclerc e de Lattre). Fundará mais tarde o *cours* Fontenay, à sombra de S. Tomás de Aquino. Tal como os seus pais, Henri de Gaulle tem fortes convicções com as quais nunca transigirá, tendo escrito: «Tal como a Reforma, a Revolução, segundo as palavras de Joseph de Maistre, foi satânica na sua essência. Amá-la seria afastarmo-nos de Deus.» ([5])

Durante a questão Dreyfus, isso não o impedirá de alimentar dúvidas, ao que parece, sobre a culpabilidade do prisioneiro da ilha do Diabo e de as tornar públicas. Embora seja excessivo ver nele um verdadeiro partidário de Dreyfus, esta opinião inconformista é suficiente para fazer dele uma figura à parte. Em tudo o resto, Henri de Gaulle é, antes de mais, um católico fervoroso – tão submisso à Igreja, aliás, que, após a condenação de *L'Action Française* pelo Vaticano, aceitará as imposições da hierarquia e deixará de ler este diário realista.

Do lado materno, esta marca da religião é ainda mais forte. Parentes dos de Gaulle, os Maillot são também católicos convictos. Embora sejam manifestamente mais ricos, como prova a bela casa da rua Princesse, onde, em 1890, nasceu o general, não deixam de defender as suas ideias com idêntica veemência. Jeanne Maillot, casada com Henri de Gaulle, verá em Léon Blum um «satânico». Dedica à pátria um culto igualmente intenso. Como escreve o filho, em *Mémoires de Guerre*, «por vezes, acontecia-lhe recordar-se do seu desespero de menina ao ver os pais em lágrimas: Bazaine rendeu-se!» ([6]) É com este espírito que educa os seus cinco filhos: Charles; Xavier, que será engenheiro de minas; Marie--Agnès, que casará com um negociante de café do Havre; Jacques, também engenheiro de minas; e Pierre, o mais novo, que fará carreira no setor bancário.

Dos primeiros anos de Charles de Gaulle quase nada se sabe, a não ser que em todas as circunstâncias revela carácter íntegro e pretende ocupar o primeiro lugar. Embora leia muito – como Júlio Verne, a condessa de Ségur e também historiadores como Thiers –, a sua natureza indisciplinada impede-o de ser dos melhores da escola, para desespero do pai. Destaca-se dos outros sobretudo por uma forte consciência do destino grandioso para o qual se sente chamado. Com 15 anos, escreve o relato dum conflito imaginário decorrido em 1930 entre a França e a Alemanha. Ora, neste texto, intitulado *Campagne d'Allemagne*, a pátria é salva por um certo general de Gaulle! Noutros assuntos, as suas opiniões parecem identificar-se com as do seu meio. Destaque-se apenas que na obra de juventude a que se acaba de fazer alusão, o general de Boisdeffre, chefe de estado-maior do exército e geralmente considerado como um dos adversários mais determinados de Dreyfus, ocupa um lugar central, ao lado do salvador da França. Embora talvez duvide, tal como o pai, da culpabilidade do capitão, não há dúvida de que Charles de Gaulle deplora os excessos dos partidários de Dreyfus. Referindo--se à questão, escreverá mais tarde: «Lamentável processo onde figurará tudo o que pode envenenar as paixões, devido à pressão das ilusões pacifistas e das desconfianças alimentadas em relação ao espírito militar.» (7)

De Gaulle manifesta muito cedo a sua vocação para a carreira das armas, embora não exista na família qualquer tradição militar e nenhum dos seus irmãos sinta igual atração. Dando entrada no *baccalauréat* (sem menção) em julho de 1906, começa a frequentar, um ano mais tarde, aulas de matemática elementar na escola particular do Sacré--Cœur d'Antoing, na Bélgica. A escolha do estabelecimento é reveladora: como os jesuítas já não podiam ensinar em França após a subida de Combes ao poder, não hesita em sair da pátria por algum tempo para frequentar o ensino destes. Em 1908, está de regresso a Paris e entra no Collège Stanislas para aí preparar a candidatura a Saint-Cyr. Pouco a pouco vai revelando os seus dons. Uma das suas composições de história, dedicada ao tratado de Frankfurt, dá mostras dum pensamento firme e duma surpreendente maturidade. Menos convincentes são, pelo contrário, as suas primeiras incursões literárias. *Zalaina*, uma novela publicada em 1908 sob o pseudónimo de Charles de Lugale, é uma história de amor entre um oficial francês e uma jovem ingénua, no inesperado cenário da Nova Caledónia. O seu estilo é muito convencional, apesar de algumas passagens duma sensualidade surpreendente num tal autor.

Em setembro de 1909, de Gaulle é aprovado no concurso de Saint--Cyr numa posição honrosa: 119.º em 221 candidatos. O seu sonho concretizou-se. «Quando entrei no exército», escreverá mais tarde, «ele era uma das melhores coisas do mundo.» (8) Logo de seguida celebra um contrato de alistamento voluntário por sete anos. Incorporado numa unidade prestigiada, o 33.º Regimento de Infantaria, estacionado em Arras, distingue-se tanto pela sua cultura como pelo comportamento altivo, que lhe valem junto dos camaradas a alcunha de «Condestável», que irá permanecer. Tendo entrado em 14 de setembro de 1910 como aluno oficial da promoção Fez, obtém de imediato em todos os domínios, exceto em desporto e no tiro, as melhores apreciações dos seus superiores. Fica em décimo terceiro lugar na sua promoção, prova do esforço que desenvolveu, servido por qualidades excecionais, a começar por uma memória prodigiosa.

Em teoria, esta classificação permitir-lhe-á integrar unidades prestigiosas, em Marrocos, por exemplo, mas como não sente qualquer atração pelas colónias e está convencido da inevitabilidade duma nova guerra com a Alemanha, limita-se a continuar integrado no 33.º Regimento de Infantaria. É aqui que vai encontrar na pessoa do comandante, o coronel Philippe Pétain, o homem que irá dominar toda a primeira parte da sua vida, até que o destino cause entre ambos uma rutura total.

Entre os dois homens a simpatia não era óbvia. Com 56 anos, Pétain é um celibatário fogoso, taciturno e sarcástico, que arrasta atrás de si todos os corações. Embora patriota, não o é exatamente da mesma maneira que o Condestável. O nacionalismo deste último é cerebral, fundado numa longa história e ancorado na tradição familiar. O futuro marechal, pelo contrário, é um rústico, proveniente dum meio de agricultores modestos e, ainda que lamente as perseguições antirreligiosas, a religião não desempenha na sua vida o mesmo papel que na do seu subordinado. Em matéria de doutrina militar, há grandes diferenças que, digamos assim, distinguem Pétain e de Gaulle: o primeiro é um defensor firme do «poder de fogo» contra os teóricos da ofensiva a qualquer preço, enquanto o segundo, desde o seu discurso inicial aos novos recrutas, em 1913, advoga o ataque e critica a postura defensiva. Apesar disso, há laços muito fortes que unem as duas personagens. Para de Gaulle, Pétain é já um grande homem, ainda que a sua carreira não tivesse sido nada fulgurante. Aos olhos do coronel que comanda o 33.º Regimento de Infantaria, o Condestável é um indivíduo de elite. «Muito inteligente, gosta do seu ofício, com paixão [...] digno de todos os elogios» [9], observa a propósito deste.

É possível também que uma cumplicidade doutra ordem tenha unido então os dois homens. De Gaulle fará confidências a Claude Guy e depois a Paul-Marie de La Gorce, autor dum livro sobre a sua política externa, confirmando um rumor insistente segundo o qual Pétain e ele próprio teriam tido a mesma amante. Daí a imaginar que uma rivalidade amorosa tivesse contribuído para fazer nascer um diferendo cada vez mais grave requer que se dê um salto que não parece ser legítimo.

A Grande Guerra de 1914-1918 não surpreende Charles de Gaulle. Há anos que pensa ser inevitável um conflito com a Alemanha. A 2 de agosto, junta-se ao 33.º Regimento de Infantaria, comandado agora pelo coronel Stirn, e, a 19 de agosto, é gravemente ferido em Dinant. Segue-se uma convalescença de várias semanas, aproveitada para escrever uma curta novela, *Le Baptême*, indubitavelmente autobiográfica, relatando os anos conturbados dum jovem oficial e da mulher do seu superior.

Nos primeiros dias de outubro, de Gaulle regressa à sua unidade na frente de Champagne. A guerra das trincheiras começou, minando a moral dos combatentes, à exceção da sua, aparentemente. «O vencedor é aquele que o deseja mais energicamente» ([10]), escreve ele à mãe. A 10 de março é de novo ferido na mão esquerda. A ferida infeta e é tratada perto de Clermont-Ferrand. Só volta a integrar o 33.º Regimento a 14 de junho. Um dia está a inspecionar a frente com dois tenentes. Rebenta um obus. Ele permanece impassível, ao passo que os outros dois se lançam ao solo ao mesmo tempo que o ouvem dizer: «Os senhores têm medo?»

Em fevereiro de 1916, perto de Douaumont, o Condestável é feito prisioneiro, após ter sido ferido mais uma vez. Muito mais tarde, surgirá uma polémica sobre as circunstâncias em que caiu nas mãos do inimigo. Em 1966, um ex-soldado alemão, Casimir Albrecht, insistirá que aquele se terá rendido sem resistência. Sendo então presidente da República, de Gaulle lidou com o assunto com desprezo. Justificadamente: que valor pode ser atribuído a um testemunho prestado 50 anos após os factos? Embora as citações (assinadas por Philippe Pétain) que lhe foram atribuídas talvez não correspondam completamente à verdade, como ele mesmo reconhecia, é difícil imaginar que posteriormente, sobretudo durante o segundo conflito mundial, os seus adversários não tivessem utilizado este assunto para o atacar. Na verdade, o que se pode criticar a de Gaulle é, sem dúvida, o ter tomado riscos e não o ter sido derrotista.

Um facto é certo: logo após ter sido capturado, de Gaulle não pensa senão em evadir-se, o que lhe valeu ser internado no Forte IV de Ingolstadt, onde foram colocados os mais intrépidos. Porém, a 15 de outubro, em companhia dum camarada, o capitão de Montety, conseguiu apoderar-se da chave dos campos durante uma dezena de dias. Após ter sido capturado, reinicia imediatamente as suas tentativas, até ser libertado dez dias após o armistício de 1918. Durante todo este período, enerva-se ao lado dos seus companheiros de infortúnio, nomeadamente o futuro general Catroux e Tukhatchevski, que virá a ser marechal da União Soviética antes de ser executado por Estaline. Enquanto a sorte da França se joga na frente, de Gaulle desespera por estar assim impossibilitado de agir. Para iludir o inimigo, lê muito, como é seu hábito. Por outro lado, a experiência de prisioneiro permite-lhe precisar as ideias, os gostos e as aversões. Tal como à maioria das pessoas do seu meio, o século XVIII francês inspira-lhe uma profunda desconfiança. De Montesquieu parece não possuir senão um conhecimento superficial, considera Rousseau um espírito obtuso e em Voltaire aprecia sobretudo a faceta de historiador do século de Luís XIV. As suas preferências vão para os trágicos gregos, os historiadores greco-latinos e os clássicos, sobretudo Racine, Corneille, Chateaubriand e Vigny. A sua cultura é eclética e entre os contemporâneos revela um interesse particular por Barrès, Péguy e Bergson, mas sem se deixar levar por uma influência excessiva. A observação também se aplica a Maurras, que o jovem oficial lê e pondera, segundo o testemunho da sua irmã, sem, no entanto, se deixar arrastar para o terreno do antissemitismo. Republicano resignado, de Gaulle não acredita na possibilidade duma restauração monárquica. O que prende a sua atenção aos escritos de Maurras é a conceção dum certo papel da França no mundo, contudo, o seu nacionalismo, assumido, que inclui toda a história da França, é muito diferente do que é defendido pelo teórico de *L'Action Française*. Um facto, no entanto, é certo: no essencial, revela-se refratário à cultura dominante do seu tempo.

Com o fim do conflito, de Gaulle é reintegrado no exército. Uma ideia obsessiva o anima: é necessário recuperar o tempo perdido.

Oferece-se de imediato como voluntário para ser destacado junto do exército polaco. A situação da Polónia é então muito delicada. Esta, embora volte a existir como país, após tantas invasões e partilhas, não deixa de estar ameaçada pelos soviéticos. Em duas ocasiões, em 1919 e 1920, de Gaulle desempenha missões neste país onde a lenda lhe atribui várias aventuras sentimentais. Como diretor do curso de oficiais superiores na escola de infantaria, durante a sua segunda estadia, seduz o seu auditório com a sua cultura e a amplitude e originalidade dos seus pontos de vista. É tão apreciado que, a pedido de todos os seus alunos, permanece ali mais tempo do que fora previsto. Severo para com as elites locais, que considera inábeis para a sua missão, o Condestável guardará duradouramente uma boa recordação destes anos na Polónia.

De regresso a França, pensa seriamente em criar família e, após algumas hesitações, decide pedir a mão de Yvonne Vendroux, originária duma velha família de armadores de Calais, recentemente convertida ao comércio dos biscoitos. De acordo com os costumes da época e do meio, o assunto foi tratado com toda a minúcia. Embora sejam muito mais ricos do que os de Gaulle, os Vendroux partilham os mesmos valores: patriotismo exigente, sentido da dignidade em todas as circunstâncias e catolicismo intransigente. Tudo isso augura um entendimento duradouro e sólido. De Gaulle dirá mais tarde a Claude Guy:

> O sangue da província traz estabilidade aos parisienses e o dinheiro que o acompanha permite, por vezes, mantermo-nos durante algum tempo à superfície. [11]

Estas considerações não impedem que a união se revele feliz, embora, após o nascimento dum filho, Philippe, e duma filha, Elisabeth, aquela tivesse ficado ensombrada com o nascimento duma filha deficiente, Anne, que será objeto de todos os cuidados por parte dos progenitores e da particular ternura do pai.

Embora os anos da guerra tenham sido dolorosos, de Gaulle vai agora queimando etapas, dando mostras de possuir uma personalidade de exceção. Distinguido com um louvor na Ordem do Exército, devido à sua ação na Polónia, é nomeado professor de história na Escola Especial Militar de Saint-Cyr, a 1 de fevereiro de 1921. Também aqui seduz a sua audiência com as referências aos grandes vultos do passado. Em maio de 1922 é aprovado em trigésimo terceiro lugar no concurso para a Escola Superior de Guerra, antecâmara de todos os êxitos. Nesta época defende as suas ideias pessoais, muitas vezes com grande vigor. No início de 1924, isso torna-se notório quando publica o seu primeiro livro, *La Discorde chez l'Ennemi*. O assunto é bastante técnico – a estratégia alemã durante a I Guerra Mundial –, mas de Gaulle aborda-o dum ângulo muito específico, exaltando os valores franceses da ordem e da disciplina. Apesar do fundamento da argumentação ser clássico, o tom não é particularmente simpático para com o comando, o que não será bem recebido.

Quando sai da escola cai sobre ele a sanção: privado da menção de «muito bom», condição indispensável para se lhe abrirem as portas do estado-maior, de Gaulle é marginalizado. Os seus superiores reconhecem-lhe os dotes, mas, como diz um deles, a sua atitude de «rei exilado» indispõe os mais bem intencionados a seu respeito. Felizmente Pétain não se esqueceu dele. Tendo conhecimento do seu valor, a sua classificação quando abandona a escola parece-lhe anormal e quase escandalosa, pelo que, como reparação, faz saber que ele mesmo presidirá a um ciclo de conferências que o seu antigo subordinado irá proferir. Para Charles de Gaulle esta satisfação do amor-próprio não é negligenciável, mas a caução do vencedor de Verdun não impedirá que a audiência se sinta desconcertada com as suas palestras. Evocando «o jogo divino dos heróis», alimenta a desconfiança daqueles que o acusam de ser influenciado por Nietzsche. Porém, neste caso o êxito literário é incontestável. Fazendo a apologia do caráter, de Gaulle encontra espontaneamente o tom clássico. O seu autorretrato é particularmente bem sucedido:

> As personalidades poderosas, organizadas para a luta, a provação e os grandes acontecimentos nem sempre têm vantagens óbvias, aquela sedução superficial que agrada no curso da vida ordinária [...]. Naturalmente, as escolhas que presidem às carreiras inclinam-se mais para o que é agradável do que para o que é meritório. (12)

Os acontecimentos que se irão seguir mostrarão a pertinência destas afirmações.

Promovido em setembro de 1927 a comandante duma unidade de elite, o 19.º Batalhão de Caçadores, estacionado em Trèves, de Gaulle fica apenas semi-satisfeito com este posto, que de novo fica a dever a uma recomendação de Pétain. A vida na guarnição não é adequada a este ser superior, que confessa pretender marcar a sua época e que está tão certo do seu destino que escreve ao seu amigo Lucien Nachin: «Dentro de alguns anos vão seguir-nos por todo o lado para que salvemos a pátria [...] e vai ser a canalha ainda por cima (13).» Neste caso, «a canalha» refere-se aos parlamentares, em relação aos quais parece partilhar os sentimentos de Maurras. Próximo de alguns dos seus subordinados, manifestando-se sensível à sua angústia, o homem surpreende pela sua dureza, como, por exemplo, naquele dia de inverno em que, desprezando as instruções que tinha, pretendeu obrigar o seu regimento a atravessar o rio Mosela que se encontrava gelado. Em várias ocasiões, de Gaulle foi salvo apenas devido à intervenção de Philippe Pétain, de que todos sabem que é protegido. Nas suas relações com o marechal, aliás, revela também muito rapidamente que não irá ocupar durante muito tempo lugares secundários. Nesta altura, faz saber em termos particularmente enérgicos ao vencedor de Verdun que pretende ver reconhecido de maneira expressa o seu contributo para a redação de um manuscrito intitulado *Le Soldat*, que irá surgir com a assinatura do ilustre.

De Gaulle não esconde a sua intenção de vir um dia a ensinar na Escola de Guerra, consagração suprema, mas a sua reputação de personagem difícil prejudica-o, pelo que, no outono de 1921, vê-se obrigado a aceitar um posto em Beirute. O Oriente não seduz de modo nenhum este soldado, cujo olhar se mantém fixado na linha azul dos Vosges. O seu único motivo de satisfação é o seu superior direto, o general du Granrut, comandante das tropas do Levante, homem de valor que o compreende, como se pode confirmar nestas anotações:

> Uma vez que o comandante de Gaulle pode ser proposto regulamentarmente, considero-me obrigado a colocá-lo à cabeça dos candidatos do Levante. Num teatro de operações exteriores onde não estamos sequer há três meses.
>
> Há dois anos que o venho apreciando nas funções de chefe do 3.º gabinete do meu estado-maior e em momento algum deixei de sentir estima e admiração pelo conjunto das qualidades intelectuais e morais que possui. Sobre o seu valor de combatente não é necessário acrescentar nada às suas feridas, nem ao texto das distinções extraordinárias deste soldado – que é igualmente um pensador – que não ignora o que vale e vem desenvolvendo com trabalho constante as qualidades que tem consciência de possuir. Sabe, aliás, fazê-las apreciar com discrição, mantendo em todas as circunstâncias uma atitude de reserva, vincada pela correção militar.
>
> É um bom soldado e será um bom chefe, havendo interesse, para o bem da sua arma e de todo o exército, em o promover rapidamente a altos postos, onde irá dar expressão a todas as suas capacidades e não irá desiludir. (14)

Em 1932, de Gaulle está de regresso a Paris, convencido de que a presença francesa no Próximo Oriente não irá durar, não por, aos seus olhos, ela se afigurar injustificada por princípio, mas porque as elites locais pretendem obter agora a sua autonomia. Em matéria colonial, o Condestável será sempre eminentemente pragmático.

Esta sua disposição de espírito aplica-se a muitos outros domínios, como o prova o seu segundo livro, *Le Fil de l'Épée*, publicado nesse mesmo ano de 1932. Este ficará como a melhor de todas as suas obras, e também a mais reveladora. Neste ensaio sobre a ação, de Gaulle incluiu três das suas conferências na Escola de Guerra, mas retrabalhou-as, poliu--as e, sobretudo, deu-lhes um âmbito mais geral. Apesar da sociedade militar continuar a ser a sua referência, inclusivamente para parte do domínio civil, e de as marcas nietzscheanas atestarem o seu fascínio pelo herói liberto das regras comuns, um realismo consistente caracteriza o seu pensamento. «Adaptação às circunstâncias»: tal é a fórmula-chave desta reflexão de elevado valor, muito bem recebida pela crítica, embora sem sucesso comercial (até 1940, apenas serão vendidos 700 exemplares).

É precedido por esta reputação lisonjeira, e sempre por recomendação do marechal Pétain, que Charles de Gaulle passa a integrar nesta altura o secretariado do Conselho Superior da Defesa Nacional, instância cuja missão é preparar o país para a hipótese duma guerra, eventualidade que não se pode negligenciar precisamente no momento em que, ainda antes de Hitler alcançar o poder, o Reichswehr voltava a tornar-se numa força considerável, violando o Tratado de Versalhes.

Enquanto relator, de Gaulle assume de imediato a responsabilidade pela tarefa, num contexto que é, uma vez mais, bastante hostil. A sua reputação anticonformista e o comportamento altaneiro e decidido que lhe é atribuído não o recomendam junto do muito académico general Chabert, chefe do CSDN. De facto, muito rapidamente de Gaulle vai desagradar e surpreender.

Vertidas em diversas notas ([15]), as suas ideias fundamentais são, no entanto, clássicas. De acordo com Pétain e contra os representantes da Marinha, que é motivada por uma grande hostilidade do pessoal da III República, de Gaulle defende, quer o princípio do primado da política, quer o duma organização centralizada de defesa nacional. Quanto ao resto, parece-lhe que o perigo pode vir da Alemanha, da Itália e da União Soviética, considerando que, pelo menos num primeiro momento, as potências anglo-saxónicas manterão em relação à França uma neutralidade não necessariamente benevolente. Em suma, nada de revolucionário. De Gaulle exprime ideias de bom senso, com a sua hostilidade à Grã-Bretanha e aos Estados Unidos a traduzir a pertença à corrente nacionalista mais intransigente.

Se de Gaulle se distingue – e com que brilho! –, é sobretudo com um documento ulterior, mantido secreto durante muito tempo e revelado pelo autor destas linhas em 2002. Dedicado aos possíveis «objetivos de guerra» da França em caso de conflito, este texto, dum chauvinismo descabelado, comprova a capacidade do autor do *Fil de l'Épée* de se abstrair das realidades a fim de dar livre curso a sonhos de grandeza. Algumas fórmulas aqui citadas também permitem compreender a razão por que foi tão mal avaliado nestes anos (como se comprova neste caso com as anotações do almirante Durand-Viel, chefe do Estado-maior da Marinha, à margem do manuscrito: «Meu Deus, espantoso, infantil.»):

> *Objetivos políticos*
> A soberania da França prolongada na direção ao Reno e, no limite, até ao próprio rio [...].
> A Bélgica estreitamente ligada à França [...].
> A continuidade do império africano da França estabelecida através da supressão dos enclaves estrangeiros na África Ocidental (Nigéria, Costa do Marfim, Libéria, Serra Leoa, Gâmbia, etc.) com a extensão das nossas possessões desde o Atlântico até ao mar Vermelho [...].
> A revisão das fronteiras da Síria deslocadas até ao cimo do Tauro e incluindo Mossul.
> O império de Marrocos em toda a sua extensão sob o nosso domínio.
> As nossas comunicações imperiais garantidas:
> Por mar, com a efetiva neutralização do estreito de Gibraltar, de Malta, do canal do Suez, do estreito de Malaca, do canal do Panamá [...].

No mesmo quadro, outras notas de Charles de Gaulle são felizmente inspiradas por um maior realismo. Revelam uma notável coerência de pontos de vista. Quando na Europa recrudescem de novo os perigos, o Condestável define em relação a ela o único jogo diplomático que julga ser possível à França: ceticismo em relação a qualquer empreendimento colonial, reserva permanente face às potências anglo-saxónicas e interesse numa aliança em tenaz firmada com a Rússia contra a Alemanha.

Profeta no Deserto

Primavera de 1934. Pouco tempo após os acontecimentos de 6 de fevereiro, que fizeram tremer a República e revelaram a sua fragilidade, Charles de Gaulle toma o pequeno-almoço no clube militar da praça Saint-Augustin, onde tem as suas amizades. O seu anfitrião nesse dia é Georges Roditi, um próximo do coronel de La Rocque. Roditi, um espírito brilhante que foi depois diretor literário da editora Plon, interessou-se pelos escritos do jovem oficial, a quem dedicou vários artigos. Por isso, de Gaulle sente-se confiante. É claro que falam da atitude de La Rocque, chefe de fila dos Croix-de-Feu, durante a crise política: na opinião do general, a sua moderação salvou o regime, ao passo que o seu partido, ultranacionalista e onde se juntam muitos antigos combatentes, teria podido derrubar as instituições. De súbito, de Gaulle expressa a sua opinião:

> Diga da minha parte ao seu amigo de La Rocque que se enganou ao abandonar o exército. Se é possível fazer alguma coisa, será do seu interior que se poderá lançar o processo. ([1])

É preciso não nos enganarmos quanto ao sentido deste juízo. Não há dúvida de que de Gaulle está longe de ser um republicano convicto e está mesmo convencido, como a sua correspondência atesta, de que a «velha república dos comités, das eleições e dos favores está agonizante». Não obstante, é demasiado realista e sensato para depositar as suas esperanças num *pronunciamento*. A Itália fascista nunca foi para ele um modelo. O que faz ver a Roditi é que, apesar de tudo, o exército constitui, na sua perspetiva, a única instituição que pode oferecer um quadro suscetível de incrementar uma regeneração, devido às suas virtudes próprias e às tradições que encarna. Convencido, quer do caráter inelutável dum conflito com a Alemanha, quer da incapacidade da III República para o conduzir de forma vitoriosa, de Gaulle não irá ter outro objetivo até 1940 senão o de fazer triunfar as suas ideias.

Nesta perspetiva, publica em 1934, novamente na Berger-Levrault, *Vers l'Armée de Métier*, defesa vibrante duma força blindada de cem mil homens essencialmente destinada a desorganizar a mobilização do adversário para obter face a ele uma vantagem inicial. Já há vários anos que de Gaulle compreendera a importância dos carros de combate (reconhecida na Alemanha pelo general Guderian, na Grã-Bretanha pelo grande teórico Liddell Hart e em França, desde 1920, pelo general Étienne). De Gaulle surge assim como um pioneiro no momento em que o *Reich* dá início a um rearmamento a toda a força, embora também seja verdade que não entende nesta altura o papel essencial da aviação. O Condestável metamorfoseia-se em «coronel Motors», para retomar a expressão utilizada nos meios militares para o designar.

No fundo, de Gaulle tem toda a razão e a sequência dos acontecimentos irá provar o caráter profético dos seus pontos de vista. Para conseguir realizar os seus projetos, desenvolve igualmente esforços meritórios de adaptação. Por mais reservado que se mostre em relação ao regime, não hesita em alertar todas as boas vontades e todas as competências, independentemente das suas ligações partidárias. É a época em que é visto à espera nas antecâmaras ministeriais, nos corredores do Parlamento e nas salas de redação. Na imprensa começa a gozar de apoios sólidos, sobretudo junto de André Pironneau, chefe de redação do grande jornal de direita *L'Écho de Paris*. De maneira mais discreta, *L'Action Française* apoia as suas teorias, enquanto à esquerda se dão aberturas inesperadas graças a um amigo recente do jovem oficial, o coronel Émile Mayer.

Poucos homens terão sido objeto de maior consideração no espírito e na afeição de Charles de Gaulle do que este oficial judeu e livre-

-pensador. Muitos anos mais tarde, Olivier Guichard ([2]) dará conta da emoção visível do general à evocação do amigo desaparecido. Antigo aluno da Escola Politécnica, Émile Mayer era um inconformista encartado que, após a Grande Guerra, tivera a temeridade de proclamar a estupidez dos conflitos armados e, logicamente, a sua futura erradicação, o que lhe valera um atraso considerável na sua carreira. De Gaulle não partilhava necessariamente de todas as suas teorias, e nomeadamente desta. O interesse do coronel pela aviação também não parece, aliás, ter despertado a sua atenção. Todavia, não há dúvida de que Mayer contribuiu muito para que de Gaulle abandonasse o seu meio de origem, bem como alguns preconceitos. Sendo amigo de Roger Martin du Gard (que inspirará o herói do seu livro *Le Colonel de Maumort*), Émile Mayer abria a sua casa do boulevard Beauséjour todos os domingos de manhã e foi aí que o autor de *Fil de l'Épée* encontrou homens por vezes muito afastados dos seus pontos de vista iniciais, a começar pelo genro do anfitrião, Paul Grunebaum-Ballin, que irá ser um colaborador próximo de Léon Blum.

Apesar deste esforço de adaptação, alguns temas e o próprio estilo utilizados por de Gaulle no seu livro prejudicam a difusão das suas teorias. Ao relacionar a criação duma arma blindada com a de um exército profissional e ao elogiar os profissionais dos tanques, por si curiosamente batizados como «Os Senhores Mestres», o oficial comete incontestavelmente um erro. O deputado Léo Lagrange, figura independente da SFIO, deixa-se convencer, mas Léon Blum expressa as suas reticências numa série de artigos do *Populaire*. Os que apoiam o «coronel Motors» lamentam-no tanto mais quanto os factos não cessam de lhe dar razão. Hitler rearma-se a um ritmo impressionante e multiplica as violações ao Tratado de Versalhes (restabelecimento do serviço militar obrigatório de um ano e reocupação da zona renana desmilitarizada). Em concreto, o resultado da campanha encetada por Charles de Gaulle é modesto: o radical Édouard Daladier, ministro da defesa de Léon Blum, que era hostil à criação de um exército blindado, só no outono de 1936 vai decidir que se faça um esforço a favor dos carros de combate. Será necessário esperar por 1938 para que, na véspera da Anschluss, se opte finalmente por criar duas divisões blindadas. Infelizmente, não irão estar prontas senão no início de 1940 e ficarão subordinadas à linha Maginot.

Mas de Gaulle não abandona a sua cruzada. Convencido de que tem razão, nada o faz perder a coragem. Nomeado comandante do 501.º Regimento de Tanques, em Metz, em finais de 1936, segue de perto as questões políticas e nomeadamente o combate em favor das suas ideias que é prosseguido por Paul Reynaud, um homem de direita brilhante e inconformista, deputado por Paris, que conheceu dois anos antes por intermédio dum amigo, o advogado Jean Auburtin. A questão parece-lhe tão fundamental que, contrariamente ao seu temperamento, não leva em consideração as ofensas ao seu amor-próprio. Por isso, não esboça qualquer reação quando Reynaud retoma as suas ideias, sem o citar, no seu livro *Le Problème Militaire Français* ([3]). É verdade que há vários meses que o parlamentar não se poupa a esforços para o defender, nomeadamente na tribuna do Palácio Bourbon. Pelo contrário, de Gaulle afasta-se muito claramente de Pétain, o seu antigo protetor. A rutura dá-se de maneira brutal, em 1938, quando o coronel publica um estudo com título *La France et Son Armée*, anteriormente escrito por conta do marechal e que este considera «um trabalho de estado-maior». A disputa entre os dois homens sobe de tom. O vencedor de Verdun ameaça levar o caso à justiça. A 18 de agosto, tem lugar na casa de Pétain uma discussão bastante tempestuosa. Fica decidido que o papel do marechal na elaboração do livro terá o seu destaque numa dedicatória. Todavia, no último momento, de Gaulle substitui o texto que fora preparado por um de sua autoria, mais exuberante:

> Ao sr. marechal Pétain, que quis que este livro fosse escrito, que orientou com os seus conselhos a redação dos cinco primeiros capítulos e graças a quem os dois últimos são a história da nossa vitória.

É evidente que de Gaulle já nada espera do marechal, cuja esclerose de espírito acaba de se manifestar no prefácio à obra do general Chauvineau, *Une Invasion Est-elle Encore Possible?*, onde condena as teorias do seu antigo colaborador, proclamando a sua fé inabalável na eficácia das fortificações. De qualquer modo, o seu livro vende-se bem, apesar desta querela conhecida apenas por alguns iniciados. Sete mil leitores apaixonaram-se por esta recordação do passado da França visto pelo ângulo dos exércitos, expressa numa linguagem soberba e assinalada por fórmulas impressionantes como a que se segue e que se tornou clássica: «A França foi feita a golpes de espada.» Aparentemente, este sucesso de livraria não prejudicou demasiado o autor, uma vez que, em 1939, figura na lista de promoções ao posto de general.

Quando, em setembro de 1939, rebenta a guerra com a Alemanha de Hitler, as ideias defendidas tão ferozmente pelo Condestável estão longe de aplicadas com alcance efetivo, pelo que este não pode deixar de prever o pior. Durante toda a *«drôle de guerre»*, quando cada um se instala nas suas posições, de Gaulle espera com impaciência no torreão do castelo de Wangenburg, posto de comando do V Exército, perto da linha Maginot. A colocação é indício do fracasso dum sistema: enquanto Benoist-Méchin, historiador (comprometido certamente, mas bastante informado) do exército alemão, é encarregado de classificar as coberturas jornalísticas, o teórico do exército blindado é encarregado da defesa das fortificações cujo caráter ilusório há muito tempo é para si evidente. Durante várias semanas nada se passa. De Gaulle contém a sua impaciência, ao mesmo tempo que procura convencer os visitantes notáveis que tem de receber que as suas teorias têm fundamento. «Conheço as suas ideias», declara-lhe o Presidente da República, Albert Lebrun [4]. No seu íntimo, o Condestável pensa que seria preferível que as tivessem aplicado… Mas isso não era suficiente para o abater. Durante todo o outono multiplica as mensagens, afirmando as suas ideias, insistindo agora sobretudo na importância da aviação, por si um pouco negligenciada de início. Os seus avisos adequadamente explicados não têm infelizmente outro acolhimento para além duma atenção cortês sem a menor consequência prática.

No final do ano de 1939, enquanto a *«drôle de guerre»* prosseguia numa atmosfera irreal, de Gaulle decide mudar de tática. Em janeiro de 1940, tendo fracassado a via hierárquica, dá início a um processo declaradamente político, enviando um memorando de caráter profético a 24 personalidades políticas em que, pondo de parte os problemas técnicos, anuncia que, apesar das aparências, o conflito em curso será «o mais extenso e o mais violento de todos os que já assolaram a Terra». Na verdade, o «coronel Motors» sabe que tem poucas hipóteses de ser escutado. Apenas Léon Blum, com quem janta então em casa de Paul Reynaud, aprova tardiamente as suas propostas. Todavia, o seu objetivo evidente é combinar um esforço conjunto num dado momento, iniciando uma ação de natureza mais diretamente política.

No fim do mês de março, com a queda do primeiro-ministro Daladier e a sua substituição por Paul Reynaud, de Gaulle espera ser nomeado secretário-geral dum Gabinete de Guerra à inglesa. É uma perspetiva rapidamente frustrada: a posição de Reynaud no Parlamento é muito fraca, pelo que este não pode permitir-se a tomar uma iniciativa num sentido demasiado claro aos olhos dos adeptos de «esperar para ver» e que são ainda em grande número. Uma vez mais, tenta antecipar-se. «Pode-se dizer que esta guerra está perdida», diz ele numa carta a Reynaud, datada de 21 de fevereiro. «Mas ainda estamos a tempo de ganhar outra.» ([5]) Apoiado nesta posição e porque, de momento, os partidários da luta incondicional, tal como o seu amigo Gaston Palewski, se encontram marginalizados no círculo de Paul Reynaud, o autor do *Fil de l'Épée* assume a 26 de abril um novo posto: irá comandar interinamente a 4.ª Divisão Blindada, que deveria estar operacional por volta de 15 de maio.

A 10 de maio tudo se precipita: no momento em que Reynaud faz uma tentativa para formar um gabinete ofensivo, retirado a Daladier, Hitler lança os seus panzers ao assalto da França. De Gaulle não previu este ataque, pensando que aconteceria mais tarde. Enquanto espera o colapso inevitável – sabe-o melhor do que ninguém –, assume o comando da divisão blindada colocada em Vésinet. Embora desesperada, a sua missão é simples: foram enviadas tropas dos restos da linha Maginot com o objetivo de barrar o acesso dos exércitos alemães à capital. Trata-se, portanto, de ocupar o terreno à frente de Laon para evitar que as forças francesas fiquem cercadas.

De Gaulle inicia de imediato a ação. Duro consigo e com os seus homens, dá ao inimigo um combate sem tréguas. Consegue assim obter alguma vantagem ao reocupar momentaneamente a aldeia de Montcornet e, para além disso, fazendo ainda uma centena de prisioneiros. Embora nada tenha sido alterado quanto ao resultado da batalha, este êxito prova pelo menos que as suas ideias estão corretas. A 21 de maio, após ter encontrado dificuldades acrescidas ao lançar-se ao assalto de Crécy e Pouilly, posições-chave que dominam a passagem do Somme, retira a lição do acontecimento aos microfones duma rádio local:

> O inimigo teve sobre nós uma vantagem inicial. Porquê? Unicamente porque, mais cedo e mais completamente do que nós, tirou partido

desta verdade [...]. Ora bem, os nossos sucessos de amanhã e a nossa vitória – sim, a nossa vitória – sorrirão um dia às nossas divisões blindadas e à nossa aviação de ataque. (6)

Nomeado brigadeiro a título temporário, Charles de Gaulle encontra-se então eufórico e tão convencido da possibilidade duma desforra a prazo que, a 24 de maio, anuncia à mulher o «restabelecimento» das posições francesas. No dia 28 conduz um segundo combate vitorioso junto a Abbeville, sempre com o objetivo de evitar que os exércitos do Norte fiquem isolados. Infelizmente, na manhã seguinte, após um segundo assalto ter sido vigorosamente rechaçado pelos alemães, torna-se inevitável um recuo. Uma vez mais, de Gaulle exerceu o seu comando de maneira «independente, exclusiva, autoritária e egocêntrica» (7). Não deixa de sentir a satisfação de ter obtido resultados significativos, para não dizer decisivos, embora com um custo humano muito elevado.

O primeiro a reconhecer os seus méritos é o general Weygand, nomeado generalíssimo no dia 31, em substituição de Gamelin.

«Chefe admirável pela sua coragem e energia,» escreve ele a seu propósito numa distinção da hierarquia do exército. «Atacou com a sua divisão a testa de ponte de Abbeville, defendida com muita solidez pelo inimigo. Venceu a resistência alemã e progrediu 14 quilómetros através das linhas inimigas, fazendo centenas de prisioneiros e capturando material considerável.» (8)

O elogio é inesperado, vindo dum homem que, até se opor ao Condestável durante a sequência da guerra, sentia em relação a ele uma viva animosidade. Em *L'Action Française*, Maurras saúda também o vencedor de Montcornet em termos que podem levar a crer que as suas relações no passado foram mais estreitas do que se disse:

Falou-se muito do general de Gaulle, ontem coronel, e que foi promovido como uma das luzes da ciência e da arte militar francesas [...]. Recordamo-nos muito bem da bela ofensiva intelectual – e inteligente – conduzida pelo coronel de Gaulle. Foi um artigo da *Revue Hebdomadaire* que no-lo revelou: «Que confirmação das nossas ideias gerais sobre o exército (vd. *Notre Dictateur et Roi*). Recordamo-nos igualmente duns olhos cheios de ódio pelas nossas ideias e que se inflamavam à nossa frente mal era ouvido o nome do renovador militar. Era sabido que estávamos dispostos a utilizar tudo o que nascia com um pouco de vida, algo de novo, em todos os domínios, contra a uniformidade do número democrático [...]. Infelizmente a sua tese parecia suficientemente contrária à estupidez democrática, à filosofia da quantidade, e suficientemente fundada no reino da qualidade para não irmos acrescentar a estas taras intrínsecas a tara extrínseca do nosso apoio. Por isso, mantivemos o silêncio que nos parecia ser devido a um pensamento de que a França, apesar do seu regime, poderia retirar grande benefício.» ([9])

De Gaulle, de quem não se quis ouvir as análises muitas vezes proféticas, tem a amarga satisfação de ver reconhecidos os seus méritos na hora do desastre. De facto, apesar do sobressalto que suportou, confirma-se o avanço alemão. A 31 de maio, o ataque francês é suspenso e o Condestável, substituído pelo coronel Fortune, é convocado a Paris para se encontrar com Weygand. O acolhimento deste último é cordial, mas é demasiado tarde para levar a cabo projetos de natureza militar. Apenas como pró-forma, de Gaulle continua ainda a reclamar a formação de divisões blindadas e oferece-se para as comandar. Na verdade, a perspetiva em que se coloca é agora claramente política, como o atestam as cartas a Paul Reynaud, literalmente cercado no seu círculo pelo partido derrotista. Sendo embaixador junto de Franco, a 18 de maio, o marechal Pétain foi nomeado vice-presidente do conselho e o seu antigo colaborador viu neste facto mais um sinal do avanço das ideias contra as quais se insurge. Daí o tom quase ameaçador duma missiva que dirige em 3 de junho ao presidente do conselho:

> O senhor abandona-nos aos homens do passado [...] afirmo que estes homens do passado me receiam porque sabem que tenho razão e possuo o dinamismo requerido para os fazer curvar. Por isso, hoje tal como ontem – e talvez de boa fé –, tudo fazem para me impedir de aceder ao posto onde poderia atuar consigo [...]. Abandone o conformismo, as situações adquiridas, as influências da academia. Seja Carnot, ou pereceremos. ([10])

A carta é ainda mais extraordinária por de Gaulle, que não ocupa o lugar de subsecretário de Estado, exigir comandar as quatro futuras divisões blindadas. Desta vez, no entanto, o contexto dramático joga a seu favor. Os alemães alcançam vitórias por toda a parte e as defesas francesas são esmagadas. A 5 de junho, o Condestável é alertado para a sua nomeação iminente para o lugar de subsecretário de Estado da Guerra e da Defesa Nacional.

O Apelo

A minha conduta de 18 de junho de 1940 é o culminar e o prolongamento da política que o governo de Reynaud, de que eu fazia parte, decidira seguir. Entrara nele no dia 6 de junho de 1940 como subsecretário de Estado da Defesa Nacional. Perspetivava-se a derrota da França e, portanto, era necessário ver para além dela. ([1])

Estas palavras, ditas a Jean Oberlé, em 1943, vão ser muitas vezes repetidas por de Gaulle. O seu sentido é claro: antes do ato fundador de 18 de junho, o Condestável teria preparado o terreno, colocado marcos e esboçado uma estratégia suscetível de tornar possível continuar a combater o Eixo. No entanto, a verdade, tal como é revelada pelos arquivos, parece ser um pouco diferente. É incontestável que de Gaulle estava animado, desde este momento, pela vontade de continuar a luta a qualquer preço. Se tal fosse necessário, de forma alguma excluía fazê-lo abandonando o território nacional. Porém, a linha que seguiu durante estes dias cruciais foi mais pragmática do que é dito nas *Mémoires de Guerre*, publicadas muitos anos mais tarde. Como todos os grandes intervenientes na História, de Gaulle simplificou e alimentou uma versão dos acontecimentos que é suscetível de reforçar um mito.

A prova mais evidente do trabalho de reelaboração do memorialista das *Mémoires de Guerre* é uma nota inédita sobre o reduto bretão, redigida a 7 de junho e nesse mesmo dia por si enviada ao presidente do Conselho. Este documento, guardado durante muito tempo nos arquivos de Paul Reynaud (2) e do qual as recolhas oficiais nada dizem, mostra qual era a sua hipótese de trabalho quando entrou em funções, contradizendo a tese que caucionou e segundo a qual teria desejado desde este momento ver os poderes públicos serem transferidos para o Norte de África. Provavelmente, de Gaulle só em parte acreditaria nesta solução do reduto bretão, que consistia em encerrar os responsáveis no extremo oeste da França como que numa torre. Sabia bem que, improvisada com tal urgência, a manobra não tinha nenhuma possibilidade de sucesso. Se concordou com ela (como salientaram, aliás, vários intervenientes e testemunhas destes acontecimentos) foi apenas porque todas as outras hipóteses eram ainda mais irrealistas.

Em contrapartida, de Gaulle é convincente no relato do seu primeiro contacto com Churchill, ocorrido em 9 de junho, na sequência duma rápida passagem por Londres. Dum ponto de vista estritamente material, esta conversa foi um fracasso. O primeiro-ministro britânico está convencido de que a batalha que se trava do outro lado da Mancha está perdida. Na sua perspetiva, a França, pelo menos provisoriamente, deve ser abandonada à sua triste sorte. No entanto, houve alguma simpatia entre estas duas personalidades de exceção. «Os dois homens criaram visivelmente laços firmes entre si,» (3) dirá mais tarde Paul Reynaud, presente durante a conversa. Se não podemos estar certos que de Gaulle tenha dito ao primeiro-ministro: «É o senhor quem tem razão», como afirma o general Spears, não há dúvida de que o pensou e é isso apenas que conta. Para de Gaulle, a energia demonstrada por Churchill é um fator-chave, ainda que de momento a França nada ganhe com isso. É o único elemento encorajador quando de todo o lado chegam notícias dramáticas. De regresso a Paris, de Gaulle fica a saber por uma mensagem de Paul Reynaud que a capital está praticamente cercada e que, para além disso, a Itália fascista se prepara para declarar guerra à França. Em toda a parte é visível o soçobrar total das estruturas estatais, tanto administrativas, como militares.

Os partidários da paz vão obtendo continuamente vantagem. Seguros do apoio de Pétain, já não se ocultam. A 10 de junho, «jornada de agonia», para retomar a expressão de de Gaulle, Weygand visita inopinadamente Paul Reynaud e declara-lhe sem circunlóquios que o armistício é agora inevitável. O generalíssimo sente-se tão seguro que entrega ao interlocutor uma nota que resume a sua opinião e em que tenta estabelecer as responsabilidades de cada um. De Gaulle recusa, evidentemente, um tal discurso, embora não tenha ficado surpreendido com ele. Reynaud discute cada um dos seus pontos, mas como, de súbito, Weygand dispara, irritado: «Tem alguma coisa a propor?», de Gaulle atinge-o com esta observação cortante: «O Governo não tem propostas a fazer, mas ordens a dar. Confio que as irá dar.» ([4])

Devido à nova posição do Condestável, Weygand não está em condições de replicar. No entanto, não renuncia aos seus projetos. No dia seguinte, ao chegar à prefeitura de Orleães, para onde os poderes públicos se retiraram, de Gaulle fica a saber que, por sua própria iniciativa, o generalíssimo convidou o primeiro-ministro britânico para o seu quartel-general de Briare a fim de poder verificar a gravidade da situação e extrair as suas conclusões. O objetivo é claro: trata-se de levar Churchill a aceitar que a França se possa libertar da solidariedade que assumiu em relação à Grã-Bretanha.

Para de Gaulle a situação é tanto mais preocupante quanto, longe de estar isolado, Weygand beneficia de apoios cada vez mais amplos no seio do Governo. Para alem de Pétain, o radical Camille Chautemps apoia cada vez mais abertamente a mesma solução. A fraqueza dos partidários da luta a qualquer preço torna-se particularmente evidente durante a conferência franco-britânica que se realiza em 11 de junho, em Briare, no castelo do Muguet. O marechal e Weygand exigem abertamente um armistício e a sua argumentação tem tanto mais impacto quanto Churchill promete a chegada de 20 a 25 divisões... na primavera de 1941!

Com toda a energia de que é capaz, o subsecretário de Estado da Guerra recusa a solução avançada pelos dois antigos chefes de 1914-1918. A sua determinação em combater causa grande impressão entre os ingleses.

> «O velho general Pétain, temo eu, está disposto a arriscar a sua reputação e o seu prestígio para permitir à França firmar a paz,» escreve Churchill a Roosevelt. «Reynaud, pelo contrário, é partidário da continuação da luta e tem consigo o jovem general de Gaulle, que julga que as possibilidades estão longe de estar esgotadas.» ([5])

Na verdade, de Gaulle adotou já uma lógica distinta da dos outros responsáveis. Não dispõe de qualquer aliado no seio do Governo, nem sequer Reynaud, acossado pelos partidários da paz e que não tem as mãos suficientemente livres para o apoiar. A 11 de junho não consegue demitir Weygand e substituí-lo pelo general Huntziger (que julga erradamente ser partidário da luta no Norte de África e se tornará ministro em Vichy). Também não consegue dissuadir o generalíssimo de declarar Paris «cidade aberta» e, por fim, não consegue impedir que o almirante da frota, François Darlan, adie o bombardeamento de Génova. Admitindo que, na verdade, acreditou nisso antes, já não crê na possibilidade de constituir um reduto bretão. Pensa cada vez mais em continuar o combate no Norte de África, mas sem ter ao seu dispor os meios para dar corpo a este projeto: muito mais tarde, todos os testemunhos sustentarão a tese segundo a qual, no dia 12, teria convencido o presidente do Conselho a dar ordem ao general Weygand para passar para o outro lado do Mediterrâneo ([6]). Nas suas *Mémoires de Guerre*, acabará, aliás, por admitir que a carta enviada nesse dia por Paul Reynaud ao generalíssimo era incentivadora da conduta adequada, mas não constituía, na sua opinião, «a ordem categórica que as circunstâncias impunham» ([7]).

Uma coisa é certa: de Gaulle deseja lutar a qualquer preço e tudo no seu comportamento atesta que pensa fazê-lo sozinho e, se as circunstâncias se propiciarem, abandonando o território metropolitano. Na sua tomada de posse, todos os presentes ficaram surpreendidos com o cuidado com que se prestou à atividade dos fotógrafos, como se já tivesse compreendido muito bem a importância das imagens. No dia 12, o general Colson, convocado por si a Azay-le-Cher, verificou, por seu lado, que o recentíssimo subsecretário de Estado desempenhava o papel de cavaleiro solitário, estando nomeadamente resolvido a impor um reagrupamento das forças francesas no Norte de África, apesar da oposição de Darlan ao projeto.

À medida que as horas passam, o seu isolamento é cada vez maior. A situação militar torna-se dramática. Enquanto Rommel obtém vitórias decisivas na região de Saint-Veléry-en-Caux, o general von Kleist, à frente dos seus panzers, ameaça Saint-Dizier e Troyes. Este desmoronamento das defesas francesas estimula mais do que nunca o ímpeto dos partidários da paz. O Condestável percebe-o bem na noite do dia 12 quando, após um conselho de ministros em Cangé, para o qual não foi convidado, é o único a advogar a partida do Governo para Quimper, que, na sua opinião, seria a primeira etapa em direção ao Norte de África. Influenciado pela sua companheira Hélène de Portes, Paul Reynaud não o apoia.

Na manhã do dia 13 de junho, o contexto degrada-se ainda mais. Durante uma reunião ministerial franco-britânica na prefeitura de Tours, muitos membros do gabinete, chefiados por Camille Chautemps, vice-presidente do Conselho, tentam exercer pressão sobre os ingleses para que, apesar do acordo de 28 de março de 1940, que exclui qualquer suspensão das hostilidades por apenas uma das partes, Londres aceite um pedido de armistício apresentado pelos franceses. O pior é que nesta circunstância Churchill se mostra inclinado a aceitar. Como relatará de Gaulle, nesse dia Churchill estava muito cansado, abanava a cabeça e resmungava a resposta:

> Estes acontecimentos são dolorosos para a França... Mas enfim, compreendam-nos... A frota francesa... há a frota. [8]

Na verdade, era isso o que preocupava Churchill: garantir que a frota não seria afundada. Para a sua vontade de combater, de Gaulle não encontra então senão um apoio: o de Georges Mandel, o antigo braço direito de Clemenceau, que o convence a não abandonar o Governo como tencionava então fazer.

> «Nós só estamos no início da guerra mundial», diz-lhe ele. «Não tenha em mente senão o que pode ser feito pela França e pense que, se a oportunidade se proporcionar, a sua posição atual poderá facilitar-lhe as coisas.» [9]

Conselho judicioso. A 14 de junho, com Paris diretamente ameaçada pelos alemães e enquanto o Governo troca Tours por Bordéus, o general consegue convencer Reynaud a encarregá-lo duma missão de último recurso, enviando-o a Londres para obter dos britânicos um contributo para a transferência das tropas francesas. A esperança que tem de levar Churchill a ceder é pouca, mas o primeiro contacto convence de Gaulle do interesse em estabelecer relações diretas com tal personagem. Dito e feito. Antes de partir para a capital britânica, fica combinado que o subsecretário de Estado irá à Bretanha «para ver o que se pode ali fazer embarcar». No momento de se fazer à estrada, despede-se de Paul Reynaud, que marca encontro com ele em Argel. Durante um jantar rápido no Hotel Splendid, cruza-se com o marechal Pétain: «Dirigi-me a ele em silêncio para o cumprimentar,» contará depois. «Apertou-me a mão sem proferir palavra. Jamais o voltaria a ver, jamais.» [10] Alguns dias antes, o vencedor de Verdun comentou em termos lacónicos a promoção do seu antigo subordinado: «Na derrota, para que servem os postos?»

A partir deste momento, o general comporta-se como um rebelde virtual, aguardando o momento adequado para romper as amarras e assumir sozinho, se necessário for, a honra do país.

Ao general Altmayer, com quem se avista em Rennes, a 15 de junho, nada esconde das suas discordâncias em relação ao clã Pétain-Weygrand [11]. No mesmo dia, em Brest, ao fim da tarde, chama pela primeira vez «traidores» ao velho marechal e ao generalíssimo. Ao capitão de mar e guerra, e comandante, do contratorpedeiro *Milan*, que pouco depois o conduz à Grã-Bretanha, pergunta sem rodeios se estaria disposto a combater sob a bandeira britânica.

Nas suas *Mémoires* acrescentará ter mesmo desviado então para um porto inglês o *Pasteur*, navio que transportava armas provenientes dos Estados Unidos, mas os arquivos da marinha negam categoricamente esta versão dos factos (na verdade, o *Pasteur* estava nessa altura em Nova Iorque e, pouco depois, seria capturado pelos ingleses e desviado para Halifax sem que o general tivesse nisso qualquer participação) [12].

Tendo chegado a Londres no dia 16 pela manhã, após concluir a viagem com um esgotante trajeto de comboio, de Gaulle cumpre a sua missão com a energia do desespero. No Hyde Park Hotel, onde se hospeda, recebe o embaixador da França, Henri Corbin, e Jean Monnet, presidente do Comité de Cooperação Franco-Britânico. As notícias que recebe dos seus interlocutores não são nada encorajadoras. Roosevelt enviou ao Governo francês uma mensagem simpática, mas sem qualquer compromisso concreto e, nestas condições, o gabinete decidiu pedir a Londres a revogação do acordo de 28 de março que aliava os dois povos. Para Monnet, todavia, nada está perdido. A França não está só. Num prazo mais ou menos lato, a América, com o seu enorme potencial económico, ir-se-á envolver na guerra e o resultado final desta vai ser outro. Entretanto, ainda que o comportamento dos ingleses não seja o que se esperaria, é necessário reafirmar simbolicamente uma solidariedade total para com eles e enviar assim também aos alemães um sinal muito forte dessa solidariedade absoluta entre as duas nações. Para além disso, esta iniciativa teria a vantagem de reforçar a posição de Paul Reynaud numa altura em que bem disso necessita. Concretamente, trata-se, nada mais, nada menos, de retomar um projeto aparentemente utópico que há várias semanas circula nos meios dirigentes britânicos, sob o patrocínio do historiador Arnold Toynbee e do grande economista John Maynard Keynes: fazer da Grã-Bretanha e da França uma única e mesma nação, dotada de instituições comuns.

Mesmo supondo que seria realizável de imediato, tal perspetiva tem tudo para despertar as mais fortes reservas da parte do general. A seus olhos – e nunca irá mudar de opinião –, o Estado nacional representa uma espécie de ponto perfeito. Em qualquer caso, apenas o Estado pode intervir validamente no domínio internacional. O extraordinário, no entanto, é que nesta circunstância, e apesar dos desmentidos ulteriores, de Gaulle tenha dado aval ao projeto. Não podemos entrar aqui nos pormenores duma questão muito complexa. Para nos cingirmos ao essencial e à atitude do Condestável, digamos apenas que todas as fontes de que dispomos sobre este episódio, a começar pelas escutas telefónicas e o diário inédito de Roland de Margerie, colaborador muito próximo de Reynaud, provam que, cerca das 13 horas, de Gaulle telefonou de Londres para anunciar ao presidente do Conselho um «acontecimento enorme»: segundo disse, o Gabinete de Guerra britânico, reunido sob a presidência de Churchill, aprestava-se a tornar público o texto duma declaração que fazia da França e da Grã-Bretanha uma única e mesma nação. O general disse mesmo a Roland de Margerie:

> Diga ao presidente do conselho que estamos a deliberar sobre um texto que penso poder transmitir-lhe em breve pelo telefone e que, se quiser, pode ser esta noite primeiro-ministro da França e da Grã--Bretanha reunidas. ([13])

Como é evidente, de Gaulle não acreditava na realização deste projeto, todavia, neste contexto dramático, pensava que poderia prestar auxílio a Paul Reynaud contra os partidários da paz. Em qualquer caso, as mesmas fontes indicam que, cerca das 16 horas, telefonou ao chefe do Governo francês a partir do gabinete de Churchill para lhe dizer que a declaração de união recebera o aval do gabinete britânico, exortando--o a aceitá-lo ([14]). Nas suas *Mémoires de Guerre*, o general afirma também que Reynaud, após ter lido o projeto da declaração, expressou a sua esperança de que o Governo a aprovasse e que Churchill pegou logo no telefone para dizer: «Alô Reynaud! De Gaulle tem razão! A nossa proposta pode ter grandes consequências. É preciso apoiá-la!» ([15]) Mais tarde, de Gaulle ficou ressentido com Monnet por o ter levado a caucionar um projeto tão afastado das suas convicções profundas. Porém, no calor da ação, aprovou-o: nenhuma dúvida pode subsistir a tal propósito.

Ao fim da tarde, o general, acompanhado do seu ajudante de campo, Geoffroy de Courcel, voltou para Bordéus a bordo dum avião colocado por Churchill à sua disposição. Após a sua chegada, espera ainda poder convencer Paul Reynaud a aceitar a união dos dois povos. Infelizmente, pouco tempo após a aterragem em Mérignac, cerca das 21 horas, fica a saber da demissão do presidente do Conselho, que acaba de ser desautorizado pelos seus ministros precisamente por causa deste projeto. O nome do seu sucessor é conhecido: trata-se do marechal Pétain, que, com Weygand, defendeu incessantemente a cessação dos combates.

Para o general, estas notícias, por mais esperadas que fossem, são catastróficas. Parece mesmo temer que Weygand, que o detesta, o mande prender e é esta preocupação que o leva a tomar determinadas precauções. Nas suas memórias, o general Spears, oficial de ligação britânico que o acompanha então, afirma que o ex-subsecretário de Estado, no decurso duma reunião no hotel Montré com o embaixador sir Ronald Campbell, pediu para passar a noite a bordo de um navio de guerra britânico ([16]). Como Spears se desentendeu depois com de Gaulle, o seu testemunho pode ser posto em dúvida. Apesar de tudo, é verosímil que a sequência de acontecimentos ocorrida após o regresso a Bordéus tenha sido preparada por acordo entre os dois homens, sendo Churchill avisado pelo telefone das intenções do general.

Há vários aspetos que parecem certos: de início, de Gaulle pretende prosseguir o combate na Grã-Bretanha. Dois dias antes, quando se encontrava na Bretanha, confidenciou-o mesmo a um oficial, o qual, segundo o testemunho de Geoffroy de Courcel, ficou aterrorizado com a sua temeridade ([17]). Estando realmente ameaçado e decidido a partir logo pela manhã, rodeia este intento de grande discrição, não estando mesmo excluído que tenha marcado encontros falsos para a manhã de 17 de junho a fim de despistar os que com certeza o observam. Uma coisa está provada: no caminho de Mérignac, encontrou-se com Jean Mistler, presidente do Parlamento, que, muito mais tarde, relatou o episódio a Henri Amouroux:

> Ainda o vejo com os braços erguidos a dizer, embora sem nenhum tom profético ou emoção, mas sim com tranquilidade, como se a coisa fosse evidente... No dia 17 de junho de 1940: Os alemães perderam a guerra. Estão perdidos e a França deve continuar o combate. ([18])

A veracidade do episódio não oferece qualquer dúvida, porque Mistler, após ter tido este «furo jornalístico», permaneceu em França, onde se comprometeu com Vichy. Num texto escrito em 1948, a pedido de Churchill, sobre estes acontecimentos, podemos verificar que de Gaulle admite ter tomado algumas precauções para acautelar a sua partida.

As circunstâncias da descolagem careceram de romantismo, como dirá o general, ou foram muito movimentadas e até rocambolescas, como consta da versão do general Spears nas suas memórias? Isso pouco importa. O essencial é saber o que representa o general aos olhos dos ingleses, os quais (como admitirá no seu relato entregue a Churchill) tornam possível a sua partida, colocando à sua disposição o avião a bordo do qual viera de Londres na véspera. No preciso momento em que, deste modo, rompe as suas amarras para se empenhar numa grande aventura, ninguém sabe que papel poderá vir a desempenhar. Spears tinha por missão levar consigo uma personalidade importante que em Londres pudesse contrariar a política do novo Governo, cuja orientação já se podia prever. Todavia, viu essas pretensões várias vezes contrariadas. Como Reynaud se recusou a ir, Georges Mandel foi objeto de várias pressões, mas sem qualquer resultado. Embora o ex-colaborador de Clemenceau pense que é preciso continuar o combate a partir de territórios do império, repugna-o abandonar o solo nacional, convencido de que o acusarão de ter desertado por causa das suas origens judaicas. Portanto, resta de Gaulle, membro do Governo cessante, cuja combatividade impressiona, mas que, aos olhos de Churchill, ainda não é – longe disso – o salvador esperado. Aliás, a situação está muito confusa.

É evidente que Churchill é hostil a Pétain, com quem tem uma conversa telefónica violenta. No entanto, não pode romper completamente com este, porque a sorte da frota francesa é uma questão de importância considerável para os acontecimentos que se vão seguir. Daí a posição ainda equívoca de de Gaulle. Embora a sua determinação em continuar a luta não ofereça qualquer dúvida – e isso há muito tempo –, nada seria mais errado do que imaginá-lo já no papel histórico que lhe está destinado. Aliás, ele mesmo reconhecerá com honestidade que nesta fase o primeiro-ministro britânico não lhe chamou «o homem do destino» ([19]), tal como se repetiu muitas vezes. De momento, enquanto se espera talvez que se reúnam figuras mais importantes, constitui uma carta não negligenciável e é nesta base que Winston Churchill lida com ele. Daí as peripécias, atualmente bem conhecidas, que vão marcar a difusão do apelo de 18 de junho, ato fundador da Resistência francesa.

Quando chegou a Londres, de Gaulle foi recebido pelo primeiro-ministro, que lhe ofereceu a possibilidade de falar na BBC desde o pedido de armistício. À noite, em companhia de Courcel e de René Pleven, jantou na casa de Jean Monnet, a quem nada disse sobre as suas intenções, apenas afirmando à sr.ª Monnet, antes da refeição, que não viera em missão, mas «para salvar a honra da França» ([20]) a partir do território britânico. O dia seguinte foi dedicado à redação do discurso que pretende difundir ao fim da tarde, datilografado por Élisabeth de Miribel, uma amiga de Geoffroy de Courcel, que trabalhava na missão do bloqueio dirigida por Paul Morand. Sozinho, em recolhimento, o general redige a alocução, que será acima de tudo um apelo ao patriotismo, ao esforço e também à inteligência, porque, na sua opinião, a vantagem do Eixo será provisória, pois a França pode contar a prazo com o seu império e o imenso potencial económico anglo-saxão. Por volta do meio-dia, acompanhado por Courcel, almoça num clube com Duff Cooper, o ministro da Informação, e tudo indica que lhe confia, senão o texto completo da sua alocução, pelo menos alguns elementos muito precisos que vão estar na base de vivas discussões do lado britânico sobre a oportunidade de difundir um tal apelo. Num primeiro momento, tudo parece estar bloqueado. Informado das intenções de de Gaulle, o Gabinete de Guerra considera que, embora a substância do discurso não suscite objeções, não é desejável que o general de Gaulle, «*persona non grata*» ao atual Governo francês, fale na rádio enquanto houver a possibilidade de este Governo agir em conformidade com os interesses dos Aliados. Às cinco horas da tarde, Spears, na altura totalmente dedicado à causa gaullista, consegue chegar à fala com Churchill, que autoriza finalmente o general a falar aos microfones da BBC. Os relatos da emissão – às 22 horas, em diferido, e não ao final da tarde e em direto, como se acreditou durante muito tempo, sendo captada quer pelos radioamadores, quer pelos serviços secretos suíços – levam, no entanto, a concluir que de Gaulle foi forçado a modificar o seu texto. Não iniciou o seu discurso com a frase famosa que figura no texto facultado aos jornais:

> Os chefes que há muitos anos estão à frente dos exércitos franceses formaram um Governo. Este Governo, alegando a derrota dos nossos exércitos, entrou em contacto com o inimigo para que terminem os combates.

Num tom mais contido, diz simplesmente:

> O Governo francês perguntou ao inimigo em que condições podia cessar o combate. Declarou que, se as condições fossem contrárias à honra, a luta deveria continuar. [21]

Bem conhecido atualmente, este cenário é, sem dúvida, menos heroico do que o que foi tido durante muito tempo por verdadeiro. Ao contrário do que foi frequentemente afirmado, de Gaulle foi, de facto, obrigado a submeter o seu texto às autoridades britânicas. Aliás, seria muito surpreendente se assim não fosse. Sabe-se também que, mais tarde, a versão oficial do apelo foi muitas vezes substituída por um texto afixado nas paredes de Londres que contém a célebre passagem «A França perdeu uma batalha, mas não perdeu a guerra», fórmula nitidamente decalcada da que foi usada alguns dias mais cedo, na BBC, por Duff Cooper, em relação aos Aliados [22]. Tudo isto, porém, não retira nenhum mérito a de Gaulle, nem à sua coragem e extraordinária presciência do que estava em jogo nesta guerra. A revelação dos obstáculos que teve de superar tende mesmo, pelo contrário, a tornar mais elevada a sua estatura.

Na verdade, raros foram os franceses que ouviram de Gaulle nesse dia. Muitos dos que se vangloriaram de terem captado o apelo escutaram de Gaulle noutro dia. Nos primeiros tempos, não foram muitos os que se juntaram à sua causa. Porém, nem por isso são menos importantes. De Henri de Kérillis, o único parlamentar de direita hostil aos acordos de Munique, a Claude Hettier de Boislambert, oficial de carreira, próximo de Cagoule, passando pelos socialistas Georges Boris e André Weil-Curiel, os primeiros gaullistas surgem de todos os quadrantes. Em contrapartida, é notável a ausência de personalidades de primeiro plano: por exemplo, o chefe da missão de guerra económica, o escritor Paul Morand, muito bem inserido na sociedade britânica, decidiu regressar a França sem sequer receber previamente a respetiva ordem do Governo de Pétain. Quanto a André Maurois, também muito conhecido na Grã-Bretanha e que de Gaulle pretendia tornar seu porta-voz, recusa a função em consideração pelo marechal que apadrinhou a sua eleição para a Academia Francesa.

Nesta base essencialmente patriótica, de Gaulle começa sem demora a agir. Durante algum tempo, embora há muito esteja resolvido a assumir um papel político, é obrigado a ter em conta as incertezas que ainda dominam em Bordéus, pelo menos na aparência, ou seja, as precauções que os britânicos têm de manter perante o Governo de Pétain. Nos dias seguintes ao 18 de junho, de Gaulle situa-se, portanto, num plano essencialmente militar: procura congregar as boas vontades, toma contacto com os chefes e propõe aos procônsules responsáveis pelo império (Noguès, Esteva, etc.) que se coloquem às suas ordens, desde que voltem a pegar nas armas. A 20 de junho, escreve até neste sentido a Weygand, ministro da Defesa Nacional do governo de Pétain, mas sem qualquer ilusão, evidentemente. A pressão que os ingleses exercem sobre si é forte: no dia 19, na sequência de diversas intervenções, o discurso muito violento que pronunciou a condenar Pétain não foi transmitido pela BBC. Em 24 de junho, o dia a seguir à assinatura do armistício entre a França e a Alemanha, parece obter algum resultado quando o Gabinete de Guerra britânico lhe dá luz verde para a formação dum comité provisório destinado a unir os franceses que pretendam continuar a combater (pensa até ter condições suficientes para pedir então que «a tarefa provisória de organizar este comité» seja explicitamente associada ao seu próprio nome) [23]. Mas em Londres ninguém, nem mesmo Churchill, quer romper definitivamente com Bordéus, e isso é de conhecimento geral. Daí as humilhações públicas que o general tem de suportar, embora tivesse podido pronunciar um magnífico discurso na BBC no dia a seguir à decisão do Gabinete de Guerra que lhe concede um princípio de reconhecimento. Na verdade, de Gaulle está então num impasse e não consegue formar o comité que pretende. De facto, enfrenta a hostilidade de três personalidades francesas cujo crédito é grande na Grã-Bretanha: Jean Monnet, o embaixador de França, Henri Corbin, e Alexis Léger, antigo secretário do general no Quai d'Orsay. Tal como o general, os três pretendem continuar a luta, mas de formas que não são necessariamente a sua. Entretanto, a única consolação para de Gaulle é ver chegar alguns elementos brilhantes, sobretudo Gaston Palewski e René Pleven. Este último, apesar dos seus laços com Jean Monnet, de quem é colaborador, decidiu segui-lo.

O que é de admirar é de Gaulle não ter um momento sequer de desalento. Contra ventos e marés, crê na sua boa estrela e consegue evitar todos os passos em falso. Por exemplo, recusa um convite para jantar de *lady* Warwick, irmã de Anthony Eden e inspiradora do partido conservador: «Teria sido definitivamente considerado ao nível dum oficial subalterno, convidado para a mesa do seu coronel no dia de festa do regimento» [24], alegou ele com muita perspicácia. A confiança que tem é sustentada numa convicção: por causa da opinião pública, Churchill tem necessidade duma presença francesa no seu baralho.

Assim, os acontecimentos começam pouco a pouco a inclinar-se a seu favor. Como de momento não tem grandes esperanças em formar um comité, no dia 26 de junho, o general anuncia à imprensa a formação duma Legião Francesa de voluntários e, submetendo a Churchill um plano de ação, pede-lhe que lhe dê o seu aval para o pôr em prática. O primeiro-ministro britânico já não hesita mais. Sendo agora vã qualquer esperança de colaboração no Norte de África com o Governo de Pétain, decide apostar em de Gaulle:

> O senhor está só. Pois bem, neste país, reconheço-o apenas a si como líder dos franceses livres que, em qualquer lugar, estejam prontos a juntar-se a nós para apoiar a causa aliada. [25]

O reconhecimento formal surge a 28. Evidentemente, não é concedido sem segundas intenções. Churchill está cada vez mais inclinado a pensar que um dia talvez seja necessário entrar em conflito aberto com o Governo de Bordéus, talvez mesmo bombardear cidades francesas, e, nessa eventualidade, a caução dum homem como o general pode ser-lhe muito útil, ainda que personalidades importantes como Reynaud e Mandel não tenham ido a Londres. Mais concretamente, já está em estudo a operação de Mers el-Kébir, ou seja a destruição da frota francesa. Por isso, é preferível que o reconhecimento se dê antes desta operação, que não pode deixar de elevar ao máximo a tensão das relações com os franceses, mesmo os livres.

Com efeito, quando no dia 3 de julho os navios franceses foram destruídos, a primeira reação de de Gaulle foi muito negativa. Fala mesmo em pôr termo ao seu projeto. Recupera depois aos poucos e chega a um juízo mais objetivo. No dia 8 de julho, na rádio, protesta energicamente contra o ato que acaba de ser cometido, mas, dirigindo-se aos franceses, chama a atenção para o seguinte: «Peço-lhes que considerem o estado das coisas do único ponto de vista que é relevante, ou seja, do ponto de vista da vitória e da libertação.» Ao fazer esta afirmação, de Gaulle tranquiliza os ingleses. Este aliado, começam eles a compreender, será difícil, mas nas horas decisivas a sua lealdade não deve ser posta em causa.

«Nós Somos a França»

As relações entre Winston Churchill e Charles de Gaulle serão sempre difíceis, tempestuosas e apaixonadas. Os dois homens saem fora da norma e revelam a sua verdadeira estatura na adversidade, mas o culto exigente que inspiram nos seus países não facilita os compromissos. Há uma circunstância agravante: o primeiro-ministro britânico está numa posição de força, enquanto o Condestável, por seu lado, está inteiramente dependente, o que, devido à sua personalidade, provoca ressentimentos. Excecionalmente, estas poucas semanas do verão de 1940 ficam assinaladas por um verdadeiro entendimento. Graças à intervenção de Churchill, os franceses livres puderam ocupar locais confortáveis em Carlton Gardens, é-lhes facultado o acesso à rádio e a propaganda dos pétainistas em Londres é contrariada. Um belo dia, o general tem mesmo a surpresa de encontrar flores no seu gabinete enviadas pela sr.ª Churchill.

Entretanto, a equipa que rodeava o ex-subsecretário de Estado da Guerra, de início muito reduzida, começa a aumentar. Entre estes primeiros que agora chegam há a mesma diversidade que se registou de início: o jurista de tendência radical René Cassin, ao lado do oficial de carreira André Dewavrin, que se tornará o coronel Passy, chefe dos serviços secretos da França Livre, e o almirante Émile Muselier, personagem controversa, pitoresca e de caráter difícil, também ele originário do movimento radical e que criará as forças navais francesas livres a partir do nada. Um pouco mais tarde surgirão outros homens de opiniões diferentes, sobretudo dois alunos da escola normal claramente alinhados à esquerda, Georges Gorse e Jacques Soustelle. Em agosto, haverá a primeira adesão verdadeiramente significativa, a do general do exército Georges Catroux. Demitido por Vichy do seu posto de governador-geral da Indochina, este militar republicano, de orientação liberal no que diz respeito aos problemas do ultramar, não hesitará em colocar-se às ordens dum homem que possui *a priori* menos pergaminhos do que ele para chefiar a Resistência francesa. Em Londres, as únicas personalidades obstinadamente hostis a de Gaulle são homens de esquerda como Pierre Comert, antigo diretor do serviço de imprensa do Quai d'Orsay, e os jornalistas Georges e Charles Gombault. Em breve, amargos e desiludidos, irão juntar-se ao círculo Jean-Jaurès, que, infelizmente, prejudicará a França Livre junto dos ingleses.

A atitude destes republicanos intransigentes parece tanto mais injustificada quanto, neste momento, de Gaulle se coloca no terreno do patriotismo, assumindo por inteiro a história da França, incluindo as suas contradições. Embora possa ter sido influenciado por Maurras em matéria institucional e na sua apreciação do desempenho da França no mundo, o impulso atual da sua ação parece mais de essência barrèsiana. Aliás, será o filho do autor de *Diverses Familles Spirituelles de la France*, o jornalista Philippe Barrès, que em breve irá escrever a primeira biografia do homem do 18 de junho. Simone Weil resumirá admiravelmente a linha de conduta de de Gaulle no início da epopeia, ao sublinhar que o seu mérito e o seu génio foi ter erguido o facho da legitimidade francesa, que estava então por terra, «para se tornar no seu guardião até ao dia em que os seus proprietários estiverem em estado de o reclamar» ([1]).

Enquanto espera, fortalecido com o seu reconhecimento, o general, auxiliado por René Cassin, esforça-se por construir um quadro jurídico preciso para as suas relações com os ingleses. E, inesperadamente, marca alguns pontos. De facto, nos termos dum acordo assinado a 7 de agosto, fica expresso que os Franceses Livres unidos a de Gaulle não irão constituir uma legião, como se pensara durante algum tempo, mas uma força efetivamente francesa, dependente para o seu funcionamento das autoridades que estão exiladas em Londres. Apenas se acrescenta que o general se compromete a aceitar as diretivas gerais do gabinete britânico. O chefe dos Franceses Livres vê assim ser-lhe reconhecido o direito de criar um organismo civil que inclua os serviços necessários à organização da sua força. No entanto, Londres não está verdadeiramente empenhada, como se esperaria, em garantir a integralidade territorial da França e do império. Mais grave ainda: não é dada nenhuma garantia aos soldados franceses livres de nunca levantarem armas contra a França. Ao contrário do que se esperava, afinal não é concedido a de Gaulle o direito de alargar automaticamente a sua jurisdição a todos os franceses que se encontram no Reino Unido. A verdade é que desde a sua chegada a Londres ameaçou com as piores represálias os oficiais tentados a integrar as forças britânicas[2] e este comportamento despertou evidentemente uma certa suspeita ao mais alto nível. Porém, ao conseguir que lhe fossem reconhecidas determinadas atribuições de soberania nacional, o general não deixou de obter um resultado inesperado. Durante toda a sua vida, René Cassin continuará a recordar-se do dia em que dele recebeu instruções para redigir o texto do acordo, tendo acrescentado: «Nós somos a França.»

Embora os notáveis e as autoridades franceses se mantenham no seu conjunto bastante reservados – de Gaulle nunca esquecerá que, até ao fim do ano, a França Livre não irá contar nas suas fileiras com qualquer prefeito ou embaixador –, já os militares, a quem, aliás, se dirigiu prioritariamente, começam a juntar-se-lhe. É o caso nomeadamente do futuro primeiro-ministro Pierre Messmer. Na marinha, as recordações ainda muito dolorosas do drama de Mers el-Kébir e a reputação controversa do almirante Muselier limitaram as adesões. Já no exército terrestre, pelo contrário, o homem do 18 de junho teve maior sucesso. A 15 de agosto, estavam recrutados dois mil setecentos e vinte e um homens. À escala do conflito mundial este embrião de exército é, como é óbvio, completamente negligenciável, mas para de Gaulle tais adesões às Forças Francesas Livres são muito importantes. Confirmam que começa a ser escutado, uma impressão reconfortante no momento em que as últimas pontes que o ligavam à França ocupada deixaram definitivamente de existir. Em meados de agosto, foi condenado à morte por um tribunal militar às ordens do regime que nascera, a 10 de julho de 1940, em Vichy, da abdicação da República.

Sou um francês livre. Creio em Deus e no futuro da minha pátria. Não estou ao serviço de ninguém. Tenho uma só e única missão: a de prosseguir a luta pela libertação do meu país.

Publicada numa brochura de propaganda da época, esta declaração resume perfeitamente o estado de espírito e os objetivos do Condestável. Libertar o país é, na verdade, o seu único objetivo e a partir desta altura pensa em obter uma base territorial que lhe consinta uma certa independência em relação aos ingleses. Segundo uma nota do general Spears, desde a operação de Mers el-Kébir que ele projeta apoderar-se de Dacar, deixando o almirante Muselier a dirigir a expedição. Em todo o caso, a 15 de julho, apresenta o seu projeto ao seu estado-maior, como é afirmado nas *Mémoires* do coronel Passy:

> Decidi – e as informações que possuo mostram-me que isso é possível – estabelecer em Dacar a capital do império em guerra. ([3])

Desde que de Gaulle esboçou esta hipótese, as objeções não deixaram de se levantar. Como Vichy domina toda a África, será difícil controlar a capital da AOF, argumentou Passy. Por seu lado, os chefes militares britânicos não ocultaram o seu ceticismo: para realizar com êxito a operação em vista requer-se uma grande deslocação de forças e «a cooperação franca e leal do inimigo», o que, como dirá o marechal da força aérea Sir John Stressor, não parece ser uma base muito sólida para estabelecer tal plano. Mas o general, por seu lado, não se deixa travar por tais considerações técnicas. Com o apoio caloroso de Churchill, julga possível apoderar-se de Dacar sem muita dificuldade. Nas suas *Mémoires*, afirmará que a ideia de atacar a cidade por mar fora avançada pelo primeiro--ministro (sendo ele, por seu lado, partidário dum desembarque em Conacri), mas um texto redigido por si a 19 de agosto e omitido pelos editores das suas *Lettres, Notes et Carnets*, mostra que concordava com essa linha de ação:

> Considero que uma operação que consista em colocar de surpresa uma força franco-britânica considerável nesta praça tornaria possível a captura da cidade e das suas defesas sem correr o risco de incidentes graves. ([4])

Infelizmente, as dificuldades começaram a surgir logo desde os primeiros preparativos. Em primeiro lugar, em vez da imensa armada, referida em particular por Churchill, para participar na operação, parece que apenas estão disponíveis alguns navios, muitos deles bastante antigos. Os atrasos vão-se acumulando. Depressa se fica a saber que as informações disponíveis sobre o estado das defesas de Dacar datam da guerra de 1914-1918. As indiscrições são cada vez mais frequentes, não sendo os franceses os últimos a confidenciar às suas amantes o local e até a data do futuro desembarque. Enfim, nada é feito para tentar mudar a posição do governador-geral Pierre Boisson, um alto funcionário colonial brilhante, republicano inabalável até ao ponto de o seu primeiro impulso ter sido o de recusar o armistício. Seria possível convencê-lo e até fazer dele um aliado? Curiosamente, parece que ninguém pensou nessa possibilidade.

Em finais de agosto, na véspera da operação, a euforia reina, apesar de tudo, em Carlton Gardens. Chefiada pelo general Leclerc de Hautecloque, René Pleven e Claude Hettier de Boislambert, uma missão de franceses livres conseguiu, de facto, a adesão do Chade (26 de agosto), dos Camarões (a 27) e, por fim, do Congo (a 28). Por isso, de Gaulle está de bom humor quando, a 31 de Agosto, abandona Liverpool a bordo do paquete holandês *Westernland*. Com a sua boina na cabeça, passa os dias a olhar para os peixes voadores e a comentar as notícias do dia.

A 13 de setembro, estas são inquietantes. Alguns dias antes, seis navios franceses saíram de Toulon, tendo atravessado o estreito de Gibraltar sem dificuldades e aprestam-se a chegar a Dacar. De Gaulle reage de imediato, enviando ao seu encontro um dos seus subordinados, o almirante Thierry d'Argenlieu, antigo superior dos Carmelitas. A sua missão é parcialmente coroada de êxito, porque os oficiais que comandam dois dos navios enviados por Vichy defrontam-se com graves problemas técnicos e aproveitam a ocasião para se dirigir a Casablanca, mas o grosso da esquadra chegou sem novidade à capital da AOF. Apesar de tudo, o general não se deixa desencorajar e consegue convencer os ingleses a prosseguir com os planos previstos.

Na manhã de 23 de setembro, os navios que partiram de Liverpool no início do mês estão ao largo de Dacar, mas o nevoeiro impede que sejam vistos. Pela rádio, o general lança então um apelo à população da cidade, convidando-a a integrar sem demora a sua causa. Anunciando a presença de «enormes forças aliadas» sob o seu comando, ameaça com as piores represálias os que contrariarem os seus desígnios e conclui:

> Até já, cidade de Dacar, até já oficiais, soldados, marinheiros e aviadores de Dacar. Até já orgulhosa e alegre reunião em Dacar dos bons franceses que desejam unir-se para libertar a pátria. (5)

A realidade é mais preocupante. De Gaulle é o primeiro a saber que as suas forças são incapazes de controlar a cidade. Opta então por negociar. Sob as suas ordens, d'Argenlieu e outros apresentam-se no Almirantado para entregar a Boisson uma mensagem do general, convidando-o a aliar-se. Esperança vã. Mal desembarcaram, os emissários são recebidos com uma grande fuzilaria. Thierry d'Argenlieu é ferido na perna e Claude Hettier de Boislambert é mesmo feito prisioneiro. Nestas circunstâncias, fica-se a saber que o governador-geral mandou reprimir severamente as manifestações gaullistas e que o *Richelieu* abriu fogo sobre os dois avisos da frota que chegaram da Grã-Bretanha. O tom sobe entre ambas as partes. Perante a resistência de Boisson, o general diz aos ingleses que pretende agora usar a força. Por ordem sua, o *Richelieu* é bombardeado, mas as forças de Vichy replicam com vigor, provocando grandes danos num dos navios ingleses. À tarde, é tentado um desembarque em Rufisque, que fracassa, sobretudo devido às más condições atmosféricas. Desde então, a partida está perdida para os franco-britânicos e assim acontece definitivamente quando dois cruzadores rápidos da esquadra, às ordens de Boisson, saem do porto, ameaçando afundar os navios vindos da Grã-Bretanha. Só se apresenta uma saída ao general e aos que o acompanham: a fuga. Decidem-se por ela com a morte na alma.

Para de Gaulle o fracasso é ainda mais humilhante por ter aconselhado a operação e a ter planeado nos mínimos detalhes. Teme também ser acusado de ter feito correr sangue francês, embora seja verdade que foi Boisson o primeiro a abrir fogo. Em todo o caso, o fracasso é amargo, tão amargo que corre insistentemente o boato de que o general pensou então em suicidar-se. Embora referida pelo escritor Maurice Martin du Gard (6), presente em Dacar ao lado de Boisson, e depois por René Pleven ao jornalista Raymond Tournoux (7), a hipótese foi sempre rejeitada e refutada pelos fiéis do homem do 18 de junho. Há, no entanto, que admitir que Passy [8] teve conhecimento em Londres da depressão do seu chefe, tal como Jacques Massu [9] e Pierre Messmer [10] em África, e em junho de 1968, após outra provação, a famosa viagem a Baden-Baden, também ela muito controversa, de Gaulle em pessoa dirá o seguinte a Philippe Dechartre, durante uma conversa sobre *Suréna*, peça de Corneille cujo tema é o conflito entre o dever e a paixão que é resolvido pelo suicídio:

> Sabe que consigo compreender este tipo de reação? Em Dacar, quando, após o fracasso, me encontrei no meu navio, sozinho naquela humidade tropical, também eu fui assaltado por essa ideia. [11]

De tudo isto não se deverá concluir que houve o mínimo princípio de passagem ao ato. Estes diferentes indícios, sendo o último o mais importante, levam simplesmente a pensar que o general foi nesta altura atingido por um profundo desalento. Um facto é certo: o fracasso da operação teve repercussões profundas. Os alemães e o Governo de Vichy triunfam, evidentemente. Mais grave talvez, o crédito de que a França Livre começava a beneficiar na América e na Grã-Bretanha é seriamente abalado, se bem que nesta circunstância Churchill demonstre uma fidelidade exemplar para com aquele que sempre auxiliou. Nos meios oficiais britânicos, alguns começam a pensar abertamente numa solução diferente da que é representada pela incómoda personagem protegida pelo primeiro-ministro.

No imediato, de Gaulle marca felizmente alguns pontos em África. Em Fort Lamy, no Chade, ganha um aliado importante, o governador-geral Éboué, o primeiro negro a aceder a tão altas responsabilidades na administração colonial. Por fim, graças a Leclerc e a Argenlieu, o Gabão cai em poder da França Livre.

Estes sucessos, apesar de tudo, não podem colmatar totalmente as posições já muito frágeis da França Livre. Quanto mais o tempo vai passando, mais parece que em Londres os meios do Foreign Office desejam ver triunfar uma linha menos exclusivamente favorável ao Condestável. Ou seja, têm maior consideração por Vichy e escutam com mais atenção os que pretendem rivalizar com de Gaulle. Circunstância agravante: sem renegar o seu protegido, parece que Churchill é cada vez menos insensível a esta argumentação.

Após o encontro de Montoire, no dia 24 de outubro, no termo do qual, perante Hitler, Pétain se compromete, segundo as suas palavras, na via da colaboração, a ameaça contra a França Livre torna-se mais real. Com efeito, em paralelo com o seu empenhamento aparente ao lado do *Reich*, o velho marechal lança-se em negociações secretas e complicadas, certo de que Londres não pode, neste momento, permitir-se a romper com ele. Está também completamente decidido a eliminar o seu antigo subordinado.

O professor Louis Rougier, com agregação em filosofia e conhecido pela sua crítica acerba ao cristianismo, é o homem que vai tentar levar a bom termo esta difícil manobra. Próximo dos meios conservadores britânicos, hostil a Laval e aos que acreditam na vitória da Alemanha e fiel ao general Weygand, Rougier, cujo estatuto é incerto, chega a Londres em 22 de outubro. Graças ao seu amigo, o lorde Halifax, conhecido pacifista, vê as portas abrirem-se à sua frente, sendo mesmo recebido pelo primeiro-ministro. Por acaso, a conversa desenrola-se na mesma noite do encontro de Montoire. Rougier encontra-se, por isso, perante um Churchill que espuma de raiva. Durante a conversa é simplesmente acordado «congelar», de algum modo, a situação nas colónias, resumindo assim o primeiro-ministro a sua posição:

> Se Weygand desfraldar a bandeira no Norte de África, pode contar com o nosso apoio total e uma parte da ajuda dos Estados Unidos. Na hipótese da entrega das bases mediterrânicas aos nazis, tudo faremos para derrubar um Governo capaz de tal felonia. ([12])

Apesar de tudo, a missão de Rougier será um fiasco para Vichy, porque Churchill, ao contrário do que Weygand desejava, não se comprometerá formalmente a eliminar de Gaulle. Contudo, os documentos agora disponíveis atestam que a ameaça à França Livre era real. Revelam também o pano de fundo ideológico da missão de Rougier: o universitário não se incomodava nada em aconselhar a eliminação dos judeus e dos homens de esquerda ([13]).

Em posição de fraqueza após o fracasso de Dacar, de Gaulle, oficialmente, finge compreender a posição dos britânicos. No entanto, quando pode expressar-se sem disfarces, é, pelo contrário, muito mais claro, sem ter a menor ilusão quanto à possibilidade de obter a adesão de Weygand ou até de Noguès. Aliás, o seu adversário número um é o almirante Darlan. Tal como é seu hábito, de Gaulle é, ao mesmo tempo, categórico, intratável em matéria de princípios e pragmático. Explica ele aos ingleses:

> A curto prazo, pequenas concessões da vossa parte podem incitar o Governo de Vichy a retardar a aplicação de medidas inamistosas. Numa perspetiva de longo prazo, todavia, se estabelecerem de maneira evidente melhores relações com o Governo de Vichy, isso irá chocar a imensa maioria do povo francês, que, gradualmente, está a verificar que este Governo é absolutamente mau e está às ordens de Berlim. [14]

Menos de seis meses após o seu apelo histórico, o Condestável, apesar do revés que sofreu ao largo da capital da AOF, obtem vantagens decisivas. Carecendo de início de qualquer base territorial, exerce atualmente a sua autoridade no bloco constituído pela África Equatorial Francesa e os Camarões, um conjunto geográfico de seis milhões de habitantes que se estende do Equador ao Sara. Embora a região seja pobre, é estrategicamente importante. Todavia, apesar deste sucesso, a França Livre continua fraca e isolada. Na época, os governos do mundo inteiro, a começar pelo dos Estados Unidos, reconhecem o Governo de Vichy e, sobretudo, Pétain permanece ainda quase incontestado. O episódio de Montoire tocou muitas consciências, mas a popularidade do velho marechal continua muito elevada, como é atestado pela venda de 12 milhões de retratos seus. As perseguições antijudaicas não prejudicaram verdadeiramente o seu prestígio, de tal forma que muitos gaullistas lhe são ainda sensíveis e aconselham mesmo o general a não o atacar. Jacques de Sieyès, amigo pessoal de Charles de Gaulle, escreverá assim ao almirante Leahy, embaixador dos Estados Unidos em Vichy:

> Não atacaremos o marechal Pétain nas nossas campanhas a favor do general de Gaulle, exceto, talvez, se aquele preconizar uma política anti-inglesa. [15]

Este último é mesmo obrigado a tomar em consideração as realidades, sobretudo após a demissão de Pierre Laval por Pétain, a 13 de dezembro:

tendo sido posto à margem o símbolo mais evidente da colaboração, torna-se difícil recusar qualquer contacto com Vichy. Daí o tom relativamente conciliador que vai adotar em 18 de janeiro quando pedir aos membros do Conselho do Império, recém-criado, o seu parecer sobre a conduta a manter perante o Estado francês. Ao referir a possibilidade de reconhecer a autoridade do regime de Pétain e até de se lhe juntar, se retomar a luta, de Gaulle emprega uma linguagem inabitual da sua parte. As respostas dos seus correspondentes, no seu conjunto muito favoráveis à abertura dum diálogo discreto, mostram que tem razão em demonstrar um certo pragmatismo. Como não está em posição de força, é obrigado a compromissos.

O problema, como se verá em breve, é que tal atitude não lhe é natural, pelo que compensa a flexibilidade a que é forçado com uma atitude altaneira em relação aos seus protetores ingleses. Daí os choques contínuos que tornam então muito difícil a sua colaboração com estes. De Gaulle não esquece a sua deserção quando se apoderou do Gabão, no fim do mês de outubro, na sequência de combates que, aliás, tiveram um alto custo em vidas humanas. Pelo seu lado, o Foreign Office ficou desagradavelmente surpreendido quando soube que ele, ao visitar Léopoldville, no dia 26 de outubro, entregara ao cônsul americano uma nota que propunha ao presidente dos Estados Unidos bases aéreas e navais, na hipótese de as possessões francesas aderentes ao armistício passarem a ser controladas pela França Livre. Aos olhos de muitos diplomatas britânicos, ao agir deste modo, o Condestável mostrava-se irrealista e insuportável. Fingidas ou não, as suas cóleras causam-lhes estupefação e ainda mais a sua pretensão em ser o único a falar em nome da França.

Neste clima tenso, os incidentes multiplicam-se. A 2 de janeiro de 1941, cai como um raio a notícia de que o almirante Muselier foi preso pelos ingleses. Churchill acusa-o de traição e quer mandá-lo enforcar sem qualquer processo! De Gaulle não gosta do almirante. As suas opiniões, o seu estilo desleixado, a sua ambição devoradora, tudo lhe desagrada na figura deste marinheiro que se coloca à margem das normas e apresenta traços de aventureiro. Apesar de tudo, o general não acredita nas acusações dos ingleses, para além de não ter gostado nada de se ver perante um facto consumado. Por isso, protesta de imediato com veemência contra os maus modos britânicos.

Em relação ao além-mar, a França Livre e a diplomacia britânica não partilham os mesmos interesses, nem os mesmos pontos de vista. Para de Gaulle, trata-se de ir formando continuamente o maior território possível, arrancando-o à órbita de Vichy. Para Londres, o essencial é a derrota do Eixo, o que pode implicar compromissos com Pétain.

No Levante, a situação torna-se rapidamente explosiva. De Gaulle esperava evidentemente que a Síria e o Líbano se juntassem a si. Ora, não só isso não aconteceu, como a nomeação do general Dentz, por Vichy, em dezembro de 1940, para o posto de alto-comissário do Levante desencadeou uma maior perseguição aos elementos gaullistas. Ainda mais grave foi parecer que Londres se acomodou a este estado de coisas e manteve excelentes relações com Dentz! Para o general, tal facto é uma verdadeira provocação.

Em março de 1941, convencido de conhecer o Oriente e da presença aí duma importante minoria favorável à sua causa, de Gaulle decide bruscamente passar à ofensiva. No dia 14, acompanhado por Spears, parte então para o Levante.

> Em direção ao complicado Oriente, escreve ele numa passagem célebre de *L'Appel*, voava com ideias simples, decidido a não recuar perante nada para, por um lado, alargar a ação e, por outro, salvaguardar o que o que fosse possível no que dizia respeito à situação da França. (16)

Por serem simples, as ideias do general são infelizmente um pouco simplistas, o que vai expô-lo a muitas complicações e desapontamentos.

Mais uma vez, por carência de meios, encontra-se dependente dos britânicos. O problema é que Londres não tem as mesmas prioridades que ele. O general Wavell, que comanda as tropas do Médio Oriente, levanta muitas reservas à possibilidade de uma operação gaullista contra Dentz. Teme, sobretudo, que essa iniciativa traga perturbações à Síria e ao Líbano, num momento em que necessita de concentrar os seus esforços na Líbia e no Mediterrâneo Oriental. Aliás, não é o único a pensar assim. Catroux, que conhece bem o Oriente, defende mesmo a manutenção do *statu quo* com Dentz, ou seja, a permanência do Levante numa espécie de neutralidade.

Perante esta situação, muitos recuariam. Todavia, tal não tenta de Gaulle. Desde junho de 1940 que não cessa de repetir que, se for preciso, a França Livre defenderá os seus interesses contra os seus aliados. «A intransigência é a nossa única arma», repetirá a Maurice Schumann, porta-voz do movimento gaullista. Nesta ocasião, está resolvido a não se deixar impressionar pelos obstáculos. É claro que tem em conta as realidades e sobretudo o apoio discreto que os britânicos dispensam aos nacionalistas sírios partidários da independência. De momento, tem de entrar em compromissos. Essa é a razão por que parte a 16 de abril para efetuar uma viagem pela África Equatorial, mas, se a ocasião se proporcionar, está decidido a agir.

A oportunidade surge no início do mês de maio, quando o primeiro-ministro sírio, Rachid Ali, favorável ao Eixo, solicita a ajuda de Hitler. Como os aviões alemães não dispõem de autonomia suficiente, Berlim pede então autorização ao Governo de Vichy para utilizar as bases militares francesas na Síria. O acordo será formalizado aquando da assinatura dos protocolos de Paris, a 28 de maio. Para os britânicos este acordo é evidentemente inaceitável e de Gaulle decide tirar partido disso. Solicita aviões e quatro divisões aos ingleses para auxiliar os franceses livres na sua operação contra a Síria. Wavell descobre então um parceiro muito difícil e por vezes cínico e indiferente ao custo humano das operações. Como chama a atenção do general para o facto de talvez vir a ser necessário disparar sobre os civis, este afasta a objeção, explicando que no Gabão havia idêntico risco, tendo sido assumido sem consequências ([17]). Para além disso, agora que os britânicos pretendem a médio prazo a independência dos países do Levante, de Gaulle opõe-se com obstinação a tal perspetiva. Na sua opinião, os sírios nem sequer devem ser informados das operações previstas para o seu país.

Lançada a 6 de maio, a ofensiva contra a Síria não se inicia, por isso, sob os melhores auspícios. Os incidentes entre franceses e ingleses multiplicam-se.

«A cruz que os chefes de operações na Síria devem levar é a cruz da Lorena» ([18]), escreve nessa altura Spears a Churchill. Por outro lado, face às forças de Dentz, os anglo-franceses estão em manifesta inferioridade. Felizmente, Rachid Ali afunda-se no Iraque, o que permite aos ingleses enviar reforços para a Síria. O resultado não se faz esperar: no início do mês de julho, Dentz, prestes a ser esmagado, pede um cessar-fogo. Logo se acentuam as divergências entre de Gaulle e os ingleses. Mal se instala em Damasco, a 23 de junho, o general encarrega Catroux de negociar com os representantes sírios e libaneses. Os ingleses apercebem-se rapidamente de que o caminho para a independência não está efetivamente assegurado. Por seu lado, de Gaulle fica furioso quando toma conhecimento de que a França Livre não participará nas negociações com Dentz, ao contrário das garantias que lhe foram dadas.

Como sempre sucede em circunstâncias semelhantes, de Gaulle opta por manobrar, partindo desta vez para Brazzaville. Aí fica a saber que a situação não lhe é favorável. Como Dentz está disposto a entregar o controlo do Levante aos ingleses, estes recusam-se a defender os interesses da França Livre: todas as tropas de Vichy serão repatriadas sem que o movimento gaullista tenha tempo para efetuar recrutamentos. No dia 21 de julho, no Cairo, dá-se uma cena de rara violência entre o chefe dos franceses livres e o novo secretário de Estado britânico para o Próximo Oriente, sir Oliver Lyttelton. Lyttelton escreverá a Churchill:

> De Gaulle tem o aspeto de alguém que não dormiu e é impossível conseguir que oiça a voz da razão... Insistiu que se considerava inteiramente livre de negociar com os representantes de Vichy na Síria e de manobrar com as suas tropas sem o comunicar aos britânicos. [19]

O mais extraordinário é que o general não está a fazer *bluff*: a 24 de julho, ao meio-dia, garante que assumirá o controlo pleno e total de todas as forças francesas no Levante.

Na verdade, para além duma indignação real, o general aprendeu a usar as manifestações de cólera em seu proveito. Como dirá Spears, de Gaulle compreendera perfeitamente que os ingleses dum certo nível detestam os confrontos. Por outro lado, desde a sua chegada à Inglaterra, tinha um número muito bem ensaiado: numa primeira fase, reagia com as garras completamente de fora, deixando os seus parceiros estupefactos. Contudo, abstinha-se de ir até à rutura e, quando regressava ao contacto com os seus interlocutores, um pouco mais tarde, era, pelo contrário, duma grande afabilidade, o que geralmente lhe permitia levar a água ao seu moinho [20], devido ao efeito da surpresa.

Neste caso, foi também o que sucedeu. Lyttelton reconhece por fim os direitos da França ao Levante e permite que os gaullistas recrutem entre as tropas de Dentz. No entanto, é uma vitória de Pirro. As razões para tal são múltiplas. Em primeiro lugar, de Gaulle provocou má impressão ao mostrar-se tão violento. Churchill chega a pensar pela primeira vez que cometeu um erro em confiar nele. Para além disso, na sua maioria, as promessas feitas por Londres continuam a ser letra morta. Os resultados são tão pouco satisfatórios que de Gaulle sobe o tom das suas declarações ao conceder uma entrevista estrondosa, a 27 de agosto, em Brazzaville, ao jornalista americano Georges Wellers.

> Na verdade, o que a Inglaterra está prestes a fazer é um acordo com Hitler, um acordo de guerra em que Vichy serve de intermediário. [21]

Terá caído numa armadilha? Terá sido traído pelo seu interlocutor? Os documentos [22] de que dispomos sobre esta questão levam-nos a pensar que, em substância, isto foi o que terá dito, mas sem lhe conferir, apesar de tudo, uma forma tão agressiva. De qualquer modo, o escândalo é enorme. Oito dias após a assinatura da Carta do Atlântico com Roosevelt, Churchill está furioso.

> «Se a entrevista com de Gaulle é autêntica, é evidente que perdeu completamente a cabeça,» confessa a Lyttelton. «Seria verdadeiramente importuno.» [23]

O primeiro-ministro está ainda mais furioso porque, na mesma entrevista, de Gaulle pareceu fazer propostas aos Estados Unidos nas suas costas. Não há dúvida de que o que pensou se viu reforçado pelo que lhe contou um diplomata [24] que viajara recentemente com o general. De facto, este produziu afirmações semelhantes às declarações a Wellers e, incontestavelmente, de natureza a chocar os ingleses. Uma vez mais, censurou estes por tratarem Pétain com deferência.

Por isso, quando, a 31 de agosto, o chefe da França Livre regressa a Londres, Churchill reserva-lhe o mais frio dos acolhimentos. Fala ostensivamente em inglês e repreende o intérprete para acentuar as suas censuras. O tom sobe. É chamado outro intérprete. Em breve este sai também, dizendo que teve de lidar com dois loucos, de tal forma o ambiente era insuportável. Apesar de tudo, a rutura é evitada. No final, Churchill e de Gaulle fumam um charuto à frente dos seus colaboradores um pouco surpreendidos. Por mais descontente que esteja, o primeiro-

-ministro não se engana quanto à atitude do seu difícil aliado. Morton, seu colaborador, defendeu-o recentemente:

> Na minha opinião, de Gaulle é um homem muito inteligente... Não é louco. Se se comporta como um demente perante um interlocutor [...] é por acreditar que essa é a atitude mais adequada para atingir os seus fins. [25]

Só contra Todos

«Estou convencido de que o general de Gaulle nem se dá conta de ser um fascista, mas estou certo de que o é.» (¹) Subscrita por Pierre Cot, antigo ministro da Força Aérea da Frente Popular, personalidade progressista cujos laços com os soviéticos são hoje evidentes, esta opinião não é tão isolada como se poderia acreditar. Devido ao seu comportamento, às suas intervenções espetaculares e a um certo autoritarismo, é necessário admitir que de Gaulle dá argumentos aos seus adversários, tanto entre os franceses de Londres, como ao lado anglo-saxão. Todavia, esquecem-se de que, se defende os interesses franceses com um ardor por vezes singular, tomou posições de maneira categórica quando estavam em jogo questões fundamentais. Por exemplo, no mês de agosto de 1940, fez saber através de diversas mensagens ou declarações a sua oposição às medidas antijudaicas de Vichy.

> Depois de obtermos a vitória, não só o mal feito em França será reparado, mas a França retomará uma vez mais o seu lugar entre os defensores da liberdade. (²)

Tal tomada de posição deve ser ainda mais sublinhada por, nesta altura, nem Roosevelt nem Churchill adotarem uma atitude tão clara.

Os choques com alguns representantes da III República ficam na verdade a dever-se a uma evidente diferença de cultura. No essencial, estes homens são herdeiros das Luzes e de 1789, enquanto de Gaulle se manteve muito afastado desta vulgata republicana. Embora se mostre mais vigilante em relação aos grandes princípios do que muitos bons republicanos, não esconde de modo nenhum o seu desprezo pela III República e conduz a França Livre segundo métodos muito pessoais. À margem duma nota de Pierre Cot (³), resumiu bem o seu pensamento: como o antigo ministro ficou surpreendido por ter visto a divisa «Liberdade, Igualdade, Fraternidade» substituída nos documentos oficiais pela fórmula «Honra e Pátria», escreveu sem rodeios: «A República abdicou». Na sua opinião, o regime parlamentar é incapaz de fazer triunfar o interesse nacional. Para si, não existe qualquer dúvida: a República na sua aceção antiga morreu e deve ser substituída por um sistema mais eficaz em que o poder esteja mais concentrado. De facto, o general nada mudou. O seu objetivo continua a ser o de reunir «as diversas famílias espirituais da França». Portanto, assume toda a história do país e mesmo o período revolucionário. Se a leitura de Maurras deixou vestígios no seu espírito, onde é preciso procurá-los é na sua conceção do Governo e sobretudo na ideia que tem da presença da França no mundo.

Logicamente, todos deveriam agradecer a este homem saído dum meio tradicionalista por ter sabido assumir a França na sua globalidade e trabalhar com personalidades estranhas, na sua maioria, à sua tradição intelectual e política. Em Londres, aquando do seu regresso em setembro de 1941, o momento não é para análises desinteressadas. Para os ingleses, de Gaulle é cada vez mais um importuno inquietante. Para alguns membros da França combatente, a começar por Muselier, de Gaulle constitui a prazo um perigo para a democracia. Daí em diante, os antigaullistas vão de algum modo passar a ter vocação para joguetes dos britânicos.

Um facto é certo: não se pode eliminar pura e simplesmente o general da chefia da França Livre e substituí-lo por outra personalidade. É demasiado tarde para tal. Na Grã-Bretanha, mesmo os que são mais hostis à sua pessoa, como o diplomata Alexander Cadogan, estão convencidos disso: o general é um símbolo duma importância considerável. Neste outono de 1941 já não se encontra na mesma situação que depois do episódio de Dacar. As emissões da BBC contribuíram muito para a sua notoriedade e no dia 1 de janeiro de 1941, quando deu ordem para se esvaziarem as ruas da França durante uma hora, foi obedecido na zona interdita do Norte, na região parisiense e na Bretanha. A partir deste outono de 1941 começam também a ser estabelecidos laços entre a França Livre e os movimentos de resistência, que assumem então uma certa importância. As relações, é claro, não são fáceis. Os resistentes vindos da direita, que eram de início os mais numerosos, não escondem de modo algum que Pétain, apesar de tudo, ainda representa para si alguma coisa: Henry Frenay e Gilbert Renault, aliás o coronel Rémy, nunca o ocultaram. Para os comunistas, que entraram na luta clandestina após a invasão da URSS por Hitler e cujo partido deu muitos passos em falso após a assinatura do pacto germânico-soviético (por exemplo, Jacques Duclos pediu às autoridades alemãs que se pudesse voltar a publicar o *L'Humanité*), o general não é o chefe natural. Eles levantam-lhe, aliás, graves problemas ao atacarem oficiais alemães, porque não deseja que assim se proceda, por estar consciente dos riscos de represálias. Apesar de tudo, de Gaulle está atualmente em melhor posição para enfrentar estas dificuldades com os seus parceiros. Por fim, em outubro, a chegada de Jean Moulin a Londres vai permitir estabelecer ligações entre mundos que até então se ignoravam. Na pessoa deste prefeito radical de esquerda, que se ergueu contra o ocupante logo após a assinatura do armistício, o Condestável vai encontrar o melhor agente de ligação que poderia desejar.

A margem de manobra dos que, em Londres, sejam eles franceses ou britânicos, querem, senão eliminar de Gaulle, pelo menos limitá-lo a um papel formal, é, portanto, relativamente reduzida. Mas isso não os desencoraja. Desde o regresso do general a Londres que estão no contra-ataque. Recebido em Carlton Gardens, Muselier teve um encontro bastante violento com o homem do 18 de junho. Faz de imediato um relatório aos britânicos:

> O general de Gaulle é uma belíssima bandeira para o movimento, mas nós, que empunhamos o pau da bandeira, temos de ser sólidos. (4)

É evidente que o juízo do almirante tem interesse para os ingleses. O major Morton, eminência parda de Churchill, fica por isso encarregado de ir acompanhando o assunto e de avaliar que partido é possível tirar da cólera de Muselier e dos que lhe são próximos, descontentes com o autoritarismo do general e resolvidos a impulsionar «a criação dum conselho e até a controlar as suas ações políticas».

Naturalmente, como sempre acontece neste género de situações, os acontecimentos precipitam-se. Muselier e os seus amigos julgam que o assunto está resolvido e o general marginalizado. Reunidos a 19 de setembro à volta de lorde Bessborough (que dirá mais tarde que nunca acreditara que seria necessário tanto conhaque para fazer uma revolução), dedicam-se já a distribuir os papéis: o homem do 18 de junho será o presidente de honra do comité que se projeta, ao passo que o almirante será o presidente efetivo. Mais grave é que, informado destas discussões, Churchill, numa primeira fase, não parece desaprovar o seu conteúdo. De Gaulle pressente-o e é obrigado excecionalmente a adaptar-se: não se encontra em posição de força e tem consciência disso. Todavia, verdadeiramente inquieto, contra-argumenta, chamando a atenção de Churchill para o facto de que um triunfo do almirante significar o fim da França Livre e uma crise com a Grã-Bretanha. Felizmente, o primeiro-ministro não gosta nada de Muselier, por quem não tem estima alguma. Por isso, acaba por acalmar as coisas, mas sem renunciar a marginalizar o general. Morton resumiu na perfeição o problema que os britânicos têm de resolver:

> A opinião dominante no círculo do primeiro-ministro é que o general pende perigosamente para a extrema-direita e que os serviços do coronel Passy constituem uma espécie de Gestapo, embora totalmente ineficaz. Contudo, de Gaulle é o único chefe possível do movimento. O problema é transformá-lo em monarca constitucional. (5)

Daí uma nota redigida por Churchill em 23 de setembro (6), que permaneceu inédita durante muito tempo, na qual limita o general a funções de «governador», especificando que em caso de necessidade (isto é, de clara resistência) «se deve encarar o uso da força». (7)

Embora nada diga nas suas *Mémoires*, desde junho de 1940 que de Gaulle nunca se encontrou em situação tão delicada, sendo obrigado a reconhecer a sua fraqueza e a pedir aos britânicos que arbitrassem dalguma forma o seu diferendo com Muselier. A sua reação vai corresponder à dimensão da sua humilhação e também ao seu génio político. De maneira metódica, vai preparando a sua resposta. Na BBC, à qual obteve autorização para voltar, começa por pronunciar um discurso dum republicanismo intransigente. No dia seguinte, 24 de setembro, com uma habilidade espantosa, força Muselier a reconhecer publicamente o seu erro e a pedir perdão. Ao mesmo tempo, anuncia a constituição dum comité nacional presidido por si, cuja composição teve a aprovação dos ingleses e onde há uma maioria esmagadora de homens devotados à sua pessoa: René Pleven, encarregado da Economia, das Finanças e das Colónias; Maurice Dejean, titular da pasta dos Negócios Estrangeiros; o general Legentilhomme, comissário da Guerra; René Cassin, a quem cabem a Justiça e a Educação; o general Valin, encarregado da Força Aérea; André Diethelm, responsável pelo Interior, o Trabalho e a Informação; e o almirante Thierry d'Argenlieu, comissário sem pasta específica. O almirante Muselier, que tem a pasta da Marinha, é verdadeiramente o único antigaullista radical. Para de Gaulle o regresso é ainda mais espetacular por os comissários não serem responsáveis senão perante a sua pessoa.

Os adversários do general e os oficiais britânicos, bem entendido, não se deixam enganar. Bessborough fica destroçado. Apenas Eden se mostra realista:

> Houve demasiados cozinheiros a mexer nesta sopa. Continuo a pensar que tendo decidido que de Gaulle deveria criar este Conselho, não teríamos disponíveis aqui os homens para esta tarefa, ainda que tivéssemos sido nós a escolhê-los. [8]

Mas de Gaulle é demasiado inteligente para não se dar conta da fragilidade da sua posição. Para sair da dependência a que está forçado perante a Grã-Bretanha, necessita doutros apoios, como bem o sabe. Uma vez mais, a simpatia e a proximidade ideológica não têm qualquer papel nesta procura: o general não acredita senão nas relações de força entre os Estados e deposita todas as suas esperanças nos jogos de equilíbrio. Por isso, vai virar-se para Washington e Moscovo.

Já em junho de 1940 de Gaulle estava plenamente consciente da importância dos Estados Unidos numa guerra destinada a ter âmbito mundial. Ao falar dos «recursos imensos» ainda inexplorados pelos defensores da liberdade, apontava implicitamente para o potencial económico e industrial americano. Segundo alguns testemunhos, pensava também, muito curiosamente, que a América poderia fazer contrapeso à Grã-Bretanha, através das relações que ele próprio mantinha com a América. Num primeiro momento, reclamado por outras urgências e por carência de meios, teve dificuldade em estabelecer contactos efetivos com os Estados Unidos. A administração Roosevelt estava desejosa de manter laços com o regime de Vichy, na esperança, rapidamente gorada, de o tornar mais moderado. Na América, aliás, os franceses mais conhecidos, como Jules Romains, André Maurois, Saint-Exupéry e Alexis Léger não tinham qualquer simpatia pelo gaullismo. Nesta altura, o general não podia contar senão com algumas boas vontades e, em primeiro lugar, com o seu amigo Jacques de Sieyès, diretor dos Parfums Patou, graças a quem foi criada em Nova Iorque uma representação da França Livre. Depois, o antigo conselheiro comercial da embaixada da França em Washington, Maurice Garreau-Dombasle, assumiu os negócios políticos, assistido pelo jovem Raoul Aglion. No entanto, esta organização não se revelará muito feliz. Daí a missão confiada a René Pleven, em junho de 1941. Bom conhecedor dos Estados Unidos, onde antes da guerra trabalhara com Jean Monnet num projeto privado, o diretor dos Negócios Estrangeiros do movimento gaullista não tardou a aperceber--se de que os sentimentos dominantes no departamento de Estado não eram nada favoráveis à França Livre. Em Washington, é claro que já não se acreditava em Pétain, mas ainda se depositavam algumas esperanças em Weygand. Esta linha era sobretudo a do almirante Leahy, embaixador em Vichy, decididamente antigaullista. É verdade que um dos seus amigos, Maurice Couve de Murville, destacado então na comissão de armistício, após ter sido diretor do movimento geral dos fundos, lhe confessava ter a impressão de prestar mais serviços à França ficando em Vichy do que juntando-se a de Gaulle. «No plano político,» pensava o futuro primeiro-ministro, «o gaullismo é uma tragédia.» ([9])

Por outro lado, à escala com que Roosevelt lidava, de Gaulle fazia necessariamente a figura de peão secundário e até de empecilho. Acresce que todo o seu caráter, os seus caprichos e as suas exigências desproporcionadas ao seu peso efetivo não militavam a seu favor. Na verdade, Pleven só pudera obter um resultado concreto: a criação em solo americano duma delegação sem estatuto jurídico preciso, mas autorizada a tratar dos assuntos relativos à França Livre.

Nestas condições, os sinais discretos lançados pelo general em direção aos Estados Unidos tinham poucas possibilidades de ser ouvidos. Pareciam ainda mais suspeitos por serem acompanhados por comportamentos incorretos para com os britânicos, precisamente numa altura em que a unidade entre os dois países anglo-saxões era uma realidade.

Independentemente disso, a tentativa de aproximação é posta em causa em dezembro de 1941, quando de Gaulle decide apoderar-se de São Pedro e Miquelão. Sem se deixar deter pelo conselho americano em sentido contrário, dá ordem de desembarque a Muselier, que julga a operação insensata. Colocados perante um facto consumado, depois duma expedição conduzida, aliás, com muito brio e destreza, os americanos reagem com brutalidade. O secretário de Estado Cordell Hull, um político sem envergadura, denuncia a ação cometida pelos «chamados franceses livres». Em Washington, pretende-se ter ainda alguma influência em Vichy, apesar de se terem dissipado muitas ilusões a tal respeito. Felizmente para a França Livre, as consequências não são demasiado graves. Habilmente alertado por de Gaulle, Churchill desempenha nesta circunstância um papel apaziguador. A opinião pública americana revela-se também cada vez mais favorável aos franceses livres e o departamento de Estado tem de tomar este facto em consideração. Finalmente, em 1941, a entrada dos Estados Unidos na guerra altera necessariamente este contexto. Mas se, mais uma vez, o general ganhou, ao forçar a mão, a verdade é que as relações com a América estão longe de ser calmas e sobretudo resultaram frustradas as esperanças que nelas depositara. Daí a sua tentação de se apoiar a partir desta altura na Rússia soviética.

De Gaulle nunca negligenciou esta possibilidade. Aquando da invasão da União Soviética por Hitler, deu a conhecer a sua intenção de estabelecer relações militares e diplomáticas com o Kremlin. Em meados de julho de 1941, por intermédio do jornalista Géraud Jouve, delegado da França Livre na Turquia e nos Balcãs, comunicou mesmo aos soviéticos que desejava estabelecer relações diretas, sem que necessariamente os ingleses fossem disso informados. Ao que parece, a sua mensagem foi entendida. Por mais avisados que estejam contra o general, os russos são realistas. No dia 1 de julho, antes mesmo de as intenções do chefe da França Livre serem dadas a conhecer, Gueórgui Dimitrov, chefe do Komintern, enviou a Molotov e a Béria uma mensagem a solicitar que os dirigentes comunistas franceses Thorez, Marty e Guyot fossem enviados a França para aí tornar efetiva a nova política soviética, de um objetivo muito preciso: «Devem esforçar-se por se encontrar com de Gaulle, infiltrar as colónias aliadas e desencadear em França um movimento contra o Governo de Pétain e Darlan, o qual deve desembocar numa guerra civil.» ([10]) Desde então, a nova linha em relação à França Livre nunca deixou de ser confirmada. Em 25 de julho, a direção do PCF comunicou a Jacques Duclos: «Chegou o momento de estabelecer os contactos com o movimento gaullista» ([11]). No dia 11, Dimitrov, Thorez e Marty telegrafaram ao mesmo correspondente: «No exterior da França, os nossos amigos devem juntar-se ao exército de de Gaulle.» ([12])

As razões para uma tal aproximação são fáceis de entender. De Gaulle, que, dentro do mesmo espírito, aprovou o pacto franco-soviético de 1935, coloca-se exclusivamente no terreno da *realpolitik*. Nada tem de comunista, mas, na sua perspetiva, só as nações contam, sendo secundária a ideologia. Por seu lado, os soviéticos e os seus discípulos franceses observam com interesse que de Gaulle não tem consideração pelos anglo-saxónicos e que, para os contrariar, está disposto a reintroduzir o partido comunista na vida política. O caminho escolhido pelo general é estreito, como não tardará a aperceber-se, mas pensa ter força suficiente para se arriscar a tal.

A única satisfação para si neste momento é que a Resistência interna vai marcando pontos e, graças a Jean Moulin, o controlo desta pela França Livre está em boas mãos. Entre o Condestável e o antigo prefeito de Chartres, chegado a Inglaterra no outono de 1941 como mensageiro da Resistência, estabeleceu-se uma ligação, apesar das diferenças de opinião e de sensibilidade. Após os soviéticos terem entrado na guerra, de Gaulle compreendeu bem que os comunistas se iriam tornar maioritários no interior das redes. Para os controlar, Moulin, claramente situado à esquerda, pareceu-lhe ser o homem certo. Na noite do seu primeiro encontro, a 25 de outubro, o antigo colaborador de Pierre Cot ficou assim encarregado de criar uma organização de natureza militar, ficando combinado que a centralização dos grupos de combate se faria em Londres. Também lhe é pedido para garantir uma propaganda mais eficaz. No dia 24 de dezembro, de Gaulle encarrega-o duma nova missão nitidamente política: passa a ser o representante do general na zona não-ocupada. Lançado de paraquedas na noite de 1 de janeiro de 1942 na Provença, Moulin inicia de imediato a sua tarefa e cumpre-a com diplomacia, jogando habilmente com os diversos movimentos de resistência. Entre Combat, mais orientado para a direita, e Libération e Franco-Tireur, nitidamente mais à esquerda, não assume a função de árbitro, porque o essencial é o reconhecimento da autoridade do general por todos os movimentos. O objetivo é muito rapidamente atingido, ainda que alguns resistentes de direita levem algum tempo ainda a cortar todos os laços com Vichy.

Estas boas notícias são ainda mais reconfortantes para de Gaulle pelo facto de em todo o mundo a França Livre aumentar a sua implantação em detrimento de Vichy. Na América Central e no México, um jovem antigo aluno da escola normal, Jacques Soustelle, realiza um trabalho notável, o mesmo sucedendo no Egito com Georges Gorse, também antigo frequentador da Rue d'Ulm. Pelo contrário, no Canadá, Elisabeth de Méribel, apesar do seu zelo, encontra dificuldades, devido aos laços de muitos dos seus interlocutores com Pétain.

Apesar destes sucessos, a posição da França Livre no início de 1942 continua frágil. Devido à sua intransigência, de Gaulle alcançou muito, mas também suscitou efeitos de ricochete terríveis. Desde logo, os anglo--saxões mantêm-no totalmente afastado do seu projeto de desembarque no Norte de África. Numa carta que endereça a Eden, datada de 16 de janeiro de 1942, Churchill julga necessário suscitar o problema do poder pessoal do general e da composição do seu comité. Inegavelmente, de Gaulle está no centro do ciclone e não irá demorar muito tempo a aperceber-se disso.

A réplica britânica vai ser dada na forma de um grande apoio ao almirante Muselier, que cada vez menos oculta o seu objetivo: marginalizar e até suplantar o general. Em posição de força devido à facilidade com que resolveu o problema de S. Pedro e Miquelão, o almirante decide iniciar uma prova de força no comité nacional, após regressar a Londres, no início do mês de março. Com o pretexto de não ter sido avisado de todos os compromissos assumidos pelo comité, apresenta a sua demissão. De Gaulle aproveita-a para lhe retirar também o comando das forças francesas livres, mas esta medida é de legalidade discutível. Desta vez Muselier recusa-se a obedecer. A crise está aberta e é ainda mais grave por Muselier encontrar aliados no seio do comité, sobretudo André Labarthe, que avisa os ingleses.

Num primeiro momento, estes assumem decididamente a defesa do almirante. No decurso duma conversa com Eden, de Gaulle indigna-se. O tom sobe. O secretário do Foreign Office, que é, no entanto, partidário de de Gaulle, não hesita em condenar os seus métodos ditatoriais. Perante a afronta, o general põe os pontos nos is:

> Senhor ministro, o senhor utilizou o termo ditadura. Se ao utilizar esse termo pretendeu dizer que exerço a autoridade suprema, tem toda a razão... Pelo contrário, se com isso quer dizer que eu pretenderia estabelecer a minha autoridade pessoal em França, tal não é verdade... Muselier exerce má influência. Ele está doente e comprometido. Desejo ter um comité sólido a apoiar-me, mas não posso trabalhar com uma maioria parlamentar... Não é possível conduzir o movimento de forma diversa. Ele depende da coesão moral que se formou ao redor dum homem: eu mesmo, para falar com toda a clareza. [13]

Tal como faz sempre em circunstâncias semelhantes, de Gaulle radicaliza a sua posição para passar à ofensiva. Os ingleses, como sabe, conhecem os defeitos de Muselier: o seu modo de vida boémio e o seu pendor para as drogas. Ao apoiá-lo, pretendem conseguir sobretudo que de Gaulle passe a utilizar métodos menos autoritários, sendo estes últimos denunciados, aliás, por fiéis tão insuspeitos como Pleven e o general Legentilhomme. Por isso, o general finge acreditar que Muselier é o principal objeto do litígio.

Para salvar as aparências, declara-se pronto a um compromisso, mas, a 11 de março, sucede uma altercação pública extremamente violenta entre o chefe da França Livre e o almirante, o que arruína qualquer possibilidade de entendimento. Tendo de Gaulle convocado os subordinados de Muselier sem que este último tenha sido avisado, dá-se uma troca de palavras muito exaltada. O general afirma com clareza a sua vontade de conduzir individualmente as entrevistas com os oficiais. O almirante recusa. De Gaulle abandona definitivamente o local, tomado duma cólera inaudita, mas não sem dizer ao chefe das forças francesas navais livres: «Almirante, o senhor está a faltar aos seus deveres militares.» [14]

O chefe da França Livre retira de imediato as consequências do que se acaba de passar: em conformidade com os acordos assinados em

1940 com as autoridades britânicas, pede-lhes que apliquem sanções ao almirante. O único problema é que esta punição não exequível senão com o aval de Churchill, que, tendo levado discretamente Muselier a afirmar-se, não está, como é óbvio, nada inclinado a comprometer-se. Consciente do obstáculo, de Gaulle, sem traduzir qualquer emoção, resolve empregar os meios mais expeditos, que são habituais nos regimes ditatoriais:

> O incidente doloroso provocado pelo almirante Muselier e que motivou a punição de 30 dias de prisão, infligida pelo general de Gaulle, ficou a dever-se a muitas razões. Contudo, a principal é certamente o estado de saúde do almirante, que tem consequências sobre o seu comportamento [...] No fundo, o general de Gaulle pensa que o isolamento num estabelecimento de saúde afastado de Londres seria a melhor solução sob todos os pontos de vista, devendo ser posta em execução com toda a urgência. ([15])

Felizmente, será com outro método que de Gaulle vai obter a vitória. Mais uma vez, utiliza uma tática que lhe é familiar: tendo-se retirado para o campo, ameaça abandonar a França Livre, ao mesmo tempo que recusa a Muselier qualquer reintegração mais ou menos disfarçada. Neste caso, a manobra obtém êxito. O general ganha a sua causa em todos os pontos em litígio. Após esta crise, o almirante desaparece de cena, depois de ter prestado imensos serviços à causa gaullista, nomeadamente com a criação duma marinha digna desse nome.

A vitória do general é ainda mais completa por se ficar a dever a causas mais profundas do que a sua habilidade tática. Nesta altura, o chefe da França Livre junta cada vez mais à sua volta o essencial das forças progressistas e democráticas, realidade de que Muselier não se apercebeu.

Se durante muito tempo houve poucos contactos entre Carlton Gardens e a Resistência interna, isso já não se verifica. Moulin realizou um trabalho considerável e, na noite de 27 para 28 de fevereiro, o coronel Rémy conseguiu a proeza de alcançar a Grã-Bretanha a bordo dum avião Lysander, trazendo consigo documentos preciosos relativos à Resistência, sobretudo o primeiro relatório dum resistente destinado a um grande futuro, Pierre Brosselette. A partir de então as missões dos

Lysander tornar-se-ão muito frequentes, o que facilitará os contactos e permitirá uma melhor compreensão mútua. Assim, em junho, por ocasião duma viagem do socialista Christian Pineau, dinamizador do Libération Nord, de Gaulle proclama sem ambiguidade a sua adesão à República (mantendo as suas reservas em relação à terceira) numa declaração aos movimentos de resistência. O resultado não se fará esperar: pouco depois, multiplicar-se-ão as adesões dos chefes das redes. O ex-oficial de marinha Emmanuel d'Astier de La Vigerie, fundador do movimento Libération, juntamente com Raymond Aubrac e o filósofo Jean Cavaillès, faz um destacado ato de vassalagem.

No plano dos princípios, o general não mudou e nunca mudará: por pouco que alguém reconheça a sua autoridade, e embora trabalhe pela liberdade e a grandeza do país, é certo que não gozará de nenhum privilégio. Dum ponto de vista prático, isso leva-o a trabalhar com os comunistas, porque são eles que formam o grosso da Resistência, e mesmo a não reprovar formalmente os velhos partidos da III República. Por isso, no debate de fundo que opõe Jean Moulin a Pierre Brossolette, também se compreende melhor por que razão toma nitidamente o partido do primeiro. Humana e intelectualmente, Brossolette tem tudo para o cativar. Primeiro classificado da Escola Normal Superior com agregação em História, é manifestamente um socialista e dum laicismo afirmativo, mas as suas capacidades são tão brilhantes que é difícil resistir ao seu impacto. Para além disso, deseja que o sistema de partidos da III República seja rejeitado e que surja um movimento novo que canalize a favor do homem do 18 de junho todos os entusiasmos que surgiram durante a guerra, ao mesmo tempo que tudo deva ser feito para contrariar os comunistas. Ora, curiosamente, de Gaulle reprova de forma clara estas perspetivas e di-lo quase abertamente a Brossolette, adotando, pelo contrário, os projetos de Moulin, que, por seu lado, deseja um acordo com o partido comunista e a manutenção do sistema partidário de outrora. Uma vez mais, o general revela o seu pragmatismo de raiz: de momento, nada pode ser feito em França sem os comunistas, como bem o sabe, e os dirigentes dos partidos antigos são o garante dos seus sentimentos democráticos junto dos anglo-saxónicos: «Brossolette era uma espécie de filósofo do gaullismo, enquanto Jean Moulin se preocupava com o seu aspeto prático» [16], dirá ele, muitos anos mais tarde, a Emmanuel d'Harcourt, embaixador da França na Irlanda.

Pragmatismo, esta é também a palavra-chave do general nas suas relações com os soviéticos, que ele pretende utilizar para contrabalançar os anglo-saxónicos. O problema que de Gaulle enfrenta logo de seguida é a sua carência de meios. Em Moscovo, regista-se de bom grado as suas aberturas, o seu desejo de contacto, mas o cinismo continua a ser a regra. Daí a desconfiança evidente das autoridades do Kremlin quando a França Livre, em prejuízo dos ingleses, envia para a frente leste a célebre esquadrilha aérea Normandie-Niémen. Muito rapidamente os soviéticos vão mais longe, pois sabem quais as perspetivas que se lhes abrem devido à posição do general. Oficialmente não há nenhuma contrapartida pelo apoio que dão à França Livre, mas os arquivos soviéticos atestam que este não foi inteiramente gratuito, tendo Molotov, o ministro dos Negócios Estrangeiros de Estaline, invocado a possibilidade de afastar os elementos mais reacionários. No entanto, embora não tivesse obtido nada de tangível no seu primeiro encontro com o chefe da diplomacia soviética, realizado a 24 de maio de 1942, de Gaulle não hesita em lhe perguntar se a URSS aceitaria acolher os seus homens se as suas relações com os americanos se deteriorassem, insistindo no seu ponto de vista:

> Vocês, enquanto grande potência, têm o direito de ser prudentes, mas eu, em tal situação, não posso esperar. ([17])

De facto, uma vez mais, de Gaulle retirou a lição lógica dos factos recentes. Não lhe escapou que, a 22 de junho, Laval desejou publicamente a vitória da Alemanha e que nestas condições a sua tática deve ser a de juntar todos os que estão revoltados com esta perspetiva, incluindo os comunistas. Este companheirismo comporta riscos, e de Gaulle sabe-o, mas está disposto a assumi-los.

Tomada do Poder em Argel

«É necessário recordar com regularidade ao general que o inimigo número um é alemão, porque, se cedesse à sua primeira inclinação, para ele seria antes inglês.» ([1]) Esta confidência de Pierre Brossolette a um resistente de nome Edmond Michelet mostra bem o grau de tensão que se regista nas relações entre a França Livre e o Governo britânico, no início de 1942.

É a época em que Churchill toma medidas que vão impedir o general de abandonar livremente o território britânico. «Não há nada de hostil à Inglaterra que este homem não seja capaz de fazer quando se vir livre dos seus entraves» ([2]), declara Churchill nesta altura. Em meados de abril de 1942, de Gaulle adoece com grande gravidade, chegando por algum tempo a temer-se pela sua vida. Para além do paludismo que contraiu em África, alguns médicos pensam que este problema de saúde poderia ter sido provocado pela inquietação em que a situação da França Livre o mergulhou. Pouco depois, a 5 de maio, uma operação aliada em Madagáscar, decidida sem que o chefe da França Livre tenha sido consultado, contribui para tornar o ambiente ainda mais pesado. Felizmente a vitória das forças francesas livres em Bir Hakeim vem rapidamente reforçar a autoridade e o prestígio do general. Pela primeira vez, as tropas gaullistas, formadas por grandes unidades, bateram-se contra os soldados das potências do Eixo. O marechal Rommel, que comandava estas últimas, sofreu ali um cruel revés. Por seu lado, o general Koenig, que chefiava nesta ocasião as forças da França Livre, entrou para a lenda. «General Koenig,» escreve-lhe de Gaulle no dia 10 de Junho, «fique a saber e diga às suas tropas que toda a França tem os olhos postos em vós e que sois para ela motivo de orgulho.»

Em julho, quase na mesma altura, portanto, a chegada a Londres do socialista André Philip, um dos chefes do movimento Libération Nord, confirma que há um estreitamento dos laços entre Londres e a Resistência interna. Mas, apesar de tudo, de Gaulle está longe de ter ganho totalmente a partida. Aos olhos dos Aliados, Weygand e Giraud são ainda cartas a jogar se a oportunidade se proporcionar, pois o jogo subtil que o chefe da França Livre faz em direção a Moscovo continua a provocar ricochete, sobretudo nos Estados Unidos. Em Washington, precisamente na altura em que se desvanecem as últimas ilusões em relação ao regime de Vichy, esta abertura em relação ao Kremlin é explorada pelos adversários de de Gaulle, nomeadamente por Alexis Léger, isto é, o poeta Saint-John Perse, que tem ouvidos na Casa Branca. Summer Welles, secretário de Estado adjunto, esforça-se também por convencer os ingleses a marginalizar o general no comité.

De Gaulle é demasiado inteligente para não ver o perigo a aproximar--se. Com toda a obstinação de que é capaz quando está em jogo o essencial, tenta então aliar-se a Léger, a quem chega a propor o lugar de comissário dos Negócios Estrangeiros. Embora Churchill, em viagem aos Estados Unidos, apoie energicamente esta oferta, o escritor-diplomata recusa qualquer aproximação. A verdade é que recebe informações muito negativas sobre o general do próprio representante deste em Washington, o socialista Adrien Tixier. Desiludido, de Gaulle explode literalmente de fúria à frente de Étienne Boegner, outro dos seus representantes nos Estados Unidos e tão singular quanto Tixier, porque, por seu lado, é um adepto confesso de Pétain!

> Que me importa se o sr. Boegner se passeia pelo State Department. O que eu quero é que me reconheçam, e eles não me reconhecem... Pode dizer ao seu amigo Welles que é um cretino, um imbecil e um idiota e diga da minha parte a esse velho tonto do Hull que é um cretino, um imbecil e um idiota. Que vão bardamerda!, fique a saber. Vão

bardamerda. Não compreendem nada. Não querem compreender nada. Pois bem, a guerra vai varrê-los e eu, a França, eu permanecerei, e julgá-los-ei! (³)

Em relação à situação na Martinica, onde os Aliados se entenderam com o representante de Vichy, o almirante Robert, de Gaulle faz a seguinte censura:

Ah! Claro, preferem negociar com Robert em relação à Martinica. Com Robert, ou seja, com Laval e com os alemães! Enviam-lhe os seus observadores, tratam com ele. Mas é comigo que devem negociar, está a ver, comigo, a França, e têm de me entregar a Martinica, e imediatamente! Mas estou farto destes americanos, sabe? Farto! Vou mostrar-lhes como se escreve a história e vou enviar navios e homens para dispararem sobre eles. (⁴)

Recuperando um estado de espírito mais razoável, de Gaulle tentará novamente convencer Aléxis Léger. Durante uma visita a Washington, o antigo ministro da Frente Popular, Pierre Mendès France (que acaba de aderir à França Livre, após se ter evadido das prisões de Vichy), esforça-se por fazê-lo refletir. Em vão. Léger continua a pensar que de Gaulle deve dirigir uma missão de ordem exclusivamente militar para que, no momento adequado, os franceses possam escolher o regime que lhes convier. É evidente também que as ligações que de Gaulle mantém com os soviéticos o inquietam.

Com os anglo-saxões, as reações da França Livre são agora mais tensas, porquanto também no império, especialmente no Médio Oriente, surgirem fricções. No dia 5 de agosto, quando o general chega ao Cairo, depara com um contexto explosivo. Londres instiga abertamente os governos árabes de Damasco e de Beirute a afirmarem-se contra a França Livre e a reclamarem a organização de eleições livres. Segundo o general, esta perspetiva é prematura. Por isso, desautoriza o general Catroux, que prometera a independência às autoridades locais, em junho de 1941, compromisso garantido pela Grã-Bretanha. Mas o general vai ainda mais longe: não só cumula de sarcasmos o general Spears, enviado à região para aplicar as diretivas de Churchill, como vai ao ponto de, à frente do cônsul dos Estados Unidos, pensar em declarar guerra ao Reino

Unido! As consequências não se fazem esperar: em Madagáscar, onde é preciso associar os franceses livres à administração da ilha, qualquer evolução nesse sentido é então bloqueada por Churchill. Nesta altura os acontecimentos precipitam-se. Em Washington e em Londres os franceses livres são excluídos dum próximo desembarque no Norte de África. A 30 de setembro, quando, tendo regressado a Londres, o general é recebido por Churchill, este berra: «O senhor diz que é a França! O senhor não é a França! Eu não o reconheço como sendo a França.» ([5]) A partir de 1 de outubro cessa toda a cooperação entre os serviços secretos franceses e o Intelligence Service. Nestas condições, o general tem poucas probabilidades de ser escutado por Roosevelt quando, a 6 de outubro, lhe escreve uma carta magnífica para tentar fazer-lhe compreender a sua posição e o levar a mudar a sua. De facto, de Gaulle nunca receberá qualquer resposta do presidente americano, apesar de a sua carta ter sido de certo modo caucionada por vários chefes importantes da Resistência.

No dia 8 de novembro de 1942, as forças americanas, auxiliadas pelos ingleses, desembarcam nas costas argelinas e marroquinas. Acordado às seis horas da manhã pelo seu colaborador, o general Billotte, de Gaulle, que não fora avisado, tem um acesso de cólera inaudito: «Espero que as gentes de Vichy os lancem ao mar. Não se entra em França por arrombamento!» Churchill tentou convencer Roosevelt, mas o presidente americano opôs-se em absoluto a que os franceses livres fossem informados. Na verdade, Roosevelt quer tirar partido da ocasião para eliminar de Gaulle em benefício doutros responsáveis franceses mais flexíveis, sobretudo o general Giraud, chefe prestigiado, recentemente evadido da Alemanha.

No entanto, todos os planos elaborados pelo lado americano serão desfeitos pela presença, certamente fortuita, de Darlan em Argel, onde se encontra à cabeceira do seu filho doente. Apesar de Pétain dar ordens para repelir os anglo-saxões, o almirante, sucessor designado do chefe de Estado francês, ordena rapidamente um cessar-fogo. Embora Darlan tenha levado muito longe a sua colaboração, sobretudo com um encontro com Hitler, em Berchtesgaden, em maio de 1941, os americanos resignam--se a lidar com ele. Roosevelt invoca então «o expediente provisório». O almirante é naturalmente desautorizado de imediato por Pétain, e os alemães, como represália, invadem a zona sul, mas um facto é notório: o Norte de África já não está a ser dilacerado pelas hostilidades.

Para de Gaulle, a notícia é *a priori* catastrófica, mas, embora tenha reagido muitas vezes de forma brusca e até excessiva, nesta circunstância faz prova dum sangue-frio notável e dum sentido político superior, que rapidamente lhe permitem vingar-se. Passado o primeiro choque, revela uma espantosa moderação, afirmando compreender os imperativos da guerra. Em 8 de novembro, dá conta a Churchill da incongruência da solução Darlan e está ainda mais certo de acertar no alvo por o seu interlocutor detestar o almirante da frota. No dia 16, durante mais um encontro, enterra a espada mais fundo:

> Pense nas consequências incalculáveis que poderiam advir se a França chegasse à conclusão de que a Libertação, tal como os Aliados a entendem, é o próprio Darlan. Talvez o senhor ganhasse assim a guerra do ponto de vista militar, mas não só a perderia moralmente, como também só haveria um vencedor: Estaline. [6]

Churchill mostra-se sensível a esta linguagem.

> «A sua posição é magnífica,» responde ele. «Darlan não tem futuro. Giraud está liquidado politicamente. O senhor representa a honra. O senhor representa o caminho correto. Só o senhor permanecerá. Não se ponha a enfrentar diretamente os americanos. É inútil e nada ganharia com isso. Tenha paciência e eles virão ter consigo, porque não dispõem de alternativa.» [7]

Desde 1940 que de Gaulle não cessa de o repetir: «A intransigência é a nossa única arma.» Por vezes, abusou dela. Desta vez a tática começa a revelar-se compensadora. A 17 de dezembro, o comandante Kittredge, oficial de ligação americano, diz a Gaston Palewski, chefe de gabinete do general, que aos olhos de Roosevelt o expediente de Darlan é de facto provisório. Aliás, nos Estados Unidos, a opinião pública, progressivamente favorável aos franceses livres, compreende cada vez menos a posição da Casa Branca. Na Grã-Bretanha, Eden também não oculta os seus sentimentos gaullistas. A médio e longo prazo, a partida em que o general entrou há dois anos parece que pode ser ganha. Todavia, não deixam de subsistir obstáculos consideráveis. De imediato, se afirma a tutela americana sobre o Norte de África e Giraud parece aos anglo-saxónicos como um interlocutor mais fácil. Contrariamente a Eden, Churchill alinha cada vez mais pelas opções dos americanos. Sobretudo Darlan vai obtendo vantagem. Desde sempre que de Gaulle vê nele o seu rival mais perigoso. Os acontecimentos confirmam os seus temores. De facto, a cada dia que passa, o almirante vai-se escapando sempre mais aos conselheiros americanos e tenta, não sem sucesso, alargar a sua autoridade sobre uma parte do império.

De Gaulle está numa encruzilhada. Foi adquirindo alguma vantagem, mas nada ganhou. Como é hábito em semelhantes circunstâncias, enerva-se. A 27 de novembro, a sabotagem da frota em Toulon perturba-o, não sem razão. Impaciente, vira-se cada vez mais para os russos e chega ao ponto de declarar a Ivan Maisky, embaixador soviético em Londres: «De todo o meu coração, desejo que cheguem a Berlim antes dos americanos.» [8] A 9 de dezembro, na presença de Eden, vai ainda mais longe. Como o ministro britânico lhe pergunta se o desaparecimento de Darlan lhe permitiria unificar o império francês no quadro da guerra, responde-lhe sem hesitar:

> Na minha opinião, Darlan é o único obstáculo. O seu regime desagregar-se-ia logo após o seu desaparecimento e os elementos mais sãos poderiam ser deixados nos seus lugares. Na devida altura, a mística de Vichy seria substituída pela mística do gaullismo, que já é forte na região. [9]

A uma nova questão de Eden, que procurava saber com que meios se poderia obter tal resultado, de Gaulle acentua ainda que qualquer mudança deve ser realizada pelos franceses, e não por estrangeiros. «Há um aspeto,» conclui, «acerca do qual estou de acordo com Darlan e contra os americanos: é a necessidade absoluta de respeitar a soberania francesa.» [10]

O general refere-se assim claramente à eliminação de Darlan, ficando entendido que a operação deve ser realizada por franceses.

Um facto é certo: à medida que alarga as suas competências, o almirante desperta animosidades progressivamente mais fortes. Roosevelt chama-lhe «doninha fedorenta» e no início de dezembro a revelação do seu projeto de constituição reforça a hostilidade contra si. Aliás, apesar do apoio de Stimson, o ministro da Guerra americano, ele tem consciência de estar sob ameaça. A 23 de dezembro, durante um grande almoço, fala abertamente do seu assassinato diante do cônsul-geral americano, Robert Murphy. Em todo o caso, exposto a estas ameaças, reage como sempre fez: como um puro oportunista. Prova-o mais uma vez numa nota enviada a Murphy, no dia 21 de dezembro. Verificando que a união das várias fações francesas – gaullista, marechalista, etc. – será muito problemática, conclui:

> Para evitar a guerra civil, será necessário recorrer a um árbitro suficientemente forte para fazer respeitar as decisões e que tenha uma imparcialidade reconhecida. O presidente dos Estados Unidos é, na minha opinião, o único homem que reúne estas condições. A solução poderia ser a seguinte:
> Após a vitória, de todos os exércitos aliados, apenas o exército americano ficará aquartelado em França. Se o marechal se mantiver como chefe de Estado, terá consigo um diretório executivo, escolhido de acordo com o presidente dos Estados Unidos. Será formada uma Assembleia Constituinte com cerca de cinquenta membros qualificados para preparar a nova constituição [...]. Se os franceses não puderem efetivamente pôr-se de acordo, o presidente dos Estados Unidos, como árbitro reconhecido, estabelecerá ele mesmo a nova constituição. [11]

Em suma, Darlan, em desespero de causa, está prestes a colocar a França sob a espada de Roosevelt, o que não só parece espantoso, como também ingénuo.

No dia 25 de dezembro, Darlan é assassinado por um jovem monárquico, Fernand Bonnier de La Chapelle. Ainda hoje é difícil perceber claramente todo este episódio. O assassino agiu sozinho? Agiu por conta de quem? Mais precisamente, tinha ligações aos meios gaullistas? Philippe Ragueneau afirmará até ao fim da vida que Bonnier fora escolhido à sorte por um pequeno grupo de que também fazia parte e que era um núcleo duro de jovens partidários do general, mas que agia por sua própria conta, não recebendo instruções. Há, no entanto, alguns factos que são incontestáveis. Em primeiro lugar, sabe-se que, diante de Eden, o general abordou o problema do desaparecimento de Darlan, especificando mesmo que o assunto deveria ser resolvido entre os franceses. Está provado também que Bonnier de La Chapelle recebera trinta e oito mil dólares (que foram encontrados com ele) do general François d'Astier de La Vigerie, que viajara de Londres alguns dias antes. Finalmente, mão anónima escreveu num telegrama de Catroux, datado de 15 de dezembro, que o chefe da França Livre estava ao corrente dum complô para eliminar o almirante. Não há, portanto, qualquer prova formal da implicação da França Livre e, *a fortiori*, do seu chefe na execução, mas apenas um punhado de indícios. Há também uma evidência: embora de Gaulle fosse contrário ao assassinato político, por outro lado, a execução dum traidor não o chocava. Ora, o almirante tornara-se a seus olhos o símbolo da traição. Aliás, mais tarde, corrigiu o general Chrétien, que recordava na sua presença as circunstâncias em que Darlan fora assassinado: «Assassinado não, executado.» ([12])

Um facto é certo: a eliminação de Darlan, como sublinha François Kersaudy ([13]), não desagrada ao general, embora a tenha designado como um «crime odioso». Entretanto, ainda há muitos obstáculos à sua frente. Tendo desaparecido o almirante, sabe que os anglo-saxões querem promover Giraud, que é mais maleável e garantiu o poder em Arel com o estranho título de «comandante-em-chefe civil e militar». A partir do início do mês de janeiro, começam as más maneiras em relação a ele. Com a finalidade de provocar um encontro com Giraud, Churchill, durante um encontro com Roosevelt, tem a ideia calamitosa de o convidar para Marrocos, então teoricamente sob domínio francês. É claro que de Gaulle fica furioso – podemos compreendê-lo – e tão descontente que, contrariamente a todos os seus hábitos, comunica imediatamente aos soviéticos o conteúdo da sua conversa com o primeiro-ministro britânico. É verdade que neste momento toda a gente perde um pouco a cabeça. Roosevelt, num telegrama para Summer Wells, dá livre curso ao seu humor de mau gosto: «Preparámos o noivo. A jovem noiva tem demasiadas suscetibilidades e recusa-se a deitar.» Quanto a Churchill, ameaça cortar os víveres a de Gaulle.

Apesar de tudo, o general não pode permitir-se a recusar o convite. Tudo se desenrola conforme aos seus piores pressentimentos. A região de Casablanca, onde deve decorrer a conferência, é transformada em campo entrincheirado americano e o visitante francês é tratado como um clandestino, sem a mínima consideração a que tem direito. O primeiro encontro com Giraud corre mal. De Gaulle está exasperado por ser assim recebido e, mais ainda, por ouvir o sucessor de Darlan relatar a sua evasão. «E agora, meu general,» interrompe ele, «poderá contar-nos as circunstâncias em que foi feito prisioneiro?» Nestas condições, o primeiro frente-a-frente entre o chefe da França Livre e Roosevelt apresenta-se sob maus auspícios. Na verdade, até começa bem. O presidente fala um francês bastante correto e o seu convidado é sensível ao seu porte aristocrático. Contrariamente ao que depois se disse, não há agentes especiais americanos escondidos atrás das cortinas, prestes a intervir. Sobre o fundamental, os desacordos não deixam de ficar patentes. Os dois homens não se compreendem. Num dado momento, de Gaulle compara-se a Clemenceau e depois a Joana d'Arc [14]. «Tem de escolher entre esses dois papéis», replica Roosevelt, que, apesar do seu conhecimento do francês, contará o episódio sem entender que o seu visitante muitas vezes se expressava de forma humorística.

A partir de então, os longos encontros passam a ser curtos. Irritado com as pretensões de Giraud, de Gaulle replica-lhe: «Em suma, o senhor pretende ser Primeiro Cônsul. Mas onde está o seu plebiscito? Onde estão as suas vitórias?» [15] O general tem em vista outra solução: «Eu serei Clemenceau, o senhor será Foch.» É uma maneira de dizer que o «comandante civil e militar» perderá as suas atribuições políticas.

Perfila-se a rutura, mas depois, por iniciativa do presidente americano, de Gaulle aceita apertar a mão a Giraud diante das câmaras. «*I shall do that for you*», ouvem-no dizer a Roosevelt. Curiosamente, abandonará a conferência convencido de ter feito valer o seu ponto de vista junto do chefe da Casa Branca, como confidencia a Hettier de Boislambert:

> Saiba que encontrei hoje um grande homem de Estado. Penso que nos entendemos e nos compreendemos bem. [16]

A realidade é muito diferente e Churchill é o maior adversário do homem do 18 de junho:

> «De Gaulle é hostil a este país e confio mais em Giraud do que nele,» escreve ao rei Jorge VI... «Não vejo futuro para o movimento da França combatente enquanto ele se mantiver à sua frente.» [17]

A força de de Gaulle reside em ignorar estas reticências e orientar magnificamente o seu jogo. O tempo, como sabe, joga a seu favor. Em todo o mundo o Eixo está a registar importantes reveses. Em

Estalinegrado, o marechal Paulus acaba de capitular. Os japoneses estão numa posição difícil no Pacífico. Na Líbia, os alemães estão na defensiva. A França, ainda ocupada, vê aproximar-se a hora da libertação. Só permanece uma incógnita: de Gaulle tem ainda condições para a representar em exclusivo? No entanto, a opinião pública é-lhe cada vez mais favorável. Após a sua estadia em França, no mês de dezembro, o coronel Linarès, colaborador de Giraud, escreve: «Muito objetivamente, verifiquei em todos os meios o que representa o fator de Gaulle. Na verdade, não duvidava disso.» [18]

Desde então a tática do general evolui. Até aqui, apresentou-se como o campeão do patriotismo. Agora, sobretudo diante dos britânicos, define-se como a melhor muralha contra as desordens duma França libertada e os excessos comunistas, pois, na sua opinião, Giraud é incapaz de cumprir semelhante tarefa. Apresenta-se progressivamente como o campeão da República, pois julga que o sucessor de Darlan é herdeiro de Vichy.

A partida conduzida por de Gaulle complica-se com a chegada de Jean Monnet ao Norte de África como conselheiro de Giraud. Tendo chegado a vice-presidente do British Supply Council, em Washington, em 1940, o antigo secretário-geral adjunto da SDN sempre se revelou desconfiado em relação ao homem do 18 de junho, embora comungasse da sua vontade em continuar o combate contra o Eixo. Como enviado pessoal de Roosevelt, tem por missão «republicanizar» Giraud e, sobretudo, realizar a união dos franceses à sua volta. Após a sua chegada a Argel, começa então negociações complexas com a França Livre à sombra do «comandante-em-chefe civil e militar». De súbito, tudo se torna muito complicado. Aconselhado por Monnet, Giraud pretende reduzir de Gaulle às funções honoríficas de «tenente-general da República». Durante várias semanas há tergiversações. Mas subitamente, no fim do mês de abril, de Gaulle arrisca tudo com brutalidade, invocando a opinião pública como garantia, curto-circuitando as posições dos seus parceiros e afirmando-se como o único detentor da legitimidade. Se Jacques Soustelle fica entusiasmado com este ataque, Jean Monnet fica escandalizado e o diplomata Massigli destroçado. A rutura perfila-se no horizonte, mas em seguida, utilizando uma técnica que já deu as suas provas, o general diminui a pressão. Em consequência disso, as posições alteram-se. Giraud demonstra flexibilidade e Jean Monnet acaba por se aperceber que Giraud não tem peso perante um político daquela envergadura. Apenas Churchill parece intransigente. Como relata a Eden, a atitude de de Gaulle convenceu-o das suas tendências fascistas e pondera uma vez mais a possibilidade de reunir um comité francês formado por personalidades menos rudes como Herriot e Léger. É necessária toda a obstinação e coragem do secretário do Foreign Office para que não se cortem as pontes com a França Livre.

Na verdade, neste final do mês de maio, de Gaulle já ganhou virtualmente a partida. Graças a Monnet e ao ministro residente britânico, Harold Macmillan, as negociações com Giraud, a decorrer nos bastidores, vão caminhando no sentido do bom senso. Por outro lado, a 17 de maio, a primeira reunião do Conselho Nacional da Resistência, realizada na França ocupada, constitui para o homem do 18 de junho uma vitória retumbante. Todos os representados nesta instância, ou seja, as diversas tendências da Resistência reunidas por Jean Moulin, proclamam na altura a sua obediência a de Gaulle. Ao mesmo tempo, este último obtém, por fim, o que deseja: um convite para se dirigir a Argel para aí ter conversações com Giraud e tentar realizar a união.

Deste modo, a 30 de maio, o general, acompanhado por alguns fiéis, entre os quais Gaston Palewski e René Massigli, desce dum avião com insígnias francesas no aeroporto de Boufarik, perto de Argel. O primeiro contacto com Giraud é desastroso. No seu diário, Macmillan anota o seguinte: «O general, segundo Monnet, estava num estado curioso, passando da maior calma à mais extrema excitação... No decurso da conversa, disse que o domínio anglo-saxónico na Europa era uma ameaça cada vez maior e que, se continuasse após a guerra, a França deveria virar-se para a Alemanha e a Rússia. Monnet teve dificuldade em perceber qual era o seu estado de espírito e saber se o general era um perigoso demagogo, um louco ou ambas as coisas.» ([19]) No entanto, todos reconhecem que a união está agora muito próxima. De facto, a 4 de junho, um comunicado anuncia o fim das negociações:

> Os generais de Gaulle e Giraud como presidentes e o general Catroux, o general Georges, os senhores René Massigli, Jean Monnet e André Philip como membros constituem o comité francês de libertação nacional, que será ulteriormente completado com a integração doutros membros. O comité assim constituído é o poder central francês.

Para de Gaulle, o sucesso é ainda mais manifesto por a maioria dos membros do comité lhe ser favorável. No dia 5 de julho, a influência dos gaullistas é, aliás, reforçada quando o comité é completado com a chegada de Henri Bonnet, René Pleven, René Mayer, André Diethelm, Adrien Tixier e Maurice Couve de Murville. Durante um certo tempo, alguns dos recém-chegados foram membros da causa de Giraud, mas atualmente o seu apoio a de Gaulle é evidente. O próprio Monnet, embora mantenha sérias reservas em relação ao general, abandona neste momento o campo de Giraud. Há apenas uma sombra neste quadro: Churchill, presente em Argel, é cada vez mais alérgico ao comportamento do seu protegido.

Sem tardar, de Gaulle inicia então a segunda fase do processo que lhe há de assegurar o poder em plenitude: a eliminação de Giraud. Com as aparências da lógica, começa a fazer aceitar que, tradicionalmente, o poder militar está subordinado ao poder civil. Em consequência disso, o seu rival não pode, na sua opinião, ser comandante-em-chefe e ter assento no comité. Apoiado pelos americanos, que depositam nele inteira confiança para reorganizar e modernizar o exército, Giraud recusa evidentemente obedecer. De imediato, a pressão exercida sobre ele torna-se mais forte. Os gaullistas encorajam abertamente as deserções no seio das forças armadas, invocando o motivo de não se poder ser obrigado a combater sob as ordens de oficiais cujo espírito está alinhado com Vichy.

A prova de força prolonga-se. Roosevelt enerva-se e pede que Giraud, na perspetiva duma próxima intervenção em Itália, garanta que mantém o seu comando militar. A intervenção, obviamente, é muito mal recebida. O comité chama a si o problema e, a 21 de junho, cria uma instância encarregada de acompanhar mais de perto as questões militares. Irrefletidamente, Giraud deixa passar esta reforma que, a prazo, o vai condenar a desaparecer.

No imediato, um acontecimento dramático e de pesadas consequências ocupa todos os pensamentos do general: a prisão e a morte de Jean Moulin, capturado pelos alemães, em Caluire, durante uma reunião do CNR. A perda é irreparável. Elevado a número dois das forças combatentes, o antigo prefeito de Eure-et-Loir realizou uma obra considerável. Tendo unificado os movimentos de resistência e criado o exército secreto, também se revelou um político hábil, ao fazer entrar o partido comunista nos organismos representativos da Resistência interna e ao compreender a necessidade de integrar os antigos partidos políticos no seio do CNR. A sua sucessão levanta, portanto, problemas muito difíceis, tanto mais que de Gaulle nunca dominou bem as questões da Resistência interna. Desaparecido Moulin, todos os chefes das redes pretendem recuperar a sua liberdade. Para encontrar um substituto para uma personagem deste calibre, de Gaulle hesita. Pierre Brossolette tem inúmeras qualidades, mas o seu anticomunismo militante e a liberdade com que se expressa – que não hesita utilizar para avaliar a ação do general – não militam a seu favor. Por fim, de Gaulle decide confiar, numa primeira fase, as funções interinas a Claude Bouchinet-Serreulles, seu antigo ordenança. Deixado sem instruções, este último terá dificuldades em impor-se, situação ainda mais preocupante por tudo levar agora a pensar que já não estará muito longe o desembarque em terras de França.

Por esta razão, o general está nesta altura muito desejoso de ver a sua autoridade reconhecida pelos Aliados. O assunto, que é de natureza delicada, absorve então uma grande parte da sua energia. Mais uma vez, conduz um jogo cerrado com os soviéticos, os americanos e os ingleses. Dos três, os russos são os mais inclinados a desejar o reconhecimento: sem alimentarem a menor ilusão quanto às tendências profundas de de Gaulle, verificam que, de momento, este último os trata com deferência e que faz o mesmo em França com os seus compatriotas comunistas. Por seu lado, o general não se deixa enganar quanto às segundas intenções dos soviéticos, mas utiliza evidentemente a sua disposição favorável para exercer pressão sobre os anglo-saxões. Entre os ingleses, Eden é o apoiante mais entusiasta da causa gaullista. Churchill argumenta finalmente a favor dum pronto reconhecimento, mas com a ideia ingénua de diluir a autoridade de de Gaulle na do comité. Nos Estados Unidos, por outro lado, apesar da simpatia aparente de Eisenhower pelo homem do 18 de junho, Roosevelt continua a opor-se inabalavelmente a tudo o que possa contribuir para aumentar a sua legitimidade. Por fim, o presidente americano será obrigado a ceder, mas não aceitará tornar sua a posição de Churchill. O reconhecimento da França Livre pelos anglo-saxões será, portanto, tornada pública em dois comunicados distintos, sendo o que é emanado do departamento de Estado o mais restritivo. É claro que, nos dois casos, se trata dum reconhecimento *de facto* e não *de jure*, mas trata-se duma etapa fundamental.

Desde o início do ano, que caminho percorreu o Condestável em direção ao objetivo supremo que assumiu em junho de 1940! Em janeiro de 1943, o seu destino era ainda incerto. Na primavera, tudo parecera por algum tempo posto em causa, até que ocorreu a reviravolta súbita do mês de junho. Entretanto, não há dúvida de que a campanha da Tunísia contribuiu para devolver legitimidade à França. Enquanto Koufra e Bir Hakheim constituíram magníficos atos de bravura, mas sem verdadeira influência no resultado das hostilidades, estes combates, em que participaram cerca de 7500 soldados franceses, permitiram expulsar os alemães de grande parte do Norte de África. É verdade que o sucesso foi preparado por Weygand com chefes prestigiosos como Jean de Lattre de Tassigny e Juin, mas de Gaulle teve o rasgo superior de amalgamar estes elementos durante muito tempo relutantes à sua autoridade. Finalmente, só lhe resta eliminar Giraud, que, imprudentemente, se colocou sob a sua dependência ao reivindicar o comando militar. Dedica--se ao assunto com método durante todo o outono, exasperado por ter sabido que Giraud fora informado, mas ele não, da assinatura do armistício com Badoglio, o sucessor de Mussolini, e que tinha até armado secretamente os corsos! Para este último braço de ferro, o general, consciente destas questões, rodeia-se de todas as cautelas. A legalidade deve ser salvaguardada. Por isso, no dia 2 de outubro, por sua iniciativa, o CFLN aprova uma resolução determinando que o seu presidente será eleito por um ano. A 6 de novembro, a armadilha é estendida a Giraud. É arrancada uma súbita demissão coletiva aos membros do CFLN. Tal como os seus colegas, o sucessor de Darlan retira-se, assinando assim a sua própria morte política, embora permaneça como comandante--chefe até abril de 1944. A partir deste momento, de Gaulle é quase o senhor absoluto. Em menos de um ano conseguiu impor-se e superar todos os obstáculos. Resta-lhe vencer a prova suprema, a que se terá de desenrolar no território metropolitano...

Libertação

A ajuda da Grã-Bretanha e dos Estados Unidos é essencial para fazer ressurgir uma França forte [...] Temo que de Gaulle tenha alimentado uma grande antipatia por estes dois países. É um homem que tem uma mentalidade fascista, que é oportunista, sem escrúpulos, ambicioso até ao último grau e a sua chegada ao poder numa França nova conduzirá a grandes cismas e também a uma considerável oposição entre a França e as democracias ocidentais... Por isso, encontro-me entre os mais desejosos de formar um comité impessoal e fundado no princípio da responsabilidade coletiva para simbolizar a França. ([1])

Dirigida a Duff Cooper, o muito gaullista embaixador britânico em Argel, esta carta de Churchill atesta a posição, senão mesmo os sentimentos, deste último em relação ao chefe da França Livre. Não há dúvida de que o velho leão admira de Gaulle. Vê nele um grande homem, mas nutre também uma grande desconfiança. O general, como sabe, não tem senão um objetivo, que é o de levar a França vencida para o campo dos vencedores seja a que preço for. Os anglo-saxões não lhe dão o que espera, pelo que está disposto a fazer uma boa parte do percurso com os soviéticos, sem alimentar a mínima ilusão, nem sobre o seu regime, nem sobre o que verdadeiramente pensam. Com todos estes interlocutores fala de modo idêntico.

No dia 11 de outubro de 1943, recebendo Anthony Eden para jantar, declara-lhe que, no futuro, a França deve estar ao lado da Rússia ([2]). Para tal – de modo nenhum o esconde – está disposto a fazer muitas concessões.

> «A União Soviética,» diz ele ao ministro inglês, «terá de fazer, após o termo da guerra, um grande trabalho de reconstrução. Deve também procurar segurança política e estratégica. Este objetivo poderia ser prosseguido pela anexação dos países bálticos e pela satisfação das reivindicações territoriais russas, que têm pouca extensão, como a Finlândia, a Polónia e a Roménia. Mas isso não será suficiente. A União Soviética deseja ter, a oeste das suas fronteiras, estados com governos que se possa pensar que não serão hostis à União Soviética. Esta condição seria satisfeita se tivessem governos verdadeiramente populares. Não seria necessário que estes países tivessem governos comunistas.»

Quase no mesmo momento, o general faz idênticas afirmações a Averell Harriman: «O futuro da Europa será determinado pelo entendimento entre a França e a Rússia. A política francesa deve estar ligada à da URSS.» ([3]) Ao expressar-se assim, de Gaulle quer evidentemente provocar os seus interlocutores, levá-los a reagir, mas o que diz reflete também o estado de espírito dum político frio, disposto a admitir o domínio soviético sobre uma parte da Europa, se a França puder furtar-se à sua situação delicada. Está ao corrente da opinião negativa que os russos têm de si e do seu movimento e não ignora que o objetivo último de Estaline é fortalecer os comunistas em França, mas também sabe que, face aos anglo-saxões, tem necessidade duma Resistência dentro da qual o PC seja largamente dominante. Isto é tão verdadeiro que nesta mesma altura permite que os comunistas obtenham vantagens entre os combatentes da sombra: com Moulin desaparecido, Bouchinet--Serreulles não se impõe de modo nenhum e Georges Bidault, um professor de história muito corajoso, eleito a 10 de setembro de 1943 para substituir Jean Moulin, não está em condições de se opor às intenções comunistas, porque ele mesmo aderiu à Frente Nacional, que é uma emanação do PCF. «Devido às relações de força,» nota Jacques Baumel, «a linha de fratura entre a Resistência comunista e não-comunista acentuou-se perigosamente.» (⁴)

Aliás, não é só nas relações com a URSS que de Gaulle afirma então a sua autonomia, é onde quer que os interesses franceses estejam em jogo. Daí a crise que se abre então no Médio Oriente. Na Síria e na Líbia, a França encontra-se numa posição delicada, devido às promessas de emancipação feitas pelos seus representantes quando Vichy foi desalojada da região. Houve eleições, mas em condições muito pouco satisfatórias (no Líbano, a França chegou mesmo a recrutar o apoio de Mokkaden, um gangster muito conhecido), o que não impediu os partidos nacionalistas de obter a vitória. Eleito presidente do Líbano, Bechara el-Khoury pretende então proclamar a independência. Levam-lhe a mal. O embaixador Helleu, delegado geral para o Levante, manda-o prender e ao seu Governo durante algum tempo! Para a imagem da França Livre, o episódio é calamitoso. A verdade é que, como se diz, Helleu não tem senão três horas por dia de lucidez.

Independentemente da base territorial que possui, é paradoxal que a força de de Gaulle seja constituída, nesta época, pelo regime que, contra as suas tendências profundas, acabou por aceitar. Na verdade, em Argel, a III República está praticamente ressuscitada. Em novembro de 1943, com a reestruturação do CFLN, há representantes dos partidos como o socialista Pierre Bloch e o moderado Louis Jacquinot que, pela primeira vez, têm assento ao lado de altos funcionários como René Massigli e de dirigentes da Resistência como Emmanuel d'Astier de La Vigerie. É o resultado da aplicação das ideias de Jean Moulin, adversário, como se sabe, de Pierre Brossolette, feroz oponente das velhas formações partidárias. Em breve se assistirá inclusivamente à afirmação da Assembleia, por enquanto dotada apenas de competências consultivas. Infelizmente, a impressão produzida não é suficiente para dissolver as incompreensões de que a França Livre é vítima entre os anglo-saxões. Embora o encontro entre de Gaulle e Churchill, realizado em Marraquexe, no dia 12 de janeiro de 1944, até decorra bem, a prisão de Boisson, Peyrouton e Flandin continua a provocar ondas de choque. Boisson, apesar da sua atitude em Dacar, em 1940, prestou indubitáveis serviços à causa aliada e Flandin é amigo pessoal de Churchill. Roosevelt está furioso e exige que os eventuais processos que possam ser intentados contra estas personalidades tenham lugar após a Libertação. O mais grave é que tudo indica que os anglo-saxões, e sobretudo os americanos, pretendem aplicar um regime de ocupação militar à França libertada, após o desembarque, cuja data foi fixada durante a conferência de Teerão de novembro de 1943 e depois em maio de 1944. Em Washington, Jean Monnet, comissário em missão, tentou freneticamente intervir, mas os seus interlocutores querem proceder à emissão duma moeda provisória em França, idêntica à utilizada em Itália. Roosevelt explica a Edwin Wilson, seu embaixador em Argel:

> A nossa sincera esperança era a de que as discussões que tiveram lugar no último verão, em Argel, conduzissem a uma efetiva unidade dos franceses. Em vez disso, o mundo assistiu a um combate sem tréguas pelo poder político, que chegou ao ponto de encorajar as deserções, com o grave risco de afetar o esforço de guerra... Apesar de tais atos, o general de Gaulle e os seus associados tentaram chamar a si mesmos os créditos da resistência à Alemanha, ignorando ou depreciando a ação dos outros franceses ... ([5])

Para de Gaulle, a situação é ainda mais difícil por se ir abrir dentro em pouco em Argel o processo de Pierre Pucheu, antigo ministro de Vichy, que chegara ao Norte de África alguns meses antes com a promessa de Giraud de que poderia prestar serviço no exército sem ser inquietado. Todavia, preso, Pucheu, personagem brilhante, foi acusado de factos muito graves, sobretudo o de ter escolhido reféns comunistas para o número de vítimas de represálias durante as execuções alemãs de Châteaubriant, em 1941. Tendo começado em Argel, no dia 5 de março de 1944, o processo decorreu mal. A pressão comunista é forte e, pelas razões políticas já indicadas, de Gaulle não está de modo nenhum em condições de lhe resistir. As irregularidades mancham os interrogatórios, de tal forma que o embaixador da Grã-Bretanha, Duff Cooper, as denunciará em termos muito enérgicos:

> O comentário mais pertinente sobre a lamentável questão deste processo mal conduzido é talvez a observação feita pelo meu colega da União Soviética ao comissário francês dos Negócios Estrangeiros: «Vocês devem ter consultado Vichynski.» ([6])

Por fim, Pucheu é condenado à morte e o general não lhe comutará a pena.

Na verdade, a situação na França ocupada não lhe permite o mínimo gesto de provocação em relação aos comunistas. Quando os partidários de Vichy e os milicianos infligem golpes terríveis à Resistência, em toda a parte se nota que esta tenta cada vez mais libertar-se de Londres. «A Resistência tinha, portanto, ganhado a partida,» escreve Daniel Cordier, «e o general de Gaulle, que Moulin fizera o chefe político e militar da Resistência, não era senão o seu símbolo.» (7) Entretanto, os elementos comunistas afirmam-se de tal maneira que a ameaça duma insurreição generalizada após o desembarque é levada muito a sério. É claro que esta perspetiva inquieta de Gaulle, mas, como dirá Jacques Baumel (8), ele também acredita que, se a oportunidade se proporcionar, poderá eventualmente servir para justificar as suas exigências perante os Aliados. Por esta razão, não esboçará o mínimo gesto de encorajamento em relação a Pierre Brossolette, o único personagem de envergadura que se poderia opor aos comunistas visados. Brossolette, em missão em França, encontra-se quase repudiado, vivendo, aliás, os seus últimos dias num certo isolamento, até que, a 3 de fevereiro, será preso pelos nazis, prelúdio ao seu suicídio alguns dias depois.

Portanto, quanto mais o tempo passa, mais a partida se anuncia difícil de jogar por parte de Gaulle. Embora tenha obtido vantagens decisivas, a sua atitude inquieta cada vez mais os anglo-saxões. Os serviços de informação da França Livre – o famoso BCRA, dirigido por Passy – têm a reputação, mais ou menos justificada, de utilizar por vezes métodos brutais. Por outro lado, o efeito produzido junto dos Aliados pelo processo Pucheu acabou por ser muito negativo.

> «A execução de Pucheu,» escreve Anthony Eden, «teve repercussões negativas neste país e, não tenho quaisquer dúvidas, também nos Estados Unidos... É necessário compreender que após esta experiência não queremos que se produza uma série de processos e execuções semelhantes à medida que os exércitos aliados avancem.» (9)

Por todas estas razões, na véspera do desembarque, o general é visto com a maior suspeita. Recebido por Churchill a 28 de abril de 1944, o homem político de direita Louis Marin ouve dizer que de Gaulle deve evidentemente ser apoiado, mas que é preciso levá-lo a compreender a necessidade de se entender com homens como Pietri, Flandin e Anatole de Monzie, homens políticos de orientação diversa que se relacionaram todos, mais ou menos, com Vichy. Roosevelt, por seu lado, continua a querer que não se faça nada de definitivo antes de os franceses se poderem expressar livremente. Apenas as opiniões públicas britânica e americana são, no seu conjunto, muito favoráveis à França Livre e ao seu chefe, para quem reclamam o reconhecimento.

Nestas condições, de Gaulle não pode deixar de ser deixado à margem dos preparativos para o desembarque. Roosevelt, sobretudo, é intransigente. Embora sem grande convicção, Churchill bem defendeu a sua causa e chamou a atenção para o facto de o general dispor de forças navais consideráveis e dum império muito vasto, várias vezes utilizado pelos Aliados, mas o presidente dos Estados Unidos recusa-se a ceder:

> Não disponho de nenhuma informação que me leve crer que de Gaulle e o seu CFLN deram uma ajuda efetiva ao nosso esforço de guerra [...] Se de Gaulle aparecer, inclinarei muito ligeiramente a cabeça, como é requerido pela etiqueta do século XVIII. [10]

As forças suscetíveis de serem colocadas à disposição dos Aliados são, sem dúvida, bastante fracas. Para além do exército de Lattre, que deve desembarcar na Provença, o essencial das tropas francesas, que totalizam 2000 homens, estão na frente italiana, prestes a marchar sobre Roma. O mais que de Gaulle conseguiu foi que a II Divisão Blindada, comandada por Leclerc e equipada pelos americanos, seja transferida no momento oportuno para a Grã-Bretanha para fazer a sua entrada em Paris com os Aliados. Mas Churchill acrescentou: «A presença desta única divisão em caso algum dará a de Gaulle o direito de ser mantido ao corrente dos nossos segredos.» [11]

Como é hábito, Eden, por seu lado, é mais moderado. Tem uma estima profunda por de Gaulle e teme que este se volte para os soviéticos. Eisenhower também admira o Condestável e julga inconveniente o tratamento que lhe é infligido, embora ele seja, muitas vezes, bastante inconveniente. Por fim, de Gaulle evita agir, não mudando de tática. Nisso reside a sua força. Decide simplesmente que no dia 3 o CFLN dará lugar a um Governo provisório da república francesa. A 27 de maio, Churchill convida-o finalmente para Londres, acrescentando que terá toda a liberdade para circular e comunicar. De Gaulle hesita. Pretende ter a certeza de que os americanos aceitarão definitivamente a sua participação nas conversações tripartidas com vista ao desembarque. Finalmente, após uma longa espera, de Gaulle obtém a garantia de acesso a um mínimo de informações sobre as operações previstas e dirige-se para Londres. Recebido por Churchill a bordo do seu comboio, inicia um diálogo que pode redundar rapidamente num grande fracasso. No último momento, ressurgem todas as antigas razões de queixa. Em pouco tempo, de Gaulle explode:

– Por que razão pensa o senhor, segundo parece, que devo apresentar a Roosevelt a minha candidatura ao poder em França? Há um Governo francês. Estou à espera que amanhã o general Eisenhower, de acordo com as instruções do presidente dos Estados Unidos e com a concordância do senhor, proclame que coloca a França sob a sua autoridade. Como quer que negociemos nestas bases? Faça a guerra com a sua moeda falsa.
– Fique a saber, – replica Churchill, – que quando tivermos de escolher entre a Europa e vistas mais amplas optaremos pelas vistas mais amplas. Sempre que tiver de escolher entre o senhor e Roosevelt, escolherei Roosevelt. ([12])

Pouco depois, no quartel-general de Eisenhower, as coisas correm melhor. O comandante-chefe aliado demonstra subtileza ao solicitar a opinião do general sobre as operações em preparação. Mas de Gaulle fica escandalizado quando toma conhecimento de que o seu interlocutor tem intenção de dar ordens aos franceses e de convidar a administração a manter-se. Quando começa o desembarque, uma prova de força opõe assim o general aos Aliados. Uma vez que foi mantido à margem de tudo, recusa falar na rádio! Furioso, Churchill fala em mandá-lo de volta para Argel, de mãos e pés atados! Felizmente as primeiras boas notícias vindas da frente fazem com que a pressão diminua. De Gaulle pronuncia uma soberba alocução, uma das mais inspiradas da sua carreira:

Começou a batalha suprema. É a batalha de França, evidentemente, e é a batalha da França! Para os filhos da França, onde quer que se encontrem e independentemente de quem sejam, o dever simples e sagrado é combater o inimigo com todos os meios de que disponham [...] As orientações dadas pelo Governo francês e pelos chefes franceses que este designou para tal devem ser escrupulosamente cumpridas. Por trás da nuvem tão carregada com o nosso sangue e as nossas lágrimas, reaparece o sol da nossa grandeza.

Ao falar diretamente aos franceses, de Gaulle ignora, portanto, as proibições decretadas por Roosevelt. Eden, embora deplore o seu mau caráter, defende uma vez mais a sua causa. Eisenhower fica reconhecido: a ajuda dada pela Resistência às tropas que comanda é duma grande utilidade. Por fim, Churchill acaba por ceder e intervém junto de Roosevelt para que o CFLN tenha melhor tratamento. Todavia, a abertura dos arquivos haveria de revelar muito mais tarde que a sua animosidade em relação ao general não diminuíra. São disso prova as linhas que escreveu, a 13 de Junho, a Montgomery para lhe anunciar a visita que de Gaulle iria efetuar no dia seguinte à França libertada:

> Tenho de lhe infligir uma visita do general de Gaulle: com todas as responsabilidades que pesam sobre os seus ombros, será um fardo [...] Penso que não terá de o receber no seu quartel-general. Não é certamente desejável que congregue largas multidões em Bayeux, nem que se entregue a manifestações políticas. [13]

Para além disso, o primeiro-ministro britânico não se opõe à entrada em circulação da moeda de ocupação denunciada continuamente por de Gaulle.

No dia 14, como estava previsto, o general desembarca pouco depois das 14 horas do contratorpedeiro *Combattante* e pisa solo francês. É um momento de intensa emoção. Pierre Viénot faz notar que há exatamente quatro anos os alemães faziam a sua entrada em Paris.

«Pois bem, enganaram-se,» replica simplesmente de Gaulle.

Embora Montgomery tenha obedecido escrupulosamente às instruções de Churchill, a população das cidades libertadas mostra-se entusiasta. Em Bayeux e em Isigny, o homem do 18 de junho tem um acolhimento memorável. Designa de imediato responsáveis: François Coulet é nomeado comissário da República para os territórios libertados e Pierre de Chevigné é encarregado das subdivisões militares. O seu objetivo, que não esconde, é colocar os Aliados perante um facto consumado. A tática tem sucesso, embora, sobretudo do lado americano, choque muitos responsáveis, a começar pelo ministro da Guerra, Stimson. Tendo alcançado em grande parte o que se propunha, de Gaulle dá-se ao luxo de parecer descontraído: «Escrevi ao senhor Churchill para aplicar um bálsamo nas feridas que ele a si mesmo infligiu», dirá nas suas *Mémoires de Guerre*.

Regressado a Argel, ainda tem outra partida a jogar: a viagem aos Estados Unidos, que há muito tempo Churchill deseja que ele realize. Se bem que a iminência da eleição presidencial, a que pela terceira vez é candidato, obrigue Roosevelt a ter em conta uma opinião pública que é globalmente favorável ao homem do 18 de junho, a organização do périplo deu muito trabalho aos que dele ficaram responsáveis. Finalmente, e embora no dia 6 de junho tenha tido direito a um comité de receção bastante modesto, por instrução do departamento de Estado, de Gaulle mostra-se muito satisfeito com a sua estadia em Washington. Roosevelt, que, em privado, lhe chama «louco», mostra-se amável e oferece-lhe uma fotografia com esta menção escrita que não engana ninguém: «Ao general de Gaulle que é meu amigo.»

Sobre as questões de fundo surgem muitas divergências durante os encontros, mas, a 11 de julho, o presidente americano reconhece oficialmente o Governo provisório. Uma vez mais a intransigência do Condestável deu resultado. O seu humor beneficia com isso. No Canadá, aonde vai em seguida, os seus anfitriões acham-no metamorfoseado, jubiloso no seu novo papel. Não sem razão. Estes sucessos diplomáticos são acompanhados por intervenções que dão nas vistas em diversas frentes. O corpo expedicionário francês, vitorioso na Itália, sob o comando de Juin, reagrupou-se na Córsega e no Norte de África, transformando-se no I Exército de Lattre e tendo por missão marchar sobre o Reno a partir das costas da Provença. Após ser desembarcada na Normandia, no dia 1 de agosto, a II Divisão Blindada de Leclerc apresta-se a marchar para Paris com as tropas americanas. Há só uma sombra neste quadro: os alemães, comandados por Rommel e von Rundstedt, opõem uma violenta resistência um pouco por todo o lado. Aconteceu assim junto a Saint-Lô, entre 11 e 16 de junho, e nos arredores de Caen, entre os dias 1 e 10 de julho. De Gaulle tem plena consciência de tudo isso, bem como do caráter limitado dos seus meios: «Como é curta a espada da França no momento em que os alemães se lançam ao assalto da Europa. Nunca antes o nosso país esteve reduzido a forças relativamente tão limitadas em tão grave ocasião.»

Após o fracasso do atentado contra Hitler, a 20 de julho, a eliminação de Rommel e o choque que daí resultou no lado alemão, a marcha para Paris acelerou-se. No entanto, de Gaulle tem consciência de estar ainda longe do seu objetivo. Em primeiro lugar, opõe-se ao plano de Eisenhower, que pretende tomar a direção do Norte para cercar a capital, o que impediria a II Divisão Blindada de fazer uma entrada triunfal em Paris. A sua inquietação é ainda maior por temer que os comunistas aproveitem a ocasião para desencadear uma imensa insurreição em Paris, antes da sua chegada. A ameaça, sabemo-lo hoje, foi levada muito a sério: os arquivos do BCRA confirmam que o general tinha na sua posse instruções muito claras dadas aos militantes do PC após a derrota alemã. Por fim, também não sem razão, teme as últimas manobras do regime de Vichy. Sabemos hoje que o plano esboçado por Laval para se salvar era criar um Governo aceitável pelos americanos e suscetível de favorecer o afastamento legítimo de de Gaulle. A 15 de agosto, sob a batuta do embaixador alemão Otto Abetz, teve lugar no Hôtel Matignon um almoço surreal em que participaram Laval e Herriot. Este último fará fracassar a manobra, ao parecer não compreender que se esperava dele que reunisse as câmaras a fim de dar uma aparência de legitimidade a um eventual gabinete de transição. Última preocupação para o general: as suas más relações com Churchill. Os problemas do Próximo Oriente são novamente o pomo da discórdia. O primeiro-ministro escreve a Duff Cooper:

> Estou certo de que de Gaulle não tem intenção de cumprir as suas promessas e que, se obtiver um poder desmesurado em França, procurará criar connosco um grave conflito, bem como fomentar um levantamento sangrento na Síria. [14]

A 15 de agosto, todavia, de Gaulle decide tomar o caminho da França. Os alemães estão a ceder em toda a parte e tudo leva a crer que em breve Paris será libertada. Tal como previa, os Aliados não mostram qualquer pressa de o ver entrar na capital. Incidentes técnicos estranhos impedem-no de tomar um avião antes do dia 19. Por fim, neste dia, abandona Casablanca e, no dia seguinte de manhã, após uma escala movimentada em Gibraltar, aterra perto de Caen. Coulet e Koenig, que o acolhem, dão-lhe boas notícias. Lançada pelos comunistas, mas com o acordo dos seus representantes, Alexandre Parodi e Jacques Chaban--Delmas, a insurreição parisiense está no auge. A prefeitura da polícia já foi tomada. O general não deixa de estar muito ansioso. Sabe que os comunistas, que tem de tolerar, desempenham um papel fundamental e teme que tomem o poder na capital. Ora, Eisenhower tem intenção de rodear Paris e, portanto, de deixar tempo aos insurretos para se organizarem. A margem de manobra do general é reduzida. Por um lado, deseja que Paris contribua para a sua própria libertação. Por esta razão, desaprova uma trégua acordada com os alemães. Por outro lado, todavia, deseja que os Aliados cheguem o mais rapidamente possível para controlar a situação. Felizmente, no dia 22, Eisenhower muda de opinião. A partir de então tudo se vai passar muito rapidamente. Enquanto surgem as barricadas, Parodi reúne em Matignon o primeiro conselho de ministros. Aparecem os jornais da Resistência. Pouco depois, a II Divisão Blindada de Leclerc entra em Paris. Há combates de rua. No dia 25, o Hotel Meurice, sede do comando alemão, é tomado de assalto. Pouco depois, o general von Choltitz, comandante da «Grande Paris» (tendo salvo a capital ao não executar as ordens de Hitler para a dinamitar), assina o ato de capitulação na prefeitura de polícia, na presença de Leclerc e dos chefes da Resistência. No mesmo dia, de Gaulle chega a Paris vindo de Rambouillet e instala-se no ministério da Guerra de onde partira há quatro anos:

> Não há móvel, não há tapeçaria, não há cortina que não tenha mudado de lugar... Pouco depois, dir-me-ão que se passa o mesmo em todos os imóveis em que a República se instalou. Nada falta neles, exceto o Estado. Cabe-me a mim reinstalá-lo. Por isso, comecei eu mesmo por me instalar. ([15])

Após ter ido à prefeitura da polícia, vai a pé ao Hôtel de Ville. É então que lhe ocorre – improvisada, segundo disse – a sua mais célebre peça de oratória após o apelo de 18 de junho:

> Paris! Paris ultrajada! Paris destruída! Paris martirizada! Mas Paris libertada! Libertada por si mesma, libertada pelo seu povo, com o contributo de toda a França, da França que se bate, apenas da França, da França eterna.

No dia seguinte, nos Campos Elísios, o general tem a sua apoteose. Aclama-o uma multidão imensa, enquanto unidades das SS ameaçam a capital e combates esporádicos continuam na Praça da Concórdia. Quando o cortejo toma a direção de Notre-Dame, ocorrem disparos. O general não lhes presta atenção. Na praça da catedral ouvem-se novamente tiros. A cerimónia religiosa, a que assiste sem protesto um grande número de ateus confessos, é interrompida por de Gaulle e tem de ser encurtada. Impávido, de Gaulle preside sem deixar entender que os avanços dalguns resistentes próximos dos comunistas o levaram a apelar discretamente aos americanos para manter a ordem.

A Prova do Poder

Curiosamente, pelo menos para os que desconhecem a sua escala de valores, a primeira preocupação do general a partir do dia seguinte à libertação é receber grandes escritores. Já em Argel, alguns meses antes, provocara o espanto dos americanos ao receber prioritariamente André Gide. Desta vez, no ministério da Guerra, recebe François Mauriac, Paul Valéry e Georges Duhamel. Mais tarde, aparecerão Georges Bernanos e André Malraux.

Rodeado por uma equipa de colaboradores chefiada por Gaston Palewski e a que se juntará em breve um jovem «agregado que sabe escrever» chamado Georges Pompidou, de Gaulle não tem tempo para se demorar nestes encontros apaixonantes. Ainda falta muito para o território ficar livre do invasor nazi e um pouco por toda a província reinam a anarquia e os ajustes de contas, muitas vezes brutais e sumários. A maior urgência é formar um Governo e, após a sua constituição, é nítido o desejo de o general garantir, quer o regresso à ordem, quer uma certa unanimidade nacional. Parece ser muito claro que a ala mais progressista e ativa da Resistência não é a favorecida, ficando os democratas-cristãos com a parte de leão, e sendo invocada a continuidade em relação à III República com a nomeação de Jules Jeanneney, antigo presidente do Senado, como ministro de Estado. A modernidade, por seu lado, fica simbolizada pelo convite a Pierre Mendès France, encarregado da difícil pasta da Economia Nacional.

Entre as grandes figuras da história da França, de Gaulle nunca escondeu a sua admiração por Richelieu, adversário das feudalidades, e, de facto, é com inspiração na sua maneira brutal de atuar que vai esforçar-se de imediato por restabelecer a legalidade onde quer que tivesse sido escarnecida, bem como a autoridade do Estado. Se durante a guerra pôde parecer compreensivo em relação aos comunistas, que forneceram à Resistência alguns dos seus elementos mais corajosos, agora passou a não tolerar mais a sua independência. Pensa que o perigo é iminente. Não há autoridade senão em Paris e no Norte. Noutras regiões, as assembleias patrióticas e os comités locais, criados por iniciativa do PC, tendem a substituir as autoridades regulares, sobretudo para conseguir que se façam os saneamentos. Como Estaline continua a recear um acordo entre os alemães e os americanos, não é possível aos comunistas praticarem uma estratégia de «classe contra classe», mas o seu objetivo último continua a ser o controlo do Estado.

> O próprio Jean Moulin, garantia Claude Bouchinet-Serreulles, seu sucessor, tinha perfeita consciência do risco duma vaga comunista após a Libertação. [1]

A 15 de setembro, de Gaulle efetua uma viagem de inspeção à província para prevenir este perigo e aqueles que com ele lidam verificam rapidamente como pode ser implacável quando lhe oferecem resistência, por muito pouco importante que seja o que está em jogo. Se em Lyon tudo se passa mais ou menos bem, o mesmo não sucede, no mesmo dia 15, em Marselha. O general censura energicamente ao comissário da República, Raymond Aubrac, pela sua falta de firmeza em relação aos comunistas. Em Toulouse, o antagonismo é ainda mais marcado. Também aqui de Gaulle censura o representante do Estado, Pierre Bertaux, pela sua falta de energia e entra em conflito com o coronel Ravanel, um antigo aluno da Escola Politécnica, de 26 anos, que considera uma personagem perigosa à frente de forças incontroláveis, saídas das brigadas internacionais. O general chega ao ponto de julgar que Ravanel traz consigo ilegalmente a insígnia de companheiro da Libertação! [2]

Em qualquer lugar por onde passe, o chefe do Governo provisório tem palavras muito duras para os que inspeciona. «Não gosto de chefes de bando,» disse em Marselha. No regresso da sua viagem, está um pouco mais tranquilo.

> «Os comunistas,» acaba ele por confidenciar ao seu secretário, Claude Mauriac (que o transcreve no seu diário), «não são perigosos. São quando muito canas pintadas de verde. Não é possível fazer uma revolução sem revolucionários. E não há em França senão um revolucionário, que sou eu.»

Prioritariamente, de Gaulle pretende tranquilizar o país para fazer com que ele volte a funcionar. Por exemplo, em Bordéus, isso leva-o, com perfeito conhecimento de causa, a manter no lugar Maurice Papon, secretário-geral da prefeitura de Gironda, a quem será mais tarde censurado o seu papel durante a deportação dos judeus. O Condestável também não pensa sequer um segundo em criar o grande partido trabalhista com que Brossolette sonhava...

Quanto ao resto, a situação militar requer a sua atenção. Desde 1940 que se bate para que a França se encontre entre os vencedores. Não falhará na hora decisiva. Gradualmente, luta para que as tropas francesas participem nos combates na Alemanha. A 18 de setembro, entraram em Estrasburgo. O juramento de Koufra é cumprido. Em novembro, todavia, por ocasião da visita de Churchill a Paris, de Gaulle pôde verificar uma vez mais a desconfiança dos anglo-saxões a seu respeito. Daí os sinais que volta a lançar em direção aos dirigentes do Kremlin.

Em relação ao general, nada mudou no estado de espírito dos soviéticos. Apreciam a sua atitude para com os anglo-saxões, mas desconfiam das suas inclinações direitistas. O que de Gaulle sabe é que a França isolada é impotente. Daí a ideia de realizar uma aproximação a Moscovo, dado que os Estados Unidos são pouco cooperantes. Pouco depois, dá conhecimento do seu desejo de ir a Moscovo, certo de poder dirigir o grande jogo diplomático com que sempre sonhou.

Tendo Estaline respondido favoravelmente, o general abandona Paris no final do mês de novembro para se dirigir a Moscovo. No termo duma longa viagem pelo Cairo, Teerão e Baku, chega ao seu destino no dia 2 de dezembro e rapidamente verifica que a partida que vai jogar se afigura difícil. O acolhimento é destituído de calor, ao ponto de de Gaulle se recusar a ser hospedado pelos soviéticos, instalando-se na embaixada da França, onde reina um frio siberiano. Desde logo, Estaline acentua bem que não espera nada do seu visitante e que nada tem a pedir-lhe.

> «Os dirigentes soviéticos,» comentará o grande kremlinólogo Jean Laloy, que acompanha o chefe do Governo provisório, «estão mais interessados em aliados poderosos do que em aliados convalescentes.» ([3])

Desde o início que as coisas se apresentam claras: Moscovo não apoiará a França nas suas reivindicações no que diz respeito à Alemanha, mas, em contrapartida, Estaline especifica bem que a Polónia tem vocação para se estender até ao Oder e ao Neisse.

De Gaulle não fica de modo algum desencorajado. Veio para assinar um pacto que elevasse o estatuto da França e não está disposto a regressar de mãos vazias. Perante Estaline tem sentimentos ambíguos. Tendo testemunhado as conversações enquanto intérprete, Jean Laloy descortinará no seu olhar um certo fascínio pelo «tirano rústico». Isso não o impede de estar de sobreaviso e assistir à missa de forma ostensiva. Quanto mais o tempo passa, mais aumenta a pressão, ainda que o ditador se revele, por vezes, afável. Por fim, parece que para os soviéticos – que sabem bem que a Alemanha vencida será encerrada, como desejam, numa espécie de torno franco-russo – o único verdadeiro problema é conseguir que Paris reconheça o comité de Lublin, ou seja, o Governo polaco fantoche às ordens de Moscovo. Em princípio, de Gaulle recusa-se a isso, mas a sua determinação parece enfraquecer, a tal ponto que o embaixador americano, Averell Harriman ([4]), intervém para o pôr de sobreaviso. Por fim, é encontrado um meio-termo: o Governo francês destacará um enviado oficioso, neste caso Christian Foucher, para junto do comité de Lublin. A concessão não deixa por isso de ser real e mais tarde Estaline utilizará o precedente assim criado para obter de Churchill um gesto idêntico.

As negociações são muito duras até ao fim. Alternando entre a adulação e a ameaça, Estaline tenta obter o máximo de concessões. Em dado momento, de Gaulle, exasperado, abandona a reunião. Finalmente, a 10 de dezembro, por volta das três horas da manhã, é tomada a decisão de assinar o tratado. A cerimónia decorre cerca das cinco horas da manhã e é seguida dum jantar tardio.

Em certos aspetos, o tratado contém disposições que se prestam à discussão. Nos termos dos artigos 3 e 4 do pacto, o auxílio entre os dois países é, de facto, obrigatório, não só em caso de agressão alemã contra um dos signatários, mas também «se alguma das partes for implicada» em hostilidades com os germânicos «por ter tomado todas as medidas necessárias para eliminar qualquer nova ameaça proveniente da Alemanha». Ou seja, a França pode ser arrastada para uma guerra preventiva. No plano interno, as vantagens do tratado para a França são, pelo contrário, mais evidentes. Ao efetuar esta viagem, de Gaulle deu a impressão de discutir na corte dos grandes, tendo reforçado a sua autoridade perante o Partido Comunista.

De regresso a Paris, não tarda a manifestar essa autoridade e com um aparato de que apenas ele é capaz. No plano militar, a situação é muito preocupante: a ofensiva lançada pelos alemães nas Ardenas ameaça Estrasburgo e pouco depois os americanos ponderam abandonar a cidade. Pode-se imaginar as consequências desta opção, que implica o regresso dos nazis à cidade há pouco libertada e os inevitáveis ajustes de contas e represálias. Por isso, logo que tem conhecimento das notícias, de Gaulle não hesita, colocando todo o seu peso na balança para fazer ceder os americanos.

Considerando que a evacuação da cidade é um «erro», escreve no dia 3 de janeiro a Eisenhower:

> Por isso, sou forçado novamente a mandar o general de Lattre defender com todas as tropas francesas de que dispõe a posição que ocupa presentemente e também defender Estrasburgo, ainda que as forças americanas batam em retirada para a sua esquerda. Espero que a manobra do exército americano tome isso em consideração. (⁵)

Por fim, mas não sem dificuldade, de Gaulle obtém o que pretende: o pior será evitado e, no dia 30 de março, de Lattre e Leclerc poderão tomar parte na batalha suprema no próprio território do *Reich*, após terem atravessado o Reno.

Para além destas questões estratégicas, o problema mais árduo e mais doloroso que de Gaulle tem então de resolver é o dos saneamentos. Nesta matéria, tem há muito tempo uma doutrina: os saneamentos são inelutáveis, mas devem ser circunscritos e fazer-se com ordem, sendo a seus olhos os intelectuais os maiores culpados, por terem enganado a opinião pública. Por isso, Georges Suarez, Paul Chack e Robert Brasillach serão fuzilados sem que sinta necessidade de os agraciar. Pelo contrário, a intervenção de Mauriac poupará ao poste de execução o polemista Henri Béraud, a quem, aliás, nada se poderia censurar, a não ser lamentáveis excessos de linguagem. O processo de Charles Maurras, transviado na colaboração, levanta a de Gaulle problemas mais delicados, bem resumidos por André Malraux: «É impossível condenar Maurras se se aplicar a política externa de Jacques Bainville.» De Gaulle desejará que o processo decorra no Alto Tribunal, considerado mais compreensivo, e não em Lyon, onde a Action Française se refugiou durante a guerra e onde as paixões continuam inflamadas. Por fim, o processo decorrerá em Lyon e o chefe de fila do nacionalismo integral será condenado a prisão perpétua e degradação nacional. «Enlouqueceu por ter tanta razão.», dirá de Gaulle perante várias testemunhas.

Duma maneira geral, o chefe do Governo provisório desempenha uma função moderadora, tendo comutado a pena a 998 dos 1554 condenados à morte.

> Não gostava dos saneamentos, dirá Jean-Jacques de Bresson [6], um alto magistrado que se tornou então seu colaborador. Considerava que os saneamentos deveriam ser mínimos. Agraciava, desde que existisse algum elemento favorável. Agraciou sistematicamente as mulheres.

Aliás, à esquerda, muitos são os que se irritam com esta benevolência demasiado ampla, o que o general julga deslocado, porque o direito de comutar as penas é, na sua opinião, uma prerrogativa presidencial. De qualquer maneira, os saneamentos estão longe de terminados, porque, arrastados para a Alemanha, Pétain e Laval ainda não foram julgados.

Restam os problemas externos, também eles de importância capital neste período. Com a aproximação do fim da guerra, o general está literalmente obcecado com a ideia de incluir a França no campo dos vencedores. Ora, as perspetivas não são boas, porque os anglo-saxónicos ficaram estupefactos pelo desmoronar da França, em 1940, e também nem todos apreciaram a atitude sobranceira de de Gaulle para consigo. Por agora, é ponto assente que a França não estará representada em Ialta, nas costas do Mar Negro, onde se deve realizar a cimeira aliada destinada a imaginar os amanhãs da vitória. Todavia, contra todas as expectativas, os resultados da conferência não serão tão calamitosos para Paris quanto se poderia temer. Eden e Churchill defenderão bastante bem os interesses da França, sendo curiosamente secundados por Harry Hopkins, a eminência parda de Roosevelt. Apesar da oposição resoluta de Estaline, será assim atribuído a Paris um lugar no Conselho de Segurança das futuras Nações Unidas, a participação na comissão de controlo interaliado e, finalmente, uma zona de ocupação na Alemanha. Quanto a saber se a União Soviética poderia ter ficado ainda mais contrariada se o homem do 18 de junho tivesse estado presente, é difícil dizê-lo pela simples razão de que, pelo menos uma vez, em 1943, à frente de Eden, o chefe de Estado da França Livre julgara inevitável, e até normal, que os soviéticos se apoderassem duma parte da Europa de Leste.

Apesar de tudo, o general está furioso, o que é compreensível, por ter sido assim afastado e é com uma cólera fria que recusa encontrar-se com Roosevelt, o qual, regressando de Ialta, teve a infeliz ideia de parecer convocá-lo a Argel.

De Gaulle está então sob fortes tensões, porque da Indochina chegam notícias cada vez mais inquietantes. No dia 9 de março, os japoneses tomaram o controlo de todos os pontos estratégicos da colónia. O almirante Decoux, procônsul de Vichy, foi preso, bem como muitos outros responsáveis. Circunstância agravante: o golpe de força era evidentemente previsível e, no entanto, os chefes militares, os generais Aymé e Mordant, recusaram-se a acreditar nos rumores alarmantes. Decoux sustenta que, com a sua atitude agressiva, de Gaulle provocou os japoneses. O general considera, pelo contrário, que os avanços dos Aliados no Pacífico incitaram os japoneses a intervir. Na verdade, de acordo com os arquivos, parece hoje que a queda das Filipinas conduziu o estado-maior japonês a definir novos objetivos. Uma coisa é certa: a iniciativa de Tóquio apanhou os franceses desprevenidos. Nestas circunstâncias urgentes, de Gaulle reage como sempre fez em semelhantes ocasiões, ou seja, reafirmando a presença francesa. No plano militar, como se verá em breve, a França não está em posição de força. Por isso, a 24 de março, o general, sob a égide do Governo provisório da república francesa, torna pública uma declaração onde, apesar de algumas inovações, consagra o *statu quo* na Indochina. Nesta circunstância, de Gaulle está longe de ser o rebelde que muitas vezes foi. Tal não impedirá a famosa declaração de passar a inspirar a política colonial do movimento gaullista e, mais tarde, de servir de bíblia ao almirante Thierry d'Argenlieu, quando este assumir a responsabilidade suprema em Hanói.

Mas, felizmente, neste momento, estas deceções e estas dificuldades são eclipsadas pela perspetiva da vitória. No momento presente, os Aliados estão em Berlim e é preciso pensar seriamente em fazer valer os direitos da França. Fiel à sua política do facto consumado, de Gaulle ordena a de Lattre que administre os territórios alemães conquistados pelas tropas francesas até que fiquem delimitadas as zonas de ocupação. A precaução revelar-se-á útil, porque, no dia 7 de maio, aquando da assinatura da capitulação alemã, em Reims, os soviéticos tentarão opor-se à presença dos franceses. Apesar de tudo, nesse dia, de Gaulle atinge o objetivo que fixara a si mesmo em 1940: fazer entrar a França no campo dos vencedores.

A primeira consequência do desmoronar do *Reich* e da Itália é o regresso do general Pétain a França. De Gaulle não o desejava, certo de que o seu processo inevitável dividiria os franceses. Mas o antigo chefe de Estado francês quis responder pelos seus atos. Por isso, logo que chegou a território francês, foi detido, transferido para Paris e colocado sob prisão.

> «Não faço juízos de valor em relação à usurpação do poder por Pétain,» dirá o general. «A única coisa que é grave é o armistício... Este armistício não tem precedentes na História. É necessário afirmar que nunca existiu. Por isso, é necessário que o Governo que o fez seja considerado como não tendo existido.» (7)

O processo do marechal terá lugar no mês de agosto de 1945, numa atmosfera apaixonada e sem que a questão das perseguições antissemitas seja verdadeiramente introduzida. Pétain será condenado à morte e de Gaulle, correspondendo ao desejo expresso pelos jurados do Alto

Tribunal, comutar-lhe-á a pena. Aquele terminará os seus dias em 1951, prisioneiro na ilha de Yeu. Entregue à França por Franco, Laval será também julgado pouco depois de Pétain, mas o seu processo, mal instruído, não agradará a ninguém, e menos ainda a sua execução, ordenada após uma tentativa de suicídio.

Tendo sido obtida a participação na vitória, os problemas internos tornam-se prioritários. O país sai extenuado da guerra. A produção agrícola diminuiu um quinto em relação a 1938 e a produção industrial cinquenta por cento. Já evidente antes de 1940, o atraso em matéria de equipamento é agora gritante. Para além disso, o território foi em grande parte devastado e os sem-abrigo são em número incontável, sobretudo na Normandia. Por isso é preciso reagir com urgência. Nesta matéria, de Gaulle tem sobretudo ideias gerais. Tendo nascido num meio em que o dinheiro é olhado com suspeita, é instintivamente adepto da intervenção do Estado, o que o levará a avalizar o muito vasto programa de nacionalizações do Conselho Nacional da Resistência, redigido, como sabemos hoje, por pressão comunista (Jacques Duclos terá escrito uma parte). Até maio de 1946, passarão assim para o controlo público as minas de carvão, a Renault, a Gnome et Rhône, os transportes parisienses, o ramo de acidentes de trabalho das companhias de seguros, o Banco de França, os quatro bancos de depósitos, e, por fim, o Banco da Argélia. Para além disso, outras empresas e instituições serão objeto de medidas semelhantes, como, por exemplo, a Air France, as empresas de jornalismo culpadas de colaboração e as Messageries Maritimes. Mais tarde, gaullistas como Jacques Baumel e Pierre Messmer lamentarão a extensão deste programa, considerando que não foi proveitosa para a economia.

No entanto, por mais intervencionista que seja, de Gaulle tende também para uma gestão prudente e clássica. Por isso, recusou as teses do seu ministro da Economia, Pierre Mendès France, que, obcecado com a inflação, era partidário de medidas de rigor draconianas e sobretudo da troca das notas de banco para lutar contra o mercado negro. Logo após o termo da guerra, de Gaulle julga que os franceses têm o direito a um alargar do cinto e, sobretudo, que o partido comunista tirará proveito dum provável descontentamento. Por isso, escolherá para ministro das Finanças René Pleven, que advoga medidas mais suaves. Como é sabido, Mendès propunha medidas duras que era difícil fazer aceitar. No entanto, a inflação que irá minar a IV República acabou por lhe dar razão, pelo menos do ponto de vista técnico.

Por motivos algo semelhantes, de Gaulle confia o Comissariado-Geral do Plano a Jean Monnet. Muitas coisas o separam do antigo secretário-geral adjunto da SDN, mas a planificação indicativa e flexível defendida por este último sedu-lo mais do que a solução radical defendida pelo economista George Boris, amigo de Mendès France.

Em matéria colonial, a situação requer um pouco por toda a parte a realização de escolhas claras, difíceis de aplicar numa altura em que o país sai dum conflito tão grave. De facto, de Gaulle vai optar, em geral, por soluções mais tradicionais. No Levante, sujeito à agitação nacionalista, reage mesmo com tanta brutalidade que os britânicos, por sua vez, intervêm de imediato, o que abre uma crise entre Paris e Londres. Na Argélia, onde se desencadearam desordens da mesma natureza, a repressão é ainda mais violenta: a seguir aos levantamentos populares de Sétif, no dia 8 de maio de 1945, o general Duval, sem ser desautorizado pelo chefe do Governo provisório, procede a operações de manutenção da ordem de forma tão enérgica que se saldam em centenas de vítimas. Na Tunísia, onde o combate pela independência é chefiado pelo muito razoável Habib Bourguiba, não é definida nenhuma via, de que resulta um forte descontentamento. Apenas Marrocos parece *a priori* calmo.

Se o de Gaulle desta época não surge espontaneamente como um descolonizador é por estar convencido de que a França pode conduzir uma política bastante solitária e, por isso, o seu império não deve ser negligenciado. Após a morte de Franklin Roosevelt, a 12 de Abril, e a sua substituição pelo vice-presidente Harry Truman, as relações com os Estados Unidos são um pouco menos tensas do que durante a guerra. De visita a Washington, no mês de agosto de 1945, o general verifica com satisfação que o novo inquilino da Casa Branca é antes de mais um pragmático com quem é possível entrar em acordo, desde que não sejam colocadas reticências à cruzada que este pretende conduzir contra o mundo comunista. Chegar-se-á assim a um acordo sobre o Sarre, cuja ligação económica à França já não levanta nenhuma objeção. Quanto ao resto, de Gaulle entende que, na Europa, a França deve tirar proveito da ação da França Livre e é com energia que se opõe a qualquer tentativa de reintroduzir a Alemanha vencida no concerto das nações. Neste plano, permanece fiel aos princípios do historiador monárquico Jacques

Bainville, crítico do tratado de Versalhes em nome dum nacionalismo consequente. Para de Gaulle, a Alemanha deve ser desmantelada e a margem do Reno ocupada.

> «Neste estado de coisas,» escreve ele então a Maurice Couve de Murville, diretor dos assuntos políticos do Quai d'Orsay, «o melhor a fazer é organizar a administração na Alemanha Central, criando e dando vida a um Estado da Baviera, um Estado de Baden, um Estado de Würtemberg, um Estado de Hesse-Darmstadt, um Estado de Hesse-Cassel e um Estado de Hanôver (será necessário então que ocupemos Karlsruhe e que os americanos ocupem todo o Würtenberg). Quando isso estiver feito, poderemos ver se iremos permitir ou não a federação destes Estados e em que condições.» [8]

Por ora, o general adota ainda firmemente esta linha de conduta. Para que a modifique, será necessário que na conferência de Potsdam se torne claro que, apesar da aproximação esboçada em 1944, os soviéticos não estão dispostos de maneira alguma a apoiar a França no plano internacional.

Por último, há outra grande empreitada que requer a atenção de de Gaulle: a criação de novas instituições. Mais pragmático do que se poderia esperar e temendo uma constituinte dominada pelo Partido Comunista, neste momento, inclina-se sobretudo para uma III República expurgada das suas taras mais evidentes. Na sua opinião, a solução poderia ser atribuir ao chefe de Estado os poderes efetivos que detinha originalmente. Todavia, ainda é preciso fazer aceitar estes pontos de vista, o que se revela muito complicado, porque, ao assumir esta posição, de Gaulle rompe com os partidos da esquerda que emergiram da Resistência e não encontra apoio senão à direita e junto de alguns radicais, com os quais, aliás, não tem quaisquer afinidades. Por fim, resolve-se a fazer eleger uma constituinte, mas tomando muitas precauções para que esta não seja dominada pelo Partido Comunista. O procedimento escolhido para tal finalidade é muito complicado: por referendo, os franceses serão chamados a dizer, em outubro, se são favoráveis a uma constituinte. Em caso afirmativo, a esta Assembleia será atribuído um mandato de sete meses para redigir uma constituição, a qual deverá em seguida ser aprovada em novo referendo.

Finalmente, de Gaulle tem êxito na sua causa: no outono, os Franceses recusam o regresso à III República por 96,4% dos votos e, por 66,48%, ratificam a organização provisória dos poderes públicos.

A priori, o general venceu. Todavia, rapidamente esta vitória parece ser ilusória. Nas eleições que se seguem, os eleitores fazem eleger para o Palácio Bourbon uma maioria de esquerda e até marxista. O Partido Comunista, com mais de cinco milhões de votos e cento e cinquenta lugares, tem alguns votos a mais do que o MRP, que surge então como o partido da fidelidade a de Gaulle. A direita e os radicais são esmagados. Para além disso, caciques da III República recuperam posições-chave um pouco por toda a parte, tal como Pierre Brossolette previra durante a guerra.

Para se manter no poder, de Gaulle terá então de conduzir uma luta extenuante. No dia 6 de novembro, quando submete o seu poder à Assembleia, as críticas chovem pela primeira vez. Por fim, a nova maioria, que inclui a SFIO, o MRP e os comunistas, dá-lhe a sua confiança, mas apenas reticentemente. No dia 15 de novembro, Maurice Thorez, secretário-geral do PCF, reclama para o seu partido os Negócios Estrangeiros, a Defesa Nacional e o Interior. O general recusa, o tom sobe. A Assembleia reúne-se com a proteção da guarda móvel. De Gaulle pensa então em abandonar o poder e instalar-se provisoriamente no Canadá.

Para sair da crise é necessário fazer concessões: por fim, são atribuídos ao Partido Comunista ministérios importantes, mas não essenciais, e esta presença é equilibrada pela de André Malraux, o célebre romancista, que rompe então com a esquerda e começa um longo trajeto em comum com o homem do 18 de junho. Apesar de tudo, a contestação ao general é permanente: os partidos pretendem marginalizá-lo, reduzindo-o a um papel honorífico. Na noite de 31 de dezembro, há uma nova prova de força, desta vez iniciada pelos socialistas. De Gaulle não obtém satisfação senão através da ameaça de demissão.

Como em todas as grandes circunstâncias da sua vida, ele decide então afastar-se um pouco, gozando férias com a família durante alguns dias em Antibes. Pouco a pouco, as suas ideias amadurecem. No termo desta estadia – as suas primeiras férias desde 1939 –, a sua decisão está tomada: prefere deixar o poder a ter de o exercer deste modo. Tendo regressado a Paris, confidencia a decisão ao ministro do Interior, o socialista Jules Moch, que o viera receber. A 16, um novo incidente na Assembleia irrita o general: Édouard Herriot, que se manteve numa prudente reserva durante a guerra, indigna-se por o Governo ter regularizado a atribuição da Legião de Honra a soldados mortos durante o desembarque americano no Norte de África.

«Desde 1940 que não me limitei a trocar cartas e mensagens com Vichy,» replica de Gaulle, «agi de imediato com tiros de canhão.»

Estando alguns ministros, entre os quais André Malraux, a par da sua decisão, de Gaulle avisa os comissários da República (os prefeitos da Libertação) das suas intenções e, no dia 20 de janeiro, perante o conselho de ministros, anuncia oficialmente a sua saída:

O regime exclusivo dos partidos está de regresso: reprovo-o, mas, a menos que imponha uma ditadura que não desejo e que daria certamente maus resultados, não tenho meios para impedir esta experiência. Os senhores seguem as querelas dos vossos partidos respetivos. Não é assim que compreendo as coisas.

Os ministros ficam estupefactos. Por seu lado, Maurice Thorez saúda «uma saída que não deixa de ter a sua grandeza».

Deserto

«Na minha opinião, de Gaulle teria total justificação se se tornasse ditador... Já tentou dar ao povo francês o que queria, ou seja, um Governo democrático. A experiência provou que isso não é possível... Não é o fim do gaullismo, mas o seu início e nos meses que se vão seguir surgirá um grande movimento gaullista.» ([1]) Ao expressar-se deste modo diante do embaixador da Grã-Bretanha, Duff Cooper, no dia seguinte à demissão do general, André Malraux, embora falando apenas em seu próprio nome, expressa também, sem dúvida, o sentimento profundo daquele que acaba de sair subitamente da cena política. De acordo com outra testemunha fundamental, Claude Guy, a maior preocupação de de Gaulle é a de não permitir que a sua imagem se degrade, porque para si, como é evidente, saída precipitada não é de forma alguma o sinónimo de retirada definitiva. Pelo contrário, conta até regressar muito em breve à política.

De momento, como a casa de Colombey está ainda em obras (foi gravemente danificada pelo ocupante durante a guerra), refugia-se com os seus em Marly, numa casa situada na margem da floresta que aluga ao Estado. É um lugar melancólico, frio e húmido. O humor do ocupante ressente-se disso: não cessa de vociferar e de mandar às urtigas os gnomos que lhe sucederam. Quando é informado de que Félix Gouin, um socialista sem grande envergadura, foi escolhido para chefiar o Governo provisório, os seus sarcasmos multiplicam-se: «Já nem é um Governo de assembleia, é um Governo de cervejaria ([2])!...» Os dirigentes do MRP, que o desapontaram, também são alvo de comentários ácidos. Quando Edmond Michelet, ministro dos Exércitos, que, no entanto, é fiel à sua pessoa, expressa o desejo de pôr em ordem a sua situação administrativa (foi nomeado general de brigada a título temporário, em 1940), enfurece-se: «Não podem, independentemente do que façam, colocar-se ao meu nível... Pobres tipos... Eu não sou um general vencedor, não se condecora a França.» ([3])

Na verdade, de Gaulle aborrece-se e enraivece-se. Numa carta dirigida ao diplomata Guy Girard de Charbonnières, considera que a sua partida é uma «peripécia» ([4]). Infelizmente, a peripécia prolonga-se. Penosamente, o gabinete Gouin (composto por socialistas, comunistas, democratas-cristãos e um não filiado) mantém-se e nada indica que a opinião pública comece já a sentir saudades do general. Ele mesmo teve disso uma amarga experiência, ao verificar no dia 1 de abril, durante uma escapada a um dos cinemas dos Campos Elísios, que a sua presença não provocava nenhum movimento de massas. Refugiado no seu silêncio, torna-se também rapidamente prisioneiro da sua estratégia: quando, no dia 5 de Maio, os franceses recusam em referendo um projeto de constituição que deveria consagrar a omnipotência dos partidos, e sobretudo a do PCF, de Gaulle não retira qualquer vantagem do resultado, porque não tomou posição de forma oficial. Vai ter a mesma deceção no dia 2 de junho, quando é eleita uma Assembleia Constituinte que consagra o declínio relativo do PCF, a subida do MRP e a erosão dos socialistas. Olivier Guichard, que se torna neste momento colaborador de de Gaulle, continuará sempre convencido de que esta atitude passiva foi um erro.

Aliás, de Gaulle compreende rapidamente que tem de mudar de comportamento e, no dia 16 de junho, em Bayeux, exatamente dois anos após o desembarque aliado, pronuncia um grande discurso em que expõe as suas conceções sobre a constituição. Nele declara ser a favor dum executivo forte, emanado dum chefe de Estado colocado acima das lutas partidárias e eleito por um colégio alargado aos representantes das colónias. Afirma também a necessidade de criar uma segunda câmara com a função de controlar a primeira e, sobretudo, de representar o império.

Embora Léon Blum se tenha pronunciado recentemente a favor dum regime presidencial, a reação dos partidos de esquerda é violenta. Thorez chega ao ponto de denunciar o «general faccioso». Na verdade, são sobretudo um certo estilo de ação e alguns assuntos obscuros que alimentam a suspeita contra o homem do 18 de junho. A surpresa foi grande nomeadamente quando se soube da prisão do coronel Passy, ex-diretor dos serviços secretos, a quem acusam de ter entregue uma contabilidade falsa ao seu sucessor, nomeado por Félix Goulin. É claro que ninguém suspeita de que Passy se tenha apoderado dum cêntimo sequer em seu benefício, mas murmura-se que o dinheiro teria sido desviado para um futuro movimento gaullista. Muitos ficaram surpreendidos quando de Gaulle, friamente, deixou cair o seu antigo subordinado, o qual, aliás, guardará em relação ao general um certo rancor.

Um facto é certo: de Gaulle abandona agora a sua reserva. Pouco a pouco, as suas ideias amadurecem. No dia 29 de setembro, em Épinal, condena, por isso, o novo projeto de constituição, que, na sua perspetiva, dá demasiados poderes à Assembleia. Infelizmente para si, a opinião pública não concorda com a sua opinião: a 19 de outubro, o texto é aprovado por referendo e, em sequência disso, no dia 10 de novembro, é eleita a primeira assembleia legislativa, na qual o Partido Comunista e o MRP obtêm a maior parte dos lugares. A impressão de fracasso de de Gaulle é ainda maior por ter rompido com a democracia cristã, que, no entanto, não parece ressentir-se do agravo infligido. «O abcesso ainda não está suficientemente desenvolvido,» confidencia amargamente o general a Claude Guy, «os partidos não estão suficientemente esgotados ou suficientemente podres. A crise financeira apenas desponta. É ainda necessário algum tempo para que os partidos acabem por se desacreditar.» ([5])

O ciclo de azedume termina em finais de janeiro de 1947 quando o socialista Vincent Auriol é eleito presidente da República. «Sabe,» diz então o general ao seu ajudante de campo, «vai ser preciso criar este *rassemblement*... É necessário recomeçar a partir do zero. Vou reconstruir a França Livre.» ([6]) A partir do início do mês de fevereiro, os seus fiéis, como Palewski, Malraux e Debré, entre outros, serão consultados sobre a oportunidade de lançar um movimento que constitua uma terceira via entre o liberalismo e comunismo e destinado a juntar os defensores duma política nacional. Não se trata dum clã: apenas serão excluídos os comunistas e os partidários demasiado ostensivos do regime de Vichy. Apesar das reservas expressas por alguns amigos, de Gaulle está decidido a dar início a uma nova aventura. Na solidão, por agora gelada, de Colombey, a redação das suas *Mémoires de Guerre* não é suficiente para o ocupar.

Tal como em junho de 1940, as elites não correm para se juntar à sua volta. Por diversas razões, os antigos ministros Pierre Mendès France e René Pleven recusam acompanhá-lo. Apenas aparecerão discípulos de nível mais modesto: o resistente sindicalista Yvon Morandat, Pierre de Bénouville, antigo dirigente da Combat, Louis Vallon, Philippe Barrès, Palewski e Debré. Pouco importa. No dia 30 de março, de Gaulle anuncia oficialmente o nascimento do Rassemblement du Peuple Français, após um discurso em Bruneval, centro importante da Resistência na Normandia. A presença duma multidão considerável compensa o amuo dos círculos oficiais e o mesmo se passa em Estrasburgo, oito dias depois, durante a primeira manifestação do novo movimento, na presença do embaixador dos Estados Unidos, Jefferson Caffery.

A solidão do general torna-se de imediato evidente. O *Le Figaro* e o *Le Monde* distanciam-se de um projeto que se baseia na velha teoria maurrassiana do país real e do país legal. A reação do Governo é ainda mais enérgica. Em 31 de março, o socialista Ramadier, novo presidente do conselho, foi a Colombey dizer ao general que doravante não lhe serão prestadas honras militares quando participar em manifestações de caráter político. Muito satisfeito por ter verificado que o pessoal da Boisserie não reconhecera o chefe do Governo, de Gaulle não se deixou embaraçar por esta humilhação.

Um evidente antiparlamentarismo e uma certa mística do chefe colocam incontestavelmente o novo movimento na franja mais à direita do espetro político. Por outro lado, o afastamento dos ministros comunistas por Ramadier, no dia 4 de maio, contribuiu para fazer do general o campeão do anticomunismo. No fundo, é com esta bandeira que se lança na batalha das municipais, no outono de 1947. O sucesso é fulminante. Em 19 de outubro, 40% dos votos dirigem-se para o RFP. São conquistadas treze grandes cidades, com destaque para Paris, Marselha, Lille, Estrasburgo, Bordéus, Nancy, Reims, Grenoble e Caen. «O Rassemblent», comenta o general numa conferência de imprensa, «é uma força elementar que coincide exatamente com o que o instinto e a razão do povo francês exigem... A vaga surgiu. Repito-vos que vai aumentar e espraiar-se.» (7) Evidentemente, esta linguagem inquieta e irrita os sacerdotes do regime – do «sistema», para usar um termo caro a de Gaulle. Em privado, este último usa palavras ainda mais duras, nomeadamente em relação aos dirigentes do MRP, aos quais não perdoa terem recusado a possibilidade duma dupla filiação, no MRP e no RPF. «Os vossos chefes traíram-me,» diz ele a Louis Terrenoire, um dos seus fiéis que saíra da corrente democrata cristã. «Não querem compreender nada! Conheço-os bem. Preferem alinhar pelas mesmas posições dos comunistas.» (8)

Ao proferir estas palavras, que chocam e inquietam, o general comete um erro evidente, porque é verdade que não está à vontade quando as circunstâncias são excecionais. Ao reclamar com insistência eleições gerais, dá outro passo em falso. Mais tarde, atribuir-se-á tudo isto à inexperiência de Jacques Soustelle, secretário-geral do movimento. De facto, de Gaulle parece ter atravessado neste momento uma fase bastante negra, marcada pela morte de Anne, a sua filha deficiente, sobre a qual dirá as seguintes palavras dolorosas: «Agora, ela é como todos os outros.»

O resultado, em todo o caso, não se faz esperar: apesar do retumbante sucesso inicial, o RFP não tarda a ver esgotar-se pouco a pouco o entusiasmo que parecia impulsioná-lo. François Mauriac, gaullista apaixonado, foi um dos primeiros a adivinhar o rumo sem saída e perigoso que o homem do 18 de junho tomava. O desvio foi ainda mais difícil de evitar por, devido a lamentáveis excessos de linguagem, acrescerem razões de fundo que afastaram os que desejavam sinceramente que o RPF pudesse levar o país a entrar na modernidade. Sobretudo em matéria colonial, o equívoco era total. Em teoria, o general permanecia fiel ao espírito de Brazzaville (também bastante nebuloso, como vimos), exaltando a lembrança do liberal Félix Éboué. Na prática, o movimento não preconizava posições particularmente inovadoras. Isso também era verdade em relação à Indochina, onde a política de força conduzida pelo almirante Thierry d'Argenlieu não fora de modo nenhum repudiada, e em relação à qual de Gaulle continuava a defender o direito inalienável da França a esta colónia. O único objetivo era dissociar nacionalismo e comunismo. Daí o apoio concedido ao imperador Bao Dai, que haveria de se revelar muito pouco firme. Todos os que, a exemplo do general Catroux, tentam fazer triunfar uma linha liberal no movimento gaullista são postos de parte. De qualquer modo, o regresso do general ao poder é considerado pelos seus partidários como um preliminar obrigatório a uma eventual emancipação dos povos tutelados.

Na verdade, o tempo e a evolução do mundo são subitamente desfavoráveis à realização dos desígnios do general. Graças a uma alta administração lúcida, que compensa as carências dos políticos, a França começa a sair penosamente das graves dificuldades económicas e financeiras do imediato do pós-guerra. Os créditos americanos e o plano lançado por Jean Monnet permitem retomar o crescimento e uma rápida reconstrução. Para além disso, politicamente, o «sistema» defende-se bastante bem. Em finais de 1947, Jules Moch, um socialista bastante firme, encarregado do ministério do Interior, faz pagar caro aos comunistas pelas greves de uma dimensão sem precedentes. Em comparação, as propostas avançadas pelo RPF parecem confusas. Por exemplo: a associação capital-trabalho, um dos cavalos de batalha do general, nunca será verdadeiramente adotada pelo movimento, a não ser por gaullistas de esquerda pouco importantes como René Capitant e Louis Vallon. Em matéria de política externa, as ideias do general também são violenta e sistematicamente atacadas: devido à guerra fria entre os dois blocos, a atuação autónoma da França em relação ao problema alemão torna-se impossível de concretizar. Após a guerra, de Gaulle, que nisso é fiel aos princípios de Maurras e de Bainville, pretendia desfazer o antigo *Reich* – «os alemães», para retomar a sua expressão (o termo era outrora utilizado pela *Action Française*). Atualmente, todos pensam que uma solução global em França implica a integração da Alemanha Ocidental no campo ocidental com plena igualdade de direitos em relação aos demais países. Esta vai passar a ser a nova linha política do Quai d'Orsay, conduzida por Robert Schuman, sucessor de Georges Bidault, após ter chefiado o Governo depois da saída de Ramadier, em novembro de 1947.

Mas para de Gaulle e o seu movimento, a pior notícia é a chegada de Henri Queuille a presidente do Conselho de Ministros, em setembro de 1948. Queuille é o protótipo do notável radical à antiga, um inextirpável deputado pela Corrèze a quem se atribui a seguinte frase: «A política não é a arte de resolver os problemas, mas de fazer calar os que os levantam.» Vai aplicar de imediato esta ideia ao criar a lei das alianças eleitorais, um sistema eleitoral sofisticado, perverso e pouco honesto, cujo objetivo confesso é travar os avanços comunistas, reforçar a maioria dita «de terceira força» e, sobretudo, prejudicar o crescimento do movimento gaullista. O complicado dispositivo criado poderia ter sido aplicado em benefício do RPF, se o general tivesse autorizado os seus partidários a fazer alianças? Foi o que alguns dos seus fiéis como Jacques Soustelle sustentaram. Em todo o caso, a verdade é que de Gaulle recusou esta solução. O resultado não se fez esperar: a 17 de junho de 1951, logo após as eleições legislativas, o sucesso dos partidos no poder tornou-se evidente. Já nas eleições para o Conselho da República, e sobretudo nas eleições cantonais de março de 1949, fora grande o recuo do RPF. Desta vez, já não pode ser contestado. Ao apostar excessivamente no anticomunismo e ao aceitar nas suas fileiras homens demasiado ligados à ordem estabelecida (nomeadamente grandes colonos *pieds-noirs* como Blachette), não há dúvida de que de Gaulle errou.

Rapidamente retira as ilações deste estado de coisas. «Não podemos unir verdadeiramente os franceses senão sob o efeito do medo,» confidencia ele ao jornalista Raymond Tournoux. «O que é que quer, caro amigo, não se pode unir a frio um país que tem duzentos e sessenta e cinco tipos de queijo.» ([9]) A partir de agora, segundo pensa, apenas um fracasso clamoroso dos homens da IV República é suscetível de o reconduzir ao poder.

Enquanto espera, o RPF, que passa a ter um grupo parlamentar, coloca ao general problemas de gestão de que ele não gosta nada e que está mal preparado para enfrentar. Jacques Soustelle, presidente do grupo, após ter sido secretário-geral do movimento, parece, aos olhos de de Gaulle, deixar-se seduzir pelos homens do sistema. Em janeiro de 1952, o presidente da República, Vincent Auriol, que detesta o general, sonda Soustelle para chefiar o Governo. Este, sem verdadeiramente aceitar, vai ao Eliseu. De Gaulle, furioso, explode em pleno conselho de direção do RPF: «Vocês são todos iguais! Basta que desenrolem um tapete vermelho debaixo dos vossos pés para que caminhem por ele, independentemente da direção para onde vos leva.» ([10])

O sucesso do plano Marshall e o início da construção europeia em 1950, sob o impulso de Robert Schuman, que, no dia 9 de maio, de acordo com uma ideia de Jean Monnet, propõe o lançamento duma Comunidade Europeia do Carvão e do Aço, fornecem também um pouco mais de oxigénio ao sistema e complicam o jogo de general. Em março de 1952, as coisas ensombram-se verdadeiramente quando o chefe de Estado coloca em órbita um notável moderado, Antoine Pinay, para resolver a crise ministerial provocada pela demissão de René Pleven (Edgar Faure, que lhe sucedeu, não conseguiu manter-se no poder senão 40 dias). Embora Pinay tenha estado ligeiramente comprometido com Vichy, de Gaulle, como toda a gente, reconhece bem o perigo que representa este francês médio, cujo talento, como garante Édouard Herriot, é ter feito de si mesmo um representante do senso comum dos eleitores, sendo suscetível de seduzir os moderados momentaneamente aliados ao RPF. «Não salvei a França para a entregar a Pinay,» dispara o general a 6 de março. Algumas horas mais tarde, este tem a desagradável surpresa de saber que 27 deputados gaullistas votaram a investidura do presidente da câmara de Saint-Chamond. Durante o verão, o fenómeno vai-se acentuando, com 26 parlamentares a abandonarem o RPF para fundarem uma Ação Republicana e Social, destinada a desempenhar um papel político no quadro do sistema.

De Gaulle é um dos primeiros a compreender que, pelo menos no terreno parlamentar, a partida para si está perdida. Aliás, tem ainda mais razões para abandonar esta arena por estar decidido a torpedear por todos os meios o projeto dum exército europeu concretizado em maio de 1952, quando o Governo de Pinay assina o tratado da CED (Comunidade Europeia de Defesa). Mais ainda do que a Comunidade Europeia do Carvão e do Aço (CECA), que já havia denunciado – «a trapalhada do carvão e do aço» –, de Gaulle é hostil ao maior atentado à soberania nacional que seria esse projeto, nascido em 1951, quando Jean Monnet o concebeu para responder a um ultimato americano a ordenar o rearmamento da Alemanha no quadro ocidental. Para conseguir contrariar este projeto, de Gaulle necessita duma presença parlamentar. Todavia, ainda necessita mais duma total liberdade de expressão. Daí a sua estratégia de ziguezagues.

A 26 de abril de 1953, após o radical René Mayer ter sucedido a Pinay, em dezembro de 1952, os eleitores infligem uma pesada derrota ao movimento gaullista nas eleições municipais. Sessenta por cento dos votos anteriormente a seu favor desaparecem e quatro quintos dos seus eleitos nas grandes cidades são derrotados. Quase de imediato, numa conferência de imprensa, de Gaulle retira a lição do acontecimento: para todos os fins considerados úteis, permite que o movimento subsista, reduzido à sua expressão mais simples, mas agora joga tudo noutro tipo de estratégia.

«O esforço que venho fazendo desde a guerra, rodeado de franceses decididos, não pôde até hoje ter êxito. Reconheço-o sem ambiguidade. Foi em detrimento da França, há que recear... Eis que chega o tempo das ilusões. É preciso preparar o plano de recurso.» A mensagem é ainda mais clara por de Gaulle referir a eventualidade de um «abalo sério», o que aumenta a inquietação dos seus detratores. Ter-se-á sentido tentado então a abandonar a legalidade? Alguns dos seus partidários optaram indubitavelmente por essa linha. Curiosamente, é o caso de Edmond Michelet, que confidencia ao seu amigo Terrenoire ser partidário de «um golpe de força». De Gaulle, como é seu hábito, é mais ambíguo. No seu «diário de marcha», o general Ély regista que, no dia 8 de maio de 1954, de Gaulle afirmou na sua presença que só o exército poderia salvar a situação: «Os chefes devem ir ter com ele e tudo correrá bem», acrescenta Ély ([11]). Numa carta dirigida ao general de Rancourt, seu antigo colaborador em Londres durante a guerra, o eremita de Colombey dirá ainda, dois anos mais tarde:

> É evidente que, se for levado a envolver-me de novo diretamente nos assuntos do país, o que se afigura possível, o senhor é daqueles – raros! – da força aérea com quem posso contar em absoluto... ([12])

Enquanto aguarda, de Gaulle viaja. Na primavera de 1953, visita a África. Seis meses mais tarde, vai a Madagáscar, à ilha de Reunião, às Comores, ao Djibuti e à Etiópia. No fim do verão de 1956, efetua finalmente uma verdadeira volta ao mundo, desde o Gabão à Nova Caledónia. Na maior parte do tempo, abstém-se de comentários diretamente relacionados com a atualidade, o que não o impede de declarar aos franceses livres do Taiti que devem desempenhar um papel de vanguarda... Em privado, de Gaulle é mais prolixo e quase todos os visitantes que recebe semanalmente na rua de Solférino notam que a sua atenção às questões mundiais não diminui. Por vezes, mostra-se visionário, como, por exemplo, quando anuncia a Douglas Dilton, embaixador dos Estados Unidos, o fim do império soviético, a ascensão da China e a emergência dos povos de cor. No entanto, o realismo continua a caracterizar o seu pensamento em todos os domínios: embora não seja hostil à organização da Europa Ocidental, reprova qualquer tipo de supranacionalidade. Ao mesmo tempo, admite a necessidade de o Ocidente formar um bloco face aos soviéticos, sem para isso aceitar a liderança americana.

Porém, nesta época, a grande tarefa do general é a redação das suas *Mémoires de Guerre* [13]. Todos os dias, no seu escritório da torre angular da Boisserie, dedica-se ao trabalho, ajudado por um amigo de Jacques Soustelle, René Trotobas, dito Thibault, antigo aluno da escola normal, antigo resistente e futuro embaixador. Para as passagens relativas à Resistência interna, de que conhece mal a história, apela, por vezes, ao coronel Passy. Enquanto escritor, de Gaulle é espantosamente humilde. Atento ao menor detalhe, solicita o conselho de uns e de outros para saber se tal ou tal página estará bem conseguida. Por isso, Malraux, Georges Pompidou e Raymond Aron tiveram acesso algumas vezes à primeira versão dos seus capítulos. «Um dia,» contava o diplomata soviético Erofeev, «fez-nos ir, a mim e ao embaixador Vinogradov, à rua de Solférino para nos ler o relato das suas relações com Estaline.»

Em fevereiro de 1954, o primeiro tomo estava acabado e, pouco depois, era publicado pela Plon. A imprensa, com algumas exceções, reservou-lhe o mais caloroso dos acolhimentos. Choveram os elogios e, no essencial, o tempo confirmará estes juízos. Quando não está atento a si mesmo, de Gaulle é facilmente pomposo. Pelo contrário, quando se limita a um verdadeiro trabalho de escrita, o resultado é muitas vezes de primeira água. Prova-o, por exemplo, este extraordinário retrato de Estaline, delineado como um desenho de Clouet:

> Estaline era possuído pela vontade de poder. Treinado, devido a uma vida de complôs, a mascarar a expressão e a alma, a dispensar as ilusões, a piedade e a sinceridade, e a ver em cada homem um obstáculo ou um perigo, tudo nele era manipulação, desconfiança e obstinação. A revolução, o partido, o Estado e a guerra proporcionaram-lhe as ocasiões e os meios para dominar. Chegara aqui usando os desvios da exegese marxista e o rigor totalitário, fazendo uso duma audácia e duma astúcia sobre-humanas, subjugando ou liquidando os outros. [14]

Até ao fim do Governo de Edgar Faure, em novembro de 1955, as perspetivas parecem sombrias para o general. Em junho de 1954, após o desastre de Dien Bien Phu, Pierre Mendès France chega ao poder e rapidamente o seu Governo se distingue pelo seu estilo novo e resultados incontestáveis: paz de Genebra, discurso de Cartago anunciando a autonomia interna da Tunísia e acordos de Paris a permitir o rearmamento da Alemanha no quadro da NATO (após o fracasso da CED no parlamento, a 30 de agosto de 1954). Pierre Mendès France não esteve de braços cruzados. Oficialmente, de Gaulle estava de acordo com ele, mas em privado os seus comentários eram ácidos: como é que se podia congratular com o aumento de poder dum rival? O mesmo se passou em relação a Edgar Faure, sucessor de Mendès.

Embora os gaullistas tenham registado um fracasso nas eleições legislativas consecutivas à dissolução decidida por Edgar Faure, em dezembro de 1955, a chegada ao poder de Guy Mollet – contra todas as expetativas, visto que a maioria dita de frente republicana fora eleita sob o nome de Mendès France – serve objetivamente de Gaulle. Insípido, adepto da linguagem ambígua – sendo apoiante da ala esquerda da SFIO, aplicará no poder uma política de direita –, o secretário-geral da formação socialista não tem efetivamente no seu ativo senão uma fidelidade sem falhas à ideia europeia. Em breve a política de força que irá aplicar na Argélia afastará dele a maioria dos intelectuais, dos liberais e dos espíritos simplesmente prudentes e lúcidos. A 26 de fevereiro, perante Raymond Tournoux, de Gaulle tem um discurso onde não falta a esperança ([15]). Aos seus visitantes, fala naturalmente da Argélia, onde a guerra não cessa de se agravar. Mais tarde, Christian Pineau e Alain Savary dirão que ele perspetivava a independência a prazo dos departamentos argelinos. No imediato, as suas palavras revelam sobretudo o seu alinhamento por uma política liberal, a única que, na sua opinião, poderia permitir a coexistência das duas comunidades na Argélia. Por outro lado, confidencia a Louis Terrenoire:

> Estamos na presença duma vaga que encaminha todos os povos para a emancipação. Há uns idiotas que não o querem entender e não vale a pena falar com eles. Mas é certo que, se queremos manter-nos no Norte de África, será necessário fazer coisas enormes, espetaculares, e criar as condições para uma nova associação. Ora, não é o regime que o pode realizar. Eu mesmo não estou seguro de o conseguir. ([16])

Quanto mais o tempo passa, mais o general se torna pessimista quanto à possibilidade de manter a Argélia. Em 1957, confidencia ao embaixador dos Estados Unidos, Douglas Dillon, que «os acontecimentos na Argélia foram demasiado longe para se poder voltar atrás». Quando muito, espera que uma política liberal permita manter o Sara.

Um facto é certo: ainda que de Gaulle acredite agora que os acontecimentos jogam a seu favor, nem pensa um momento sequer que o sistema consiga regenerar-se. A Douglas Dillon confidencia:

> Desde a Revolução que os 13 regimes que se sucederam se revelaram incapazes e acabaram devido a uma crise. Espero que a História se repita e que o parlamento não tenha senão um papel limitado no processo que irá conduzir a uma mudança de constituição. ([17])

Será o que vai efetivamente acontecer. A 29 de maio de 1957, a demissão de Guy Mollet é o princípio do fim da IV República. Ainda que o gabinete cessante tenha contribuído para a criação do Mercado Comum com a assinatura do tratado de Roma, permitiu que na Argélia se perpetuasse uma situação desastrosa e, sobretudo, os piores abusos por parte do exército: sevícias e torturas tornaram-se moeda corrente. O radical Maurice Bourgès-Maunoury, que sucede a Mollet, de quem foi ministro da Defesa, ficou ligado a esta política detestável: em 18 de junho, de Gaulle informa-o de que o seu título de companheiro da Libertação não lhe confere necessariamente qualificação para ir comemorar o 18 de junho em Mont-Valérien. A 17 de setembro, é a sua vez de ser derrubado, não sem antes ter feito aprovar uma lei-quadro para a Argélia com uma boa orientação, mas demasiado tardia. Seguiu-se uma crise governamental de mais de um mês no termo da qual toma posse outro jovem radical, Félix Gaillard. Inspetor das finanças, competente, europeu apaixonado, este deputado por Charente e antigo colaborador de Jean Monnet tenta recuperar as finanças públicas e fazer aprovar uma reforma constitucional que reforce o executivo. Todavia, a 8 de fevereiro de 1958, comete o erro de deixar bombardear a aldeia tunisina de Sakiet Sidi Youssef, muito próxima da fronteira argelina. Este erro importante desencadeia de imediato o processo da morte do regime.

A partir deste momento, de Gaulle atua de forma superlativa, cultivando o equívoco e não se deixando arrastar para mais longe do que pretende ir. A 9 de fevereiro, dá-se ao luxo de receber o embaixador da Tunísia, Masmoudi, o que promove a sua imagem junto dos liberais. Aliás, dois dias mais tarde, Mendès France avança o seu nome para resolver os problemas do momento. A imprensa fala do seu regresso próximo ao Governo por via legal. De Gaulle, por seu lado, multiplica os contactos em Colombey e em Paris. A 5 de março, confidencia a Terrenoire:

> Ditadura não, mas plenos poderes certamente. Se eu não regressar, creio bem que acabarão por ser os comunistas a levar a melhor. ([18])

Acerca da Argélia, mostra-se subitamente prudente. Sem renegar as suas mensagens destinadas aos liberais, diz a Léon Delebecque, um militante que se tornará no homem-chave da sua estratégia em Argel: «A de Gaulle, nem se fala em abandonar o que quer que seja.» Mantém igualmente relações discretas com os chefes militares. Finalmente, através de vários intermediários, informa o chefe de Estado, René Coty, que desde há semanas está cada vez mais decidido a apelar para ele.

A 15 de abril, quando Gaillard cai devido aos ataques de Jacques Soustelle, sente que ainda não é exatamente a sua hora: os espíritos ainda não estão amadurecidos. A sua tática de então é fazer aumentar a pressão e dirigir mensagens encorajadoras aos militares que pensam em tomar medidas enérgicas para manter a Argélia francesa. O tempo joga agora a seu favor. Indicado de início para suceder a Gaillard, Pleven acaba por sair frustrado. Desta vez, o presidente Cory é mais insistente, mas de Gaulle, que se sente agora em posição de força, informa-o de que o melhor meio de entrar em contacto consigo será enviar-lhe uma carta, à qual responderá. Por fim, é designado e toma posse Pierre Pflimlin, presidente da câmara de Estrasburgo, um democrata cristão honesto, competente e muito europeísta. Os militares repudiam de imediato o seu programa reformista para a Argélia. A 11 de maio, na edição dominical de *L'Écho d'Alger*, o diretor desta publicação, Alain de Sérigny, lança um apelo ao general e anuncia uma manifestação para 13 de maio.

De Gaulle continua a fazer o seu percurso sem falhas, evitando ter o menor contacto comprometedor e privilegiando agora os responsáveis pelo Estado. A 13 de maio, o governo-geral é tomado de assalto pela multidão e cria-se um comité de salvação pública, sob a presidência do general Massu, comandante militar de Argel. Entretanto, Pflimlin é investido nas suas funções, mas num tal clima que a sua autoridade é nula. Na Argélia, a insurreição dos ultras está em incubação. Salan, comandante-em-chefe, alia-se *de facto* a ela. Pouco depois, de Gaulle abandona o seu silêncio através dum comunicado:

> A degradação do Estado traz infalivelmente consigo o afastamento dos povos a ele associados, a perturbação do exército que combate, o desmembramento da nação, a perda da independência [...] Há algum tempo, o país profundo confiou em mim para o conduzir na sua integralidade a bom porto. Hoje, perante as provações que de novo o assaltam, pode estar certo de que estou pronto a assumir os poderes da república.

A partir deste momento, de Gaulle passa a ser o protagonista, ainda que, oficialmente, Pflimlin detenha o poder. Enquanto espera por uma conferência de imprensa marcada para o dia 19, no Palais d'Orsay, esforça--se por aquietar os temores que ele mesmo possa suscitar. Emissários mais ou menos oficiosos intervêm a seu favor junto do embaixador americano, frisando que não colocará em causa a Aliança Atlântica e que na Argélia aplicará uma política liberal. Por seu lado, o seu colaborador Olivier Guichard tenta obter com sucesso a caução de Guy Mollet. No dia 19, perante os jornalistas, de Gaulle indigna-se quando Maurice Duverger lhe pergunta se não haverá o risco de ele pôr em causa as liberdades públicas: «Alguém acreditará que com 67 anos eu vá iniciar uma carreira de ditador?», responde ele com uma voz extraordinariamente aguda. Por outro lado, recusa condenar os ativistas de Argel, com o argumento de que os responsáveis governamentais não o fizeram. A questão é importante e, por esta razão, Pierre Mendès France, tal como François Mitterrand, mas com intenções mais puras, rompe então com o general. Nos dias seguintes e enquanto a situação se continua a deteriorar, o general associa-se ao adverso Antoine Pinay, que o vem ver em Colombey.

Na verdade, de Gaulle começa a ficar impaciente e trai-se ao publicar um comunicado no fim do qual afirma ter «convocado» o prefeito do Haut-Marne, Marcel Diebolt, para informar Pierre Pflimlin que está pronto a discutir diretamente com ele. No dia 26, à meia-noite, em circunstâncias rocambolescas, a conversa tem finalmente lugar no domicílio do conservador do Domaine de Saint-Cloud, mas não é inteiramente positiva, porque de Gaulle continua a recusar-se a condenar os insurretos de Argel, ao passo que o chefe do Governo recusa afastar-se, como o seu visitante lhe pede insistentemente. A situação parece não ter saída. É então que o general mostra o seu jogo e parece queimar etapas ao declarar num comunicado: «Iniciei ontem o processo regular necessário ao estabelecimento dum Governo republicano.» Pflimlin fica indignado, mas já não está em condições de resistir.

A 27 de maio, ao regressar a casa, de Gaulle talvez pense que atingiu os seus objetivos, mas há provas do seu acordo tácito ao desencadeamento da operação «Ressurreição» que implicou o lançamento dos paraquedistas sobre Paris. Impressionado com a vontade de de Gaulle respeitar as formalidades, Salan anulará finalmente a operação.

No último momento, como acontece muitas vezes em circunstâncias semelhantes, o processo parece ficar bloqueado. No dia 28, a pedido de René Coty, o general recebe em Saint-Cloud Gaston Monnerville e André Le Troquer, respetivamente presidente do Conselho da República e presidente da Assembleia Nacional. Rapidamente parece ficar claro que Le Troquer ainda não aderiu à ideia do regresso do general ao poder. Por isso, o dia 29 é decisivo. Os bloqueios parecem ser insuperáveis. Pondera-se seriamente numa operação «Ressurreição» mais reduzida, limitada à metrópole. À saída duma reunião na rua de Solférino, parece que de Gaulle, pelo telefone, deu luz verde àquela. A este respeito, é formal o testemunho do general Nicot, antigo chefe do Estado-maior da Força Aérea, corroborado, aliás, pelo general de Rancourt. Seja como for, a operação volta a ser anulada, porque, no próprio instante para a qual estava prevista se soube que o presidente da República se prepara para dirigir uma mensagem aos parlamentares. Às 15 horas, a mensagem é lida na Assembleia e no Conselho da República. «Estando o país à beira da guerra civil,» dizia René Coty, «virei-me para o mais ilustre dos franceses, para aquele que, nas horas mais sombrias da nossa história, foi o nosso chefe na reconquista da liberdade e recusou a ditadura para restabelecer a república.» O chefe de Estado anuncia também que se de Gaulle, a quem convida a vir de imediato conferenciar consigo, não for investido, apresentará a sua demissão.

O general põe-se de imediato a caminho. Às 10 horas e 20 minutos, o seu Citroën 15 CV franqueia o portão do Galo, na avenida Marigny.

Consegue rapidamente que René Coty aceite o seu ponto de vista. A 1 de junho, «aceitará» ser investido pela Assembleia Nacional e lerá uma breve declaração sem participar nos debates. Em suma: ficam salvas as aparências. Doze anos após ter abandonado o poder, de Gaulle regressa, tendo entretanto visto realizar-se pelo menos uma das suas previsões: o regime dos partidos é demasiado fraco para permitir ao país afrontar os problemas atuais.

O Fardo Argelino

Durante a guerra em Argel, Jean Chauvel ficou espantado por ver o general multiplicar as amabilidades para com os políticos radicais. «É pão para os patos» ([1]), respondeu simplesmente de Gaulle. Quinze anos mais tarde, os velhos reflexos reaparecem e a personagem seduz ainda mais facilmente, porque os seus muitos anos de travessia do deserto lhe ensinaram a fazer concessões quando é necessário. A partir do dia 30, revela-se atencioso em relação aos caciques do regime agonizante. O único manifestamente reticente ao seu charme é François Mitterrand com quem tem uma dura, mas inconsequente, troca de palavras no hotel Lapérouse.

Independentemente do problema argelino, o homem do 18 de junho tem uma obsessão: fazer aceitar as instituições que deseja através de um executivo forte. Para tal, está disposto a fazer um grande número de concessões. O Governo que forma inclui quatro ministros de Estado, figuras emblemáticas da IV República: Pflimlin, Guy Mollet, o independente Louis Jacquinot e Félix Houphouët-Boigny, da Costa do Marfim. Antoine Pinay assume a pasta das Finanças, o radical Jean Berthoin a da Educação, o socialista Max Lejeune a do Sara. A recusa de Mendès France inspira a de Gaulle uma, talvez apócrifa, frase: «Esperava ter Mendès, fiquei com Ramonet», sendo este último um obscuro radical nomeado para secretário de Estado da Indústria e do Comércio.

Por fim, apenas três gaullistas serão ministros: Michel Debré é nomeado ministro da Justiça, Edmond Michelet ministro dos Antigos Combatentes e André Malraux ministro delegado da presidência do Conselho. A marca do general é a entrada dos técnicos. Por exemplo, o diplomata Maurice Couve de Murville nos Negócios Estrangeiros e o antigo aluno do Politécnico, Pierre Guillaumat, nas Forças Armadas. De notar ainda que a nenhum partidário da Argélia francesa é atribuída qualquer pasta.

No domingo, dia 1 de junho, às 23 horas, o general faz a sua entrada no Palácio Bourbon, onde não regressara desde 1945. Lê-se a emoção em muitos rostos e em primeiro lugar no seu. Os opositores, incluindo Jacques Duclos, são relativamente comedidos, com a exceção de François Mitterrand. Pierre Mendès France, manifestamente muito perturbado, diz lamentar não poder caucionar o regresso ao poder do antigo chefe da França Livre. Por 329 votos a favor e 224 contra, é obtido um voto de confiança e, no dia 3 de Junho, de Gaulle obtém autorização para realizar a reforma da Constituição, bem como poderes especiais sobre a Argélia e os plenos poderes que foram solicitados. Apesar do resultado que obteve, de Gaulle surpreende ao cumular de amabilidades, não só Paul Reynaud, mas também Georges Bonnet, ministro dos Negócios Estrangeiros na época de Munique. A Pierre-Henri Teigten, que lhe pergunta se a Constituição que projeta terá lugar para uma assembleia principal eleita por sufrágio universal e direto, responde: «Evidentemente. A melhor prova é o prazer e a honra que tenho ao estar esta noite entre vós.»

Em Argel, onde vai no dia 4, o acolhimento é entusiasta. Após ter recebido os órgãos instituídos e os chefes militares, de Gaulle dirige-se à sede do governo-geral, onde irá falar. É o momento da verdade. Como capitalizar este ardor que chega até si sem ficar com as mãos atadas para o futuro? A célebre frase «Compreendi-vos», lançada no início da alocução e acolhida com uma imensa ovação, é a resposta genial e ambígua do general. À sua frente estão europeus e muçulmanos. Todos podem pensar ter sido «compreendidos», apenas com a reserva de no resto do seu discurso o general insistir na necessidade de reformas, sobretudo com a criação do colégio único, sempre recusado pelos *pieds-noirs*. Note-se também que, excetuando em Mostaganem, no dia 6, de Gaulle não usa o lema da «Argélia francesa».

Logo que regressa a Paris, o presidente do Conselho dedica-se prioritariamente a mudar a Constituição. Embora o discurso de Bayeux, em 1946, não seja, na sua perspetiva, uma carta inultrapassável, o seu grande desejo é o reforço do executivo e mesmo a possibilidade de o seu chefe exercer uma espécie de ditadura temporária, se ocorrerem circunstâncias excecionais. São criados de imediato dois organismos para preparar os textos: um comité de peritos, em que os membros do Conselho de Estado ficam com a parte de leão, e uma instância mais política que reúne à volta do general os quatro ministros de Estado, Michel Debré e René Cassin, vice-presidente do Conselho de Estado. A 13 de junho, o general expõe as suas ideias: o presidente da República será no futuro o ator essencial, eleito por um colégio alargado. Terá a possibilidade de dissolver a Assembleia e de propor referendos. O parlamento será composto por duas câmaras, como outrora. A Assembleia Nacional, eleita por sufrágio universal e direto, terá a última palavra, mas a câmara alta será revalorizada. O Governo, precisa ainda o general, não terá origem na Assembleia, mas sim no chefe de Estado. Por último, haverá incompatibilidade entre as funções parlamentares e as ministeriais. Em conclusão: é um sistema misto, *sui generis*, o que é proposto pelo chefe do Governo. É formalmente recusado o sistema presidencial americano com os seus contrapesos. De Gaulle diz mesmo que, na sua opinião, o chefe de Estado deve ter o direito de demitir os ministros. O desequilíbrio em benefício do executivo é ainda mais acentuado com a restrição do domínio da lei. Uma coisa é certa: o processo de elaboração dos textos é sério e comporta garantias, porque, antes de ser submetido ao povo, os projetos devem ser aprovados pelo Conselho de Estado e pelo comité consultivo constitucional, presidido por Paul Reynaud.

As disposições relativas ao ultramar são as que levantam maior controvérsia. A Debré e a Houphouët-Boigny, partidários das soluções federais e que desejam a manutenção dum Estado único, opõe-se o senegalês Senghor, adepto duma confederação de Estados mais autónomos. Por fim, é este quem vence, o direito à autodeterminação é reconhecido e, durante uma viagem por África, de Gaulle assiste ao guineense Sékou Touré a reclamar energicamente o fim de toda a sujeição.

A 4 de setembro, durante uma manifestação na praça da République, o general, apresentado por André Malraux, lança a campanha para um referendo. O «não» não é defendido senão por uma minoria de esquerda (os comunistas, alguns socialistas, alguns radicais). Por seu lado, a propaganda a favor do «sim» beneficia de muitos apoios e sobretudo de grandes meios. Pelo referendo de 28 de setembro, a nova Constituição é aprovada por cerca de 80% dos sufrágios (e uma participação recorde de 84,94% dos eleitores). Nesta ocasião, a Guiné escolhe a via da independência total. Um pouco mais tarde, nos dias 23 e 30 de novembro, têm lugar eleições legislativas. O modo de escrutínio escolhido pelo general é o uninominal maioritário a duas voltas, que se considera diminuir o papel dos partidos. A consulta dá a de Gaulle uma maioria esmagadora. Unidos com a sigla UNR-UDT (União para uma Nova República-União Democrática do Trabalho), os gaullistas obtêm 198 deputados eleitos, enquanto os seus aliados independentes têm 133. O Partido Comunista perde cerca de 30% dos seus eleitores e não tem senão dez deputados. O Partido Radical sofre uma derrota histórica (23 deputados). Apenas o MRP e a SFIO conseguem manter as suas posições. Satisfeito com a eleição dos seus partidários, de Gaulle deseja, no entanto, abrir o mais possível a sua maioria.

Nesta base, o general começa a construir com ainda maior energia, porque durante quatro meses, a partir de outubro, o Governo está autorizado a legislar por decreto. Por isso, o fim do ano fica marcado por uma série de reformas duma amplitude inédita desde o Consulado.

As mais importantes dizem respeito à economia. Sem ser tão calamitosa como de Gaulle dirá, a situação deixada pela IV República tem três pontos negros: uma inflação muito elevada, um défice orçamental apreciável e o esgotamento dos recursos em divisas estrangeiras. Para fazer face ao que é mais urgente, Pinay, logo que chegou ao ministério das Finanças, lançou um empréstimo a 3,5%, indexado ao ouro, e que oferece amplas vantagens fiscais. O sucesso foi imediato. Para atacar os problemas de fundo, o general apela ao economista liberal Jacques Rueff, que, à frente dum comité de especialistas, elabora um plano de recuperação financeira, tendo por objetivo reduzir a inflação. Nesta perspetiva, Rueff preconiza a limitação das despesas (sobretudo com a redução do contributo do Estado para cobrir o défice das empresas públicas), a subida dos impostos sobre o tabaco e o álcool e a subida das tarifas da eletricidade e do gás. No dia 8 de dezembro, nos termos dum relatório apresentado pelo economista, é igualmente recomendada a criação dum «franco pesado» (com a supressão de dois zeros em todos os valores estipulados em francos) para ter repercussão na opinião pública. Por fim, Jacques Rueff preconiza a abertura da economia francesa ao exterior. De Gaulle faz suas estas orientações, e sobretudo a última. Por muito reservado que fosse de início em relação ao Mercado Comum, está convencido nesta altura da necessidade de abrir a França à concorrência para estimular a sua economia. Para além de Jacques Rueff, também Maurice Couve de Murville intervém neste sentido. Aliás, pouco tempo após o seu regresso à política ativa, o general informou discretamente Jean Monnet, «o pai da Europa», de que não poria em causa o Mercado Comum.

No imediato, estas medidas bastante drásticas irritam muitos. A esquerda denuncia a política antissocial. Guy Mollet pensa mesmo em apresentar a demissão.

A Argélia é outra prioridade do presidente do Conselho. Uma das suas primeiras iniciativas foi distanciar-se dos que favoreceram o seu regresso ao poder. Em privado, pelo menos, não esconde que não acredita nada na integração. Um pouco mais tarde, Salan é convocado a coberto duma promoção e os seus poderes militares e civis divididos. O general Maurice Challe ficará encarregado das operações militares, enquanto Paul Delouvrier, inspetor de finanças, próximo de Jean Monnet, será nomeado delegado-geral com poderes civis. Mas a iniciativa mais notada é tomada por de Gaulle, em Constantine, no dia 3 de outubro. Num discurso histórico, lança as bases dum plano destinado a vencer o desemprego e a miséria e a reduzir a diferença de nível de vida entre as duas comunidades. É sobretudo prevista a distribuição de terras aos argelinos e é preconizada a implantação de indústrias pesadas. É claro que de Gaulle não fez nenhuma opção. É certo que não crê na possibilidade da permanência a prazo, mas pretende ir gerindo uma longa transição, negociar em posição de força e sobretudo encontrar um interlocutor que não seja a FLN. Aliás, a 23 de outubro, ao afirmar «que se institua a paz dos bravos e estou certo de que os ódios se irão apagando», encerra qualquer hipótese de qualquer diálogo com os rebeldes, não lhes deixando senão a possibilidade de se submeterem. Daí a recusa seca e categórica. As suas ideias parecem ser bem resumidas a um diplomata americano por Georges Pompidou, o seu chefe de gabinete: «A integração, tal como é geralmente concebida, é impossível. Por outro lado, uma Argélia completamente separada da França seria uma Argélia perdida para o Ocidente.» A única vantagem importante de que o general dispõe é ser agora o único a conduzir o jogo.

Informou rapidamente René Coty de que a entrada em vigor da nova Constituição implicava *ipso facto* a eleição de um novo presidente da República. O Conselho foi ouvido e, no dia 21 de dezembro, Charles de Gaulle foi eleito primeiro presidente da V República pelo colégio dos grandes eleitores. Obteve 78,5% dos sufrágios, contra Albert Châtelet, chefe da esquerda não aliada, e o comunista Georges Marrane. «O primeiro dos franceses é agora o primeiro em França,» disse simplesmente R. Coty na cerimónia de investidura, realizada a 9 de janeiro.

De Gaulle marca desde logo a diferença. Na sua perspetiva, a verdadeira legitimidade é a conferida pela História, o que o levou a revelar-se muito reticente quando o general Catroux lhe quis conceder o grande colar da Legião de Honra. Para si, tudo fora resolvido desde a Libertação, afirma Pierre Lefranc[2], seu chefe de gabinete. «Como guia da França e chefe de Estado republicano, exercerei o poder supremo em toda a extensão que agora comporta,» declarou num discurso radiodifundido a 28 de dezembro. Desde a nomeação do primeiro-ministro, parece que os seus princípios serão estritamente observados. Com efeito, Michel Debré é um dos seus fiéis, ainda que durante a guerra não fosse um gaullista de primeira hora. A composição do Governo, elaborada no Eliseu, reforça esta impressão de omnipotência do chefe de Estado. No essencial, os ministros são tecnocratas, a começar por Maurice Couve de Murville, com a pasta dos Negócios Estrangeiros, e Pierre Guillaumat, alto funcionário a quem foi atribuída a pasta das Forças Armadas. A influência dos políticos é evidenciada apesar de tudo com a presença de três ministros de Estado, Félix Houphouët-Boigny, Louis Jacquinot e o democrata-cristão Robert Lecourt. Jacques Soustelle é, em teoria, o número dois do Governo, mas rapidamente se torna claro que esta superioridade é meramente formal. A preeminência do chefe de Estado traduz-se também na presença a seu lado de muitos colaboradores, sob a égide do secretário-geral do Eliseu, o fiel Geoffroy de Courcel.

A defunta república era um regime de notáveis. A república de de Gaulle parece ser completamente diferente. Antes de mais, é com a opinião pública que o chefe de Estado comunica, fazendo-o sem intermediários durante as viagens à província e nos discursos radiodifundidos, em primeiro lugar, e televisionados, mais tarde. De início bastante inábil no pequeno ecrã, de Gaulle aprende depressa a servir-se deste moderno meio de comunicação com a ajuda do grande publicitário Marcel Bleustein-Blanchet e até dum ator profissional. Por isso, os contrapesos tradicionais são desvalorizados. Embora dominada por uma maioria confortável e dedicada, a Assembleia vê diminuir a sua influência, bem como as suas funções de controlo. Ainda que os organismos intermédios subsistam, é sobretudo ao nível local e no Senado que mantêm a sua importância.

Como todos antecipavam, a Argélia ocupa o centro das preocupações do general. Se bem que Michel Debré, que ligou o seu nome à continuação da presença francesa na Argélia, continue a fazer afirmações muito claras neste sentido, o presidente da República, sobretudo em privado, defende uma posição muito diferente. «A Argélia do papá morreu», diz ele a 29 de abril a Pierre Laffont [3], diretor de *L'Écho d'Oran* e deputado da UNR. «É preciso acabar com esta guerra que é prejudicial ao exército» [4], confidenciou também ao general Ély, a 19 de fevereiro. Apesar de tudo, de Gaulle exclui formalmente entregar a Argélia ao GPRA. A 2 de junho, diz ao príncipe Moulay Hassan, futuro Hassan II:

> Se entregasse a Argélia a Ferhat Abbas, ele seria incapaz de fazer alguma coisa dela. Veríamos instalar-se uma desordem medonha e, para além disso, Ferhat Abbas seria expulso por outros. [5]

Reiterando a sua esperança de ver as reformas permitirem a emergência duma Argélia nova, disposta a colaborar com a França, diz ainda ao presidente italiano, Giovanni Gronchi:

> Os dirigentes da FLN não são, nem serão nunca, o Governo da Argélia, porque são antes de mais a guerra civil entre muçulmanos. O futuro da Argélia é o sufrágio universal. [6]

O que deseja então concretamente o general? Não há dúvida de que nem ele sabe muito bem. Sente como nunca o peso da guerra, o cansaço da opinião pública e a pressão internacional. Embora confusamente, como notou o diplomata Jean-Marie Soutou [7], não há dúvida de que esperou que o seu regresso ao poder suscitaria do lado argelino o aparecimento dum interlocutor mais aceitável do que o GPRA. À medida que o tempo passa, mais se vê forçado a reconhecer que não se regista qualquer alteração. Para além disso, a sua linha política parece difícil de entender, porque em público tem um discurso mais liberal, enquanto no seu círculo restrito se mostra muito hostil à FLN. De passagem por Paris, no dia 2 de setembro, o presidente Eisenhower confessará, aliás, a sua dificuldade em entender o seu interlocutor. De Gaulle passa então o fim do verão a esclarecer o seu pensamento mais profundo. Na sua opinião, três pontos parecem ser essenciais: apenas uma política liberal pode ter alguma possibilidade de manter uma cooperação eventual com uma Argélia emancipada; a FLN não é um interlocutor válido; e, por último, o Sara e o seu petróleo não deverão ser abandonados (ainda que, publicamente, nunca lhe faça qualquer alusão).

Após uma viagem pela Argélia, durante a qual uns e outros não retiveram das suas palavras senão o que parecia ir de encontro às suas próprias certezas, no dia 16 de setembro, de Gaulle explicita finalmente as suas conclusões, num discurso radiodifundido: os argelinos terão direito à sua autodeterminação e terão de escolher entre três fórmulas: a secessão, o afrancesamento ou a associação com a França. Esta última solução era a que tinha a sua preferência, porque as outras duas lhe pareciam impraticáveis. Se fosse escolhida a associação, a França continuaria a ter relações estreitas com a Argélia em matéria económica e militar, no domínio do ensino e das relações externas.

«Não se abandona a ambiguidade senão em prejuízo próprio,» dizia o cardeal de Retz. De Gaulle, que conhece os seus clássicos, não fica, por isso, surpreendido com as reações suscitadas pelo seu discurso. Como aconteceu frequentemente após 1940, encontra apoios à esquerda, enquanto os conservadores, mesmo no interior da maioria parlamentar, expressam fortes reticências, com alguns, como Léon Delebecque, a abandonar o grupo gaullista da Assembleia Nacional. Mais grave ainda, circulam rumores dum complô, e até dum golpe de Estado, por parte das forças armadas. O acolhimento é igualmente reservado do lado argelino: a FLN sempre considerou o reconhecimento do direito à autodeterminação como um ponto prévio não-negociável.

Por mais prudente que a sua comunicação tenha sido, não é menos evidente que de Gaulle ultrapassou uma etapa na via que é temida pelos partidários da Argélia francesa. Na verdade, desde há muito tempo que o combate travado pela França lhe parece um fardo ainda mais insuportável por ter pressa de poder dirigir a grande política externa com que sonha. Antes mesmo de se instalar no Eliseu, lançou pistas que anunciavam as grandes linhas desta orientação diplomática. No mês de junho de 1958, ao receber em Paris o secretário de Estado Foster Dulles, ficou a compreender que, apesar de terem uma posição favorável em relação a si, devido à sua política liberal para com a Argélia, os Estados Unidos continuariam a ser os únicos a deter o poder de decisão no seio da Aliança Atlântica. A França não iria recuperar o seu estatuto se não reagisse. E, como de Gaulle sabe muito bem que esta não tem peso se permanecer isolada, preocupou-se rapidamente em encontrar aliados.

Na sua perspetiva, apenas os grandes Estados contam, se bem que em público enaltecesse naturalmente o direito dos mais fracos. Para contrabalançar a influência americana, era portanto necessário apoiar--se num país com peso suficiente para se apresentar como um ator incontornável. Foi então que se virou para a Alemanha Ocidental. Apesar das guerras, desde a sua juventude que de Gaulle compreende este grande país vizinho, conhece a sua história e fala a sua língua. Homem de intuições poderosas, adivinha também que o chanceler federal Adenauer se poderia revelar um interlocutor disponível.

À partida, o entendimento entre os dois homens não se afiguraria fácil. Em 1950, de Gaulle discordara do plano Schuman, que voltava a incluir a Alemanha com igualdade de direitos entre as potências do continente. Por seu lado, como fervoroso europeísta, Adenauer estava fortemente ligado à aliança americana. A ideia genial que de Gaulle teve para vencer as suas reticências foi convidar o chanceler a visitá-lo em Colombey, quando se dirigisse para gozar férias em Cadenabbia, na Itália. Adenauer aceitou, não sem inquietação. «Estava muito preocupado,» dirá depois. «Pensava que de Gaulle e eu éramos muito diferentes devido à nossa maneira de ser e de pensar e que seria impossível entendermo-nos.» [8]

Na verdade, o chanceler ficou rapidamente cativado. O quadro de referências, o universo mental do seu anfitrião, tudo lhe era próximo. Confessando ter cometido um erro ao preconizar a atomização da Alemanha após o segundo conflito mundial, de Gaulle deu também passos importantes para inspirar confiança ao seu visitante. As palavras a seguir proferidas mais não fizeram do que reforçar este estado de espírito:

> O povo francês passou por uma grave doença. Já foi um grande povo. Viu-se sobretudo como muito grande. Viu-se como a vedeta do mundo. É verdade que muitas vezes o foi. Mas não se adaptou à situação real. Não se conforma por já não ser essa vedeta. É por isso que temos o comunismo e a anarquia intelectual em muitos meios. Os americanos ajudaram muito e generosamente a Europa, mas são demasiado rápidos, tanto nos seus bons reflexos, como nos maus... Devemos tornar a Europa independente dos Estados Unidos... A URSS já não é um país comunista. É uma ditadura asiática... ([9])

Adenauer, evidentemente, não estava de acordo com tudo o que de Gaulle lhe dissera, mas o mero facto de ter ouvido palavras razoáveis tinha-o impressionado favoravelmente:

> Fiquei muito satisfeito com esta visita. Tinha uma imagem completamente diferente de de Gaulle e fiquei muito agradavelmente surpreendido pela sua simplicidade. Disse-lhe, aliás, na tarde em que nos encontrámos a sós, que ficara satisfeito por ter encontrado um homem tão diferente daquele que imaginava. Iremos trabalhar bem e com confiança, disse-lhe eu. ([10])

Ultrapassado este primeiro estádio, de Gaulle estabeleceu algumas balizas com o intuito de transformar a Aliança Atlântica para que a voz da França pudesse fazer-se ouvir melhor. Foi este o assunto dum memorando secreto dirigido ao presidente Eisenhower e ao primeiro-ministro britânico Harold Macmillan. Para o general, tratava-se nem mais nem menos do que criar um diretório atlântico para que as decisões mais importantes, sobretudo a utilização de armas nucleares, fossem tomadas pelas três grandes potências...

Como sempre, de Gaulle revela-se obstinado na perseguição dos seus objetivos: por isso, em janeiro de 1959, assume o controlo da frota do Mediterrâneo e, em abril, diz a Eisenhower que de futuro estava fora de questão qualquer subordinação da França no domínio naval. As relações envenenaram-se ainda mais por, no fundo, o aspeto militar ser importante.

Os franceses, que no fim da IV República tomaram a decisão de possuir uma força atómica autónoma, irritam-se por verem os americanos guardar para si os segredos da bomba. Neste aspeto, Washington é ainda mais inflexível por de Gaulle parecer decidido a fazer subir a parada.

Revela-o ao continuar a sua operação de sedução em direção à Alemanha. Declara a Adenauer, que em março de 1959 o fora visitar a Marly:

> Vocês voltam a erguer-se e nós erguemo-nos: o futuro pertence--nos, portanto. Ainda que acontecesse algo de grave à Alemanha, o que teria um impacto direto na França, o futuro continuaria a estar nas nossas mãos. [11]

No dia 2 de dezembro seguinte, durante uma nova visita do chanceler, acrescenta ainda: «O senhor recorda-se que, durante a guerra, nenhuma das minhas palavras, nem nenhum dos meus atos foram ultrajantes para com o próprio povo alemão.» [12] Embora seja inflexível quanto à necessidade de manter a Aliança Atlântica e saiba que no espírito de de Gaulle a Alemanha não é mais do que uma peça do seu jogo, Adenauer não é totalmente insensível a estas palavras. De Gaulle é um interlocutor à sua medida, as atenções que lhe tributa sensibilizam-no e a sua esperança é que as críticas dele em relação à NATO sejam entendidas pelos americanos e os levem a reequilibrar a aliança para o lado dos europeus.

Logicamente, a política externa esboçada pelo general poderia ter provocado uma aproximação, pelo menos tática, com a Rússia soviética. Durante a guerra, o chefe da França Livre não se coibiu de jogar este jogo. Neste caso, tal é difícil de levar a bom termo, porque, contrariamente ao embaixador Vinogradov, que, em Paris, não cessa de tecer elogios ao general, os ideólogos do Kremlin continuam desconfiados. Na verdade, Moscovo apoia a FLN e a nova orientação de França não é julgada inteiramente satisfatória por Moscovo. Quando o general assumiu o poder, Georgi Jukov, correspondente da agência Tass e da *Pravda*, escreveu:

> Em França, à volta da bandeira do patriotismo, a reação francesa pretende agora restaurar a ordem fascista e esmagar as forças revolucionárias. [13]

Um ano após o seu regresso à política ativa, é no domínio económico e financeiro que de Gaulle pode mostrar melhores resultados. Incontestavelmente, o plano Rueff teve bons resultados. A um ritmo impressionante, as reservas de divisas e de ouro foram reconstituídas, as dívidas praticamente eliminadas, enquanto nos mercados financeiros o franco novo mostrava estar de boa saúde face ao marco. Finalmente, a balança comercial recuperou de forma espetacular. É claro que também havia pontos negros: uma taxa de crescimento muito baixa, uma pressão fiscal muito forte e injustiças sociais devidas à redução muito acentuada das prestações da Segurança Social. Apesar de tudo, o balanço é positivo, tanto mais que um comité copresidido por Jacques Rueff e Louis Armand, diretor da SNCF, toma a iniciativa de combater os bloqueios da economia francesa.

Num domínio diferente, outro facto é incontestável: o regime tornou-se nitidamente presidencial. É claro que de Gaulle não se ocupa de tudo, longe disso, mas reserva a possibilidade de chamar a si este ou aquele problema, não importa em que momento. No congresso da UNR, em Bordéus, em novembro de 1959, Jacques Chaban-Delmas, presidente da câmara da cidade e presidente da Assembleia Nacional (fora eleito para este cargo em 1958, contra o parecer do general, cujo candidato era Paul Reynaud), definiu assim a nova política constitucional:

> O setor presidencial compreende a Argélia, sem esquecer o Sara, a comunidade franco-africana, os Negócios Estrangeiros e a Defesa. Ao setor governamental corresponde o resto, um resto aliás considerável...

Em consequência disso, os ministros também são menos livres do que anteriormente: Antoine Pinay fica a sabê-lo à sua custa quando pretende intervir no conselho sobre assuntos que estão *a priori* fora da sua competência. No início de 1960, este diferendo leva-o a abandonar o Governo. No parlamento, os costumes de antanho também têm dificuldade em renascer: desde o início que o Governo acentuou bem que o processo das questões apresentadas verbalmente nada tinha a ver com as interpelações de outrora. Mas a «despolitização» a que se assiste tem os seus limites: viu-se isso quando ressurgiu o problema da escola privada, o que coincidiu praticamente com a chegada do general ao poder. Encorajados pelos partidos de esquerda, os laicos mobilizaram-se e houve grandes manifestações. Presidida pelo socialista Pierre-Olivier Lapie, foi criada uma comissão *ad hoc*. Por fim, foi apresentado um projeto de lei muito favorável ao ensino privado, mas os beligerantes não desarmaram. A 23 de dezembro, o ministro da Educação Nacional, o socialista Boulloche, demitiu-se. Louis Joxe substituiu-o. Fará regressar a calma, mas não sem dificuldade.

Um ano após a sua tomada de posse, ao partir para descansar alguns dias no sul de França, o problema que continua a ser primordial para de Gaulle é a Argélia. Ao regressar a Paris surgem sinais evidentes de tensão. A 18 de janeiro, num jornal de Munique, o general Massu, comandante do corpo do exército de Argel, não esconde os seus receios perante a política do general sobre a questão. No dia 22, fica-se a saber que foi demitido do seu comando e que a questão da autodeterminação se mantém na ordem do dia, mas que a pacificação será levada ao seu termo. A mensagem não é evidentemente muito clara e o mal-estar aumenta entre os militares partidários da Argélia francesa ao ser oficiosamente anunciada a substituição do general Challe por um liberal.

A tensão aumenta com rapidez. O deputado Pierre Lagaillarde, antigo presidente da Associação dos Estudantes de Argel, instala um campo entrincheirado na Faculdade de Direito. Pouco depois, uma espécie de guarda nacional, chefiada por Joseph Ortiz, dono dum café e antigo poujadista, destinada a lutar contra a FLN, invade as ruas. Ao fim da noite, as negociações desajeitadas com os insurretos desembocam num drama: seis mortos do lado dos manifestantes e 14 do lado das forças da ordem. Surgem barricadas do lado da multidão. Vindo precipitadamente de Colombey, de Gaulle conferencia durante uma parte da noite com os seus colaboradores e de manhã fala na rádio e na televisão para condenar a insurreição e reiterar a sua confiança nos representantes do Estado em Argel.

As suas palavras não surtem efeito. Todos têm os nervos à flor da pele. De Gaulle diz ao marechal Juin, seu antigo camarada de promoção em Saint-Cyr e partidário entusiasta da Argélia francesa:

> Estás a ver, a sorte de nós os dois é a nossa idade. Eu sou um velho, em breve estarei morto, mas não lhes vou ceder. [14]

O general fica furioso por ter recebido mensagens equívocas dos generais Salan e Jouhaud. Mas ao manter ele próprio uma linguagem ambígua, ter-se-á de admitir que também não favorece nada a compreensão da sua política. Pierre Mendès France censurar-lhe-á sempre este jogo dúplice.

O general Ély, chefe do Estado-maior da Defesa Nacional, é por isso levado a oferecer garantias ao general Challe, mais tarde desmentidas pelos acontecimentos:

> O general de Gaulle é a nossa última oportunidade. A sua retirada traria consigo a perda da Argélia e, é claro, da França e do Ocidente. A Argélia deve manter-se francesa. ([15])

Durante vários dias, a situação mantém-se confusa. Enquanto Lagaillarde e Ortiz chegam a insultar-se publicamente, a atitude das autoridades em relação aos insurretos parece carecer de linha condutora. São também condenadas as cumplicidades de que beneficiam os partidários da Argélia francesa, até junto do círculo mais próximo do chefe de Estado. O chefe do seu gabinete militar, o general de Beaufort, é também alvo de suspeitas. A alta hierarquia militar parece pouco segura. Recentemente, Jacques Chaban-Delmas relatou ao presidente da República as palavras do general Zeller, antigo chefe de Estado-maior general: «Este velho tonto devia ser despachado com duas balas para não se ter de gastar dez.» ([16])

No dia 29 de janeiro, as incertezas terminam quando o chefe de Estado, de uniforme, intervém na televisão e na rádio para condenar a rebelião e anunciar medidas enérgicas. O direito dos argelinos à autodeterminação é confirmado com ênfase. O general continua a acreditar verdadeiramente numa separação amigável, ao liderar as transições. Di-lo a Louis Terrenoire. Enquanto espera, ordena uma repressão severa. «Não pode haver nada pior hoje em dia do que o fracasso da autoridade», telegrafa ele a Paul Delouvrier. Após uma rendição épica, Lagaillarde é preso, mas Joseph Ortiz consegue fugir para Espanha. De Gaulle decide também de imediato que durante um ano, e de acordo com a Constituição, o Governo poderá legislar por decreto. Para além disso, marca a sua supremacia em relação aos ministros, ao criar o Comité para os Assuntos Argelinos, colocado diretamente na sua dependência.

Foto tirada por Edward Yerbury em Edimburgo, em 1942. Era uma das preferidas do general.

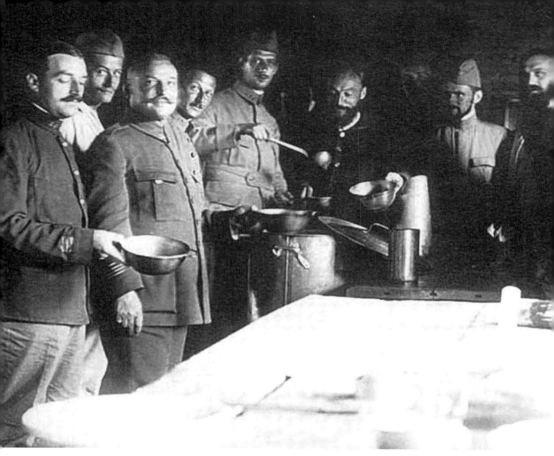

De Gaulle, ao centro, a servir a sopa, no campo de prisioneiros de Sczuczyn, na Lituânia, em 1916.

Os quatro irmãos De Gauule, Charles, Xavier, Pierre e Jacques, em Sainte-Adresse, em 1919.

De Gaulle e Pétain aquando da inauguração do monumento de Alex Dauost, *Le Poilu à l'assaut*, no cemitério francês de Dinant, em setembro de 1927.

A 23 de outubro de 1939, o presidente da república Albert Lebrun passa em revista a unidade de carros de combate do coronel De Gaulle, em Goetzenburg.

De Gaulle com o tenente Geoffroy de Cource, em Londres, junho de 1940.

A conferência de Anfa, em janeiro de 1943: Giraud, Roosevelt, De Gaulle, Churchill.

Montgomery recebe De Gaulle no seu quartel-general na Normandia, o palácio de Creully, em junho de 1944.

Cap d'Antibes, janeiro de 1946 (foto de Nick de Morgoli).

Com Konrad Adenauer, em Bona, 1961.

Receção dos Kennedy no Eliseu, a 31 de maio de 1961.

Na escadaria do Eliseu, com o príncipe Sihabuk, Pompidou, entre outros.

Com a esposa.

O restabelecimento da ordem traduz-se, finalmente, na demissão de Jacques Soustelle, um dos ministros mais favoráveis à Argélia francesa. Desde o seu regresso ao poder que nunca de Gaulle passou por um período tão dramático.

Foi sempre em circunstâncias semelhantes que de Gaulle deu mostras do que vale e, uma vez mais, é forçoso verificar que conseguiu pôr termo à rebelião como ninguém mais o poderia ter feito. Para além disso, teve a sorte do seu lado – aquela sorte que Napoleão julgava indispensável aos maiores táticos: mal tinha terminado o problema das barricadas, a primeira bomba atómica francesa (o projeto remontava ao Governo Mendès France) explode no Sara. Um pouco mais tarde, em março, a visita de Nikita Krushchev – a primeira alguma vez feita a França por um dirigente da URSS – dá oportunidade ao general de conferir maior prestígio à sua imagem internacional. Julgando prematura uma aproximação à Rússia soviética, defende uma cooperação com base nas realidades nacionais. A mais longo prazo, fala também ao seu interlocutor da eliminação dos Estados Unidos da esfera europeia e do desmantelamento da NATO. O primeiro secretário do Partido Comunista soviético dá-lhe a impressão dum *self-made man* sem cultura, astuto, mas prisioneiro duma ideologia. Estamos longe do fascínio sentido em relação ao Pequeno Pai dos Povos. «Estaline era Dostoiévski, Nikita Krushchev é Gogol», dirá com uma ponta de pesar...

«Só os Imbecis Recusam Ser Infelizes»

Nada se poderá fazer se não se tiver ganho previamente no terreno duma maneira indiscutível. Demorará muito tempo. A bandeira francesa flutuará ainda muito tempo em Argel, pode estar certo. A independência seria uma catástrofe, uma idiotice e uma monstruosidade. Serão os argelinos a decidir. Acredito que irão dizer: «Uma Argélia argelina ligada à França.» ([1])

Estas palavras, evidentemente ofensivas, proferiu-as de Gaulle durante uma viagem à Argélia iniciada em 3 de março e batizada «volta pelos quartéis». Para as compreender, não deve ser esquecido que o general sonha ainda encontrar um interlocutor que não seja a FLN. Pensa mesmo nesta ocasião que talvez tenha à sua frente um homem suscetível de ser um parceiro aceitável.

Si Salah, chefe da Wilaya IV da FLN, ao contrário da quase totalidade dos seus companheiros de luta, acredita que de Gaulle é sincero quando afirma querer que as coisas avancem na Argélia. Por isso, muito em segredo, decide encetar negociações. Em maio, estas parecem tão frutuosas que o chefe de Estado aceita encontrar-se com Si Salah no Eliseu. No dia 10 de junho, no termo dum périplo rocambolesco, o chefe rebelde e o seu adjunto encontram-se, portanto, perante de Gaulle, no gabinete deste. O presidente da República está de pé e saúda-os sem lhes apertar a mão. Atrás duma tapeçaria, um ajudante de campo está em posição de tiro! O chefe de Estado renova as suas propostas sobre a autodeterminação, mas recusa que os seus visitantes se avistem com Ben Bella, que está na prisão desde 1956. A conversa não deixa mesmo assim de ser positiva: a Salah é garantido nomeadamente que muito em breve de Gaulle proporia um cessar-fogo.

A promessa é cumprida. A 14 de junho, num discurso aos franceses, o general propõe pela primeira vez à FLN que se encontre uma saída honrosa para o conflito. A viragem é nítida e, enquanto os partidários da Argélia francesa lançam acusações de traição, o GPRA responde favoravelmente à oferta e designa os seus representantes, à frente dos quais se encontrará Ahmed Boumendjel, advogado judicial, casado com uma francesa. Infelizmente, os primeiros contactos, que têm lugar a 25 de junho, na prefeitura de Melun, cessam bruscamente. Os argelinos são quase prisioneiros. À sua frente têm interlocutores incapazes.

A verdade é que a política do general para a Argélia é difícil de compreender. Ao proclamar o direito à autodeterminação da população argelina, ao mesmo tempo que continuava a luta, ao dar caça aos terroristas, mas privilegiando eventuais dissidentes na FLN, por si mais aceitáveis, o presidente da República desorienta todas as partes em presença, o que o editorialista do *Le Monde*, Pierre Viansson-Ponté, resume numa fórmula: «o general já não tem política argelina» [2].

Para o chefe de Estado, a situação é ainda mais preocupante por ter outros motivos de inquietação. Embora a emancipação dos povos da África negra se vá processando bem, a comunidade prevista para os reunir desagrega-se. No parlamento, de Gaulle tem também dificuldade em fazer aprovar os projetos que mais acalenta. No outono, a perspetiva de criação duma força atómica especificamente francesa provoca a cólera dos atlantistas, sendo aceite com dificuldade no termo dum debate tempestuoso, mas sem conteúdo real.

Durante todo o verão, o presidente da República evita revelar quais as suas armas no que diz respeito à Argélia. Na *rentrée*, durante conferências de imprensa e viagens pela província, profere palavras muito contraditórias. Ainda que considere utópica a manutenção duma Argélia francesa, afasta resolutamente a ideia de negociar um hipotético Governo argelino: «Seria um caos abominável,» diz em Albertville. «Esta espécie de rendição seria medonha. Isso nunca eu farei.» (³) Após estas declarações, as alusões à «personalidade argelina» tornam-se equívocas.

Nos dois campos opostos assiste-se então à radicalização da linguagem e dos métodos. No dia 1 de outubro, após uma manifestação no Arco do Triunfo a que assistem seis membros da Academia Francesa, entre os quais o general Juin, os partidários da Argélia francesa ganham um aliado de peso, o general Salan, que, sem esconder de modo algum a sua simpatia pelos partidários da Argélia francesa, dá a conhecer a sua intenção de passar a sua reforma em Argel! Por fim, obrigado a renunciar a tal projeto, vai para Espanha, onde vive numa semiclandestinidade. Em sentido inverso, a prática persistente da tortura suscita a reprovação dos progressistas. Lançado em julho, o «Manifesto dos 121», que apela à insubordinação, regista muitas adesões.

Mesmo no início de novembro, de Gaulle decide lançar um grande golpe. Todos pressionam para que se corte o nó górdio da Argélia. No dia 4, numa alocução, fala da «república argelina» e declara-se certo da sua existência próxima, apesar de até então ter recusado qualquer contacto com o GPRA. As palavras fatídicas foram acrescentadas no último instante sem o conhecimento do primeiro-ministro Michel Debré. O discurso consuma a rutura com os defensores da Argélia francesa. O marechal Juin dá o seu apoio a Salan e o mal-estar na alta administração parece ser profundo. Na maioria, a perturbação é real. Michel Debré já não disfarça nada o seu desacordo, mas não se põe a questão da sua substituição. «Está desfeito,» reconhece o general (⁴). Durante uma breve viagem à Argélia, no início do mês de dezembro, este último pode verificar o grau de tensão que ali reina. Eclodem conflitos violentos, provocando dezenas de mortos. De Gaulle pretende agora caminhar depressa, o que faz aumentar o descontentamento do primeiro-ministro. Este último confidencia a Louis Terrenoire:

> O general tem de escolher. Disse-nos no Conselho de Ministros que caminhávamos para um Estado FLN. Portanto, não podemos continuar a enterrar milhares de milhões na Argélia. (⁵)

Em novembro, a posição de Michel Debré é ainda mais difícil pois Louis Joxe, um fiel do chefe de Estado, assumiu o ministério dos Assuntos Argelinos.

No dia 8 de janeiro de 1961, deve realizar-se o referendo em que os franceses são chamados a dizer se aprovam as perspetivas traçadas pelo general para a Argélia. De Gaulle empenha-se pessoalmente na batalha e dramatiza. À saída do Conselho de Ministros de 4 de janeiro, deixa por isso entender que, se os sufrágios negativos e as abstenções forem significativos, tirará as suas ilações e apresentará a demissão. «Iremos buscá-lo a Colombey,» diz-lhe Terrenoire. «Se eu regressar,» replica aquele, «será sem o Parlamento, sem o estatuto da função pública e sem a inviolabilidade dos magistrados.» ([6]) Na noite de 8 de janeiro, os temores, fingidos ou não, do general são rapidamente dissipados: com 75,26% de sins (55,9% dos inscritos nos cadernos eleitorais) a vitória é incontestável. Como se previra, os nãos traduzem essencialmente os votos dos europeus da Argélia. A 10 de janeiro, na presença de Louis Terrenoire, o general comenta os resultados:

> É muito favorável... Foi a França viva que votou sim, o Norte, o Leste, o Oeste, onde se perspetiva o futuro, onde há muitas crianças, ao passo que o não foi mais forte nos departamentos moribundos, que se esvaziam, a Creuse, o Gers, a Ariège. ([7])

De Gaulle anuncia também qual vai ser a sua linha de ação:

> Até agora, fiz muitos discursos. Tratava-se de preparar progressivamente a opinião pública para o que se iria passar. Agora a questão é mais séria. É necessário que nos calemos, porque iremos ter contactos com a FLN e vamos iniciá-los. Tudo o que sabemos é que os argelinos estão divididos.

O general ainda não perdeu totalmente a esperança de encontrar outro parceiro que não a FLN. A Louis Terrenoire, que lhe diz que em face do ascendente da FLN sobre os muçulmanos, comprovado no referendo, não consegue perceber muito bem o que pode querer dizer a «confrontação de todas as tendências» de que fala no seu discurso, responde significativamente:

> Eu sim. Em primeiro lugar, há os europeus, que representam uma tendência, e depois o MNA. Aliás, não se sabe o que se irá passar e se estarão de acordo entre si. Se não houver acordo, a Argélia de amanhã poderá ser um inferno. ([8])

Entretanto, os ativistas da Argélia francesa organizam-se na clandestinidade. O general Challe, demitido do seu comando após o episódio das barricadas, multiplica as declarações hostis ao poder. Este militar de alta patente não aceita esta nova mudança de orientação. De facto, a 20 de fevereiro, na Suíça, têm início negociações secretas com os emissários do GPRA. Georges Pompidou, então sem outra função oficial para além da de membro do Conselho Constitucional, representa de Gaulle. Os seus laços com ele são conhecidos e os argelinos revelam-se sensíveis a esta manifestação de consideração. Porém, as instruções dadas pelo general são claras e precisas: uma trégua é um ponto prévio indispensável a qualquer negociação. A França nada tem a propor, exceto a opção entre a cooperação e a rutura, ficando assente que Mers el-Khébir e o Sara ficarão sob a sua soberania. É precisamente por causa deste ponto que as negociações entram num impasse. Ainda que nunca o tenha dito publicamente, de Gaulle tem grande desejo de manter as reservas de petróleo do Sara, «esse mar sem fronteiras», diz ele a Paul Delouvrier.

No entanto, no dia 5 de março, em Neuchâtel, onde os negociadores das duas partes se encontram, Georges Pompidou admite que após a independência a questão do Sara seja levantada. Curiosamente, esta concessão (não se sabe se é feita com o aval de de Gaulle) não faz ceder os argelinos. As negociações continuam a arrastar-se e, no dia 7 de abril, a OAS sai da sombra assassinando o presidente da câmara de Evian, cidade das margens do Léman, onde argelinos e franceses devem encontrar-se em breve. Impávido, de Gaulle está decidido a não ceder: «A descolonização é do nosso interesse e, por consequência, é política nossa.» A perspetiva de os Estados Unidos ou a União Soviética se apoderarem da Argélia não o perturba: «Aos dois desejo antecipadamente as melhores felicidades.»

Como é evidente, os fanáticos da Argélia francesa adotam uma lógica completamente diferente. Para eles, tudo é simples: no terreno, a situação foi sanada e a FLN pode ser contida. Como é óbvio, o contexto internacional é totalmente esquecido. Não tendo mais nada a perder, certos de ter razão, estes *desperados* tentam então a sua última cartada: o uso da força. A 21 de abril, na Comédie-Française, o general assiste a uma sessão noturna em honra do presidente do Senegal, Léopold Senghor. Do programa consta *Britannicus*, cujo tema recorrente é a traição… No mesmo momento, em Argel, uma agitação inabitual começa a fazer-se sentir. No final da noite, é divulgado que houve uma insurreição: os homens do 1.º REP, chefiados pelo comandante Denoix de Saint-Marc, tomaram o Palácio de Verão, onde estão retidos o delegado-geral Jean Morin, o seu colaborador, e Robert Buron, ministro de passagem por Argel. A operação desenrolou-se sem incidentes graves.

Acordado a meio da noite, de Gaulle ordena a Louis Joxe, ministro dos Negócios Estrangeiros, que se desloque imediatamente a Argel. O problema parece muito mais grave do que a semana das barricadas. Desta vez, o general Challe cedeu aos ativistas. Com os generais Jouhaud, Zeller e Salan, formou uma espécie de comité insurrecional. Ao mesmo tempo que o pânico se espalha por todos os escalões do Estado e Malraux apela aos cidadãos para pegarem em armas, o general é o único que não perde a calma. «Sabem, o que é grave neste assunto,» diz aos seus ministros, «é ele não ser grave.»

A sequência dos acontecimentos confirma rapidamente este diagnóstico. Estando em desacordo sobre muitos pontos, os generais não conseguem impor-se e de Gaulle aplica-lhes o golpe de misericórdia ao considerá-los logo no dia a seguir, na televisão, como revoltosos: «Este poder tem uma aparência: um punhado de generais na reforma. Tem uma realidade: um grupo de oficiais facciosos, ambiciosos e fanáticos. Este grupo e este punhado possuem competências simplistas e limitadas.» Em conclusão: o chefe de Estado «proíbe todos os franceses e, em primeiro, todos os soldados» de obedecer aos insurretos e anuncia a aplicação imediata do artigo 16.

Chegando até aos jovens soldados por intermédio dos recentíssimos transístores, a alocução acaba por convencer os hesitantes. Rapidamente se torna claro que o golpe falhou. Challe, imitado alguns dias mais tarde por Zeller, entrega-se à justiça, ao passo que Salan e Jouhaud passam à clandestinidade. «O que se torna evidente é a sua estupidez,» ([9]) dirá de Gaulle com desprezo a Paul Reynaud.

Em virtude dos poderes que o artigo 16 lhe concede, o general tem mão pesada: multiplicam-se as demissões e as prisões. Para julgar os insurretos, é criado um alto tribunal de legalidade muito discutida. O presidente da República está decidido agora a avançar com rapidez. Sabe que os franceses estão fartos da guerra e constata também a sua popularidade. São outras tantas razões para não mudar de rumo.

A situação internacional e o papel que nela desempenha dão-lhe igualmente motivos de satisfação. Após a visita de Nikita Krushchev, o «número um» soviético, na primavera de 1960, as deceções tinham-se acumulado. De viagem a Londres e depois ao Canadá e aos Estados Unidos, o general recebeu em todo o lado um acolhimento entusiasta, mas a interceção de um avião espião norte-americano sobre o território soviético, no mês de abril, fez fracassar uma cimeira dos quatro grandes em Paris, prevista para maio. As relações com a URSS ficaram tensas de imediato. Entretanto, o chanceler Adenauer afirmava a sua vontade de permanecer ligado aos americanos na defesa do seu país e a ideia dum diretório tripartido na NATO continuava a suscitar muito ceticismo. De Gaulle descarregou o seu mau humor sobre a ONU, incapaz, na sua opinião, de solucionar os problemas relacionados com a independência do Congo belga.

A partir da primavera de 1961, o contexto torna-se mais favorável. O novo presidente americano, John Kennedy, em quem de Gaulle via de início um político como os outros, revela ser um parceiro de peso. É claro que no fundo nada muda: Washington continua a opor-se a qualquer partilha de responsabilidades em matéria atómica e a qualquer reforma da NATO. As relações não deixam de ser mais calorosas. Kennedy admira de Gaulle e isso é reconhecido durante a viagem que efetua a Paris no mês de maio. No plano concreto, o único compromisso assumido pelo presidente americano é consultar Paris com mais frequência. Por seu lado, o general sabe que não se pode permitir a fazer ondas enquanto não resolver o problema argelino.

Como lhe acontece a intervalos regulares, parece desencorajado, cedendo à dúvida perante a dimensão da tarefa que definiu para si mesmo. Em todo o caso, essa foi a impressão com que dele ficou o politólogo americano Nicolas Wahl, que o contactou. Escreveu aquele num relatório dirigido ao presidente Kennedy:

> A impressão com que fiquei foi que a segunda experiência de poder intensificou a sua tendência para o fatalismo e para respeitar o que ele chama «a natureza imutável das coisas».

Daí decorre uma perspetiva mais limitada da sua influência sobre os acontecimentos. As instituições e os homens, afirma o general, muito dificilmente podem mudar o curso dos acontecimentos. Apenas uma guerra, frisa ele, poderia devolver à França o seu estatuto de grande potência. A reforma do Estado é, na sua perspetiva, muito difícil, porque este se corrompeu depois da queda da monarquia absoluta, em 1789. Apenas um projeto de envergadura parece reter a sua atenção: a eleição do presidente da República por sufrágio universal e direto. «Isso não significaria,» acentua também, «que a França adotaria um regime presidencial. A França é um país profundamente monárquico, o que requer um executivo que esteja colocado acima da inevitável cacofonia quotidiana dos partidos e dos interesses. Ao lado desse chefe cuja missão é tomar decisões sobre as grandes opções em matéria de política externa e de defesa, deve haver outro executivo encarregado do preço do leite e dos problemas inerentes a qualquer Estado.» ([10])

As dificuldades das negociações com o GPRA explicam verosimilmente este estado de espírito. Em maio, em Évian, Louis Joxe, chefe da delegação francesa, fez concessões importantes, sendo nomeadamente ponderadas uma trégua unilateral de um mês e a libertação de 6000 prisioneiros. Em vão. A 20 de julho, as conversações são retomadas num contexto execrável. A crise de Bizerte com a Tunísia tornou o clima consideravelmente mais pesado: de Gaulle não aceitou que Bourguiba retomasse uma base francesa e respondeu pela força. Sobretudo, o general continua a recusar o abandono do Sara. A violência desencadeia-se novamente, tanto do lado da FLN, como do da OAS.

Subitamente, durante o verão, a situação internacional deteriora-se e a tensão Leste-Oeste aumenta. A 13 de agosto, os soviéticos erguem em Berlim o que ficará conhecido como «muro da vergonha» e, neste contexto, de Gaulle não pode permitir-se distanciar-se dos americanos. Mais do que nunca, a si mesmo se impõe a ideia de se desembaraçar da Argélia. No dia 30 de agosto, perante o Conselho de Ministros, diz estas palavras muito diretas, relatadas por Louis Terrenoire:

> Os dirigentes da FLN caminham num sentido inevitável, o sentido revolucionário... Mas não se aperceberam de que também nós tomámos uma direção revolucionária. Nós queremos desembaraçar-nos da Argélia. É essa a nossa política... Preparar o reagrupamento e o repatriamento, é esta a verdade, não há outra. A associação seria um presente que daríamos à Argélia. Podemos aceitar a cooperação, mas não a desejamos.

Evidentemente, os argelinos esperavam tal cooperação. Daí a sua recusa de qualquer compromisso proposto pela França, ainda que vantajoso para eles.

> Eles fazem-me recordar aqueles quadros dos primitivos onde se vê diabos a arrastar os condenados para o Inferno. Ora, os danados não fazem má cara aos diabos, mas erguem os punhos contra os anjos. Pois então que vão para o diabo. [11]

A partir daqui já nada impede que se chegue a um entendimento. De Gaulle está praticamente disposto a um acordo por qualquer preço. A 5 de setembro, durante uma conferência de imprensa, admite que o Sara é argelino, ponto que é essencial para a FLN. Aos olhos dos partidários da Argélia francesa a traição é agora evidente. A 8 de setembro, em Pont-sur-Seine, na estrada de Colombey, para onde vai todos os fins-de-semana, o presidente da República escapa por pouco a um atentado: a sua viatura atravessa uma barragem de fogo até se imobilizar algumas dezenas de metros mais à frente, ficando todos os seus ocupantes milagrosamente ilesos. Em relação aos franceses da Argélia, de quem nunca gostou muito, os seus sentimentos endurecem. Declara:

> A França não deve nada a quem age contra os seus interesses. Se, por fim, fizermos um acordo com a FLN, aplicaremos a autodeterminação em condições convenientes. Quanto aos europeus, os novos senhores da Argélia pretenderão eles mesmos utilizar alguns quadros. [12]

A 4 de outubro, vai ainda um pouco mais longe:

> Os nove milhões de argelinos muçulmanos, que passarão a ser 20 milhões dentro de alguns anos, não aceitarão viver nas mesmas condições que antes, com o milhão de imbecis que são os europeus da Argélia. [13]

Entretanto, a luta contra a OAS atinge o auge, com as polícias paralelas a serem chamadas para auxiliar. Todavia, como o general detesta ser encurralado numa posição defensiva, não é menos duro para com a FLN. Quando a 17, 18 e 20 de outubro as forças da ordem reprimem com violência manifestações de argelinos em Paris, não alinha com os que lamentam o zelo do prefeito da polícia Maurice Papon. Nas suas notas inéditas, Louis Terrenoire relata esta cena durante o Conselho de Ministros de 26 de outubro de 1961:

> Discute-se muito sobre a Argélia e os argelinos. Tendo-se Sudreau e Buron manifestado inquietos com a brutalidade da repressão e o segundo recordado a concordância de pontos de vista da imprensa a este respeito, quer se tratasse do *L'Expres* ou do *Parisien Libéré*, o general faz-lhes notar que tal concordância deve muito menos aos factos do que ao desejo destes órgãos de comunicação social o visarem. «Na verdade, eles não têm senão um alvo, acreditem em mim.» ([14])

Tal como Richelieu, de Gaulle nunca fraqueja, nem se comove quando está em causa a autoridade do Estado. Não obstante, atravessa uma fase difícil. A opinião pública está certamente chocada com as ações terroristas da OAS, dirigida clandestinamente do estrangeiro por Raoul Salan e Georges Bidault. Sobretudo o atentado em Boulogne-sur-Seine tendo por alvo André Malraux e que desfigura a pequena Delphine Renard suscita uma grande indignação. No entanto, os métodos do poder para acabar com a rebelião suscitam dúvidas.

Apesar de tudo, aproxima-se o momento da verdade, porque de Gaulle já não acredita, evidentemente, na possibilidade de encontrar outro parceiro que não a FLN. «Haverá independência e associação, o que quer dizer que seremos nós a pagar,» comenta então no Conselho de Ministros de 31 de janeiro de 1962, quando Louis Joxe acaba de expor os progressos registados após a conclusão das negociações secretas com os argelinos. Numa alocução realizada a 5 de fevereiro, reconhece implicitamente o caráter representativo da FLN. A mensagem é tida em conta e a 11 de fevereiro, nos Rousses, no Jura, Joxe chefia as últimas negociações, acompanhado por Robert Buron e Jean de Broglie. Na primeira reunião, é rubricado um projeto de acordo e fica assente que as duas partes se reencontrarão a 7 de março, em Évian. As últimas discussões são árduas, com os argelinos a mostrarem-se intransigentes quanto ao Sara e aos direitos eventualmente reconhecidos aos europeus e sobretudo aos seus compatriotas comprometidos com os franceses. Por fim, no dia 19, Louis Joxe pressente a iminência dum acordo, e, a 21, de Gaulle comenta o acontecimento no Conselho de Ministros:

É uma conclusão... Mas uma conclusão nunca é senão um começo. Era necessário ter em conta as realidades do mundo. É uma saída vantajosa... Era indispensável libertar a França duma situação que não lhe trazia senão infelicidade... Que os acordos serão aleatórios na sua aplicação, isso podemos ter por certo. Teremos de facilitar as coisas a esta Argélia que vai aparecer. Mas não deveríamos impedi-la de nascer. Conceder-lhe-emos a sua oportunidade. É preciso agora que a França se interesse por outra coisa. A nossa questão essencial deve deixar de ser a Argélia. Devemos interessar-nos por nós mesmos.

Após ter dado por concluído o comunicado, de Gaulle vira-se para Michel Debré, mortificado. Louis Terrenoire notou a cena. O general, «martelando com forças as suas palavras»:

Na verdade, é um milagre que tenhamos chegado a assinar estes acordos. Porque, pense só nisto, há 130 anos que «eles» são continuamente aniquilados, enganados, despojados e humilhados. É um milagre que tenham aceite viver ainda com os europeus. Nunca pensei que fosse possível.

Debré reage com um tom ligeiramente contestatário: «no entanto, meu general, a França fez muito neste país...»
O general conclui:

Sim, claro, deixamos-lhes um país organizado e em parte equipado. ([15])

A cólera que o general sente em relação aos europeus da Argélia é ainda mais atiçada pelas violências inauditas a que se entrega então a OAS. No dia 18 de março, todavia, as negociações com os argelinos são definitivamente encerradas. Christian Fouchet, gaullista histórico e antigo ministro de Mendès France, é nomeado alto-comissário para a Argélia. Ben Bella e os seus companheiros de cativeiro são libertados de imediato, enquanto que na Argélia Salan ordena à OAS que aplique uma política de terra queimada.

A 8 de abril, os acordos assinados em Évian são esmagadoramente aprovados em referendo (90,7% de sins). Os franceses pretendem virar a página. O general tem a mesma intenção. O seu único comentário será esta confidência ao historiador Charles Morazé: «Só os imbecis recusam ser infelizes.» ([16])

Embora possamos adivinhar que para de Gaulle a página não foi fácil de virar, a sua vontade de passar rapidamente para outro capítulo é evidente. A única coisa que alguma vez o interessou na Argélia foi o Sara e as suas reservas de petróleo. Uma vez abandonado o Sara, não revela muita energia na defesa dos europeus e dos muçulmanos fiéis à França. Apenas a sua transferência para a metrópole poderia salvar os *harkis*. Ora, pelo contrário, há meses que são desenvolvidos todos os esforços para limitar o número dos que podem ser assim socorridos. Ainda mais lamentável é o exército francês apenas dispor dum prazo de três meses para proteger os que acreditaram na palavra dos franceses...

O sinal mais evidente da vontade do general de entrar numa nova fase é a mudança de primeiro-ministro, a que procede a 14 de abril. Há muito que a sua colaboração com Michel Debré era difícil. Embora o chefe de Governo fosse a fidelidade encarnada, não é menos verdade que foi com sacrifício que cumpriu o dever de levar a bom termo uma política argelina com a qual não concordava. O chefe de Estado julga portanto que chegou o momento de se afastar. A constituição não concedia formalmente ao presidente o direito de provocar a saída do primeiro-ministro, mas como este teve o bom gosto de não opor qualquer resistência, tudo se passa em perfeita ordem.

Para substituir Michel Debré, de Gaulle nomeia Georges Pompidou, o seu antigo chefe de gabinete. A surpresa é total. Sem mandato parlamentar, nem o menor percurso político, atualmente diretor do Banco Rothschild e membro do Conselho Constitucional, Pompidou surge acima de tudo como o homem do general. Ninguém a não ser este último poderia permitir-se a tal nomeação. Ao escolher aquele que foi, em 1958, o seu colaborador mais próximo, de Gaulle quer antes de mais dar a entender que agora a prioridade são os problemas internos, e sobretudo os económicos. De família socialista e também aderente a esta corrente política na sua juventude, não há dúvida de que Georges Pompidou é muito diferente do chefe do Estado. Estranho ao gaullismo dos anos da guerra, porque não participou na Resistência, é tudo menos um homem aventureiro. Todavia a sua inteligência, o seu bom senso, o seu realismo, a sua experiência dos negócios e a sua cultura – foi aluno da escola normal e agregado de letras – conferem-lhe sem dúvida a estatura requerida pela função para a qual o favor do príncipe acaba de o chamar.

O mínimo que se pode dizer é que a sua nomeação não é bem acolhida. Para os opositores é mais um sinal da monarquização do regime. Pierre Mendès France escreve no *L'Express*:

> Não, decididamente não temos o direito de saber por que razão no serralho foi ordenada a mudança de grão-vizir e quais as consequências políticas que daí derivarão.

A prova é que, uma vez instalado nas suas funções, Georges Pompidou se esforça por pôr em prática uma certa abertura política, embora não sem encontrar dificuldades. A SFIO opõe-se a qualquer participação no Governo, o que provoca a saída de Lucien Paye, ministro da Educação Nacional. Do lado dos radicais, o novo primeiro-ministro não tem hipóteses, porque Edgar Faure, que espera cativar, acaba de ser reintegrado no partido e não tem qualquer desejo de ser novamente excluído. Por fim, apenas os democratas-cristãos Pierre Pflimlin e Maurice Schuman aceitam juntar-se aos seus amigos Robert Buron, Paul Bacon e Joseph Fontanet. No entanto, a participação do MRP é condicional: se em matéria europeia forem adotadas pelo presidente da República posições contrárias ao seu ideal, não hesitarão em demitir-se. Em conclusão, os velhos gaullistas – Malraux, Joxe, Frey e Palewski – conseguem obter a maior fatia de poder, ao passo que Maurice Couve de Murville continua no Quai d'Orsay e o jovem Valéry Giscard d'Estaing nas Finanças (entrou em 1962, sucedendo a Wilfrid Baumgartner). Ainda inábil na tribuna do Palácio Bourbon (embora François Mitterrand encontre «neste orador hesitante uma força inabitual nestes lugares»), Georges Pompidou não dispõe senão duma pequena maioria na Assembleia (258 votos contra 198). Embora o MRP tenha tomado posição a favor da participação, apenas 30 dos 50 parlamentares democratas-cristãos votaram a favor. Entre os 123 deputados independentes, apenas 29 emitiram um voto favorável.

Na verdade, os membros contrários do MRP não se enganam na sua circunspeção. A 15 de maio, durante uma conferência de imprensa, o chefe de Estado denunciou a integração europeia em termos particularmente enfáticos:

> Tenho dito e repito que na época que atravessamos não há, nem pode haver, outra Europa que não seja a dos Estados – exceto, naturalmente, nos mitos, nas ficções e nos desfiles. A Europa integrada, como se costuma dizer, onde não haja política, colocar-se-ia na dependência de alguém exterior, que, por seu lado, não deixaria de a ter.

À distância, esta tomada de posição, que foi considerada tão escandalosa nos meios «europeus», parece ter muita lógica. Após o seu regresso ao poder em 1958, de Gaulle aceitou, evidentemente, o Mercado Comum e contribuiu para a sua aplicação prática, todavia, na sua perspetiva, e fazendo uso das suas próprias palavras, o tratado de Roma não passava de um tratado de comércio para facilitar as trocas e obrigar a nossa indústria a modernizar-se. Tendo em atenção a América, compreendera e admitira também a necessidade de construir uma Europa política. Escreve ele numa nota confidencial:

> Nada impede que imaginemos que a cooperação franco-alemã se alargue um dia à Inglaterra. Para tal, é necessário que estas três nações europeias se resolvam um dia a organizar-se à margem dos Estados Unidos. [17]

A base da aproximação franco-alemã era, portanto, ambígua, pois Adenauer de modo algum estava disposto a tornar seus os pontos de vista do general. Durante algum tempo, todos optaram por viver com base nestas ilusões. Jean Monnet não foi o último a congratular-se com o realismo do general. Porém, pouco a pouco a cooperação política começou a tomar forma. Foi adotado o princípio das reuniões periódicas ao mais alto nível governamental e, após a realização das primeiras, em Paris, em fevereiro de 1961, e em Bona, em julho, foi decidido caminhar para a união política. Com este objetivo, foi constituída uma comissão de peritos, presidida por Christian Fouchet, que era na altura embaixador na Dinamarca. Rapidamente se tornou evidente que de Gaulle não renunciara a opor-se à América – o que os holandeses, em particular, não podiam admitir – e que a integração continuava a ser rejeitada por ele. Tornado público em 20 de novembro de 1961, o projeto elaborado pela comissão de peritos, e designado depois como plano Fouchet, impressionava, no entanto, por uma certa audácia. Neste quadro, evidentemente apenas intergovernamental, a Europa política avançava incontestavelmente, sendo colocada a tónica na urgência duma política externa e de defesa comum. Jean Monnet estava disposto a apoiar este plano. Infelizmente, o plano Fouchet ficou no limbo, porque os holandeses o rejeitaram, uma vez que a sua prioridade era a entrada da Grã-Bretanha no Mercado Comum, desejada pelos americanos, mas recusada por de Gaulle. A reação deste foi muito forte. Em janeiro de 1962, propôs mesmo de forma unilateral uma nova versão do plano Fouchet, a qual, contudo, não era suscetível de ser aceite pelos parceiros da França, pois o tratado de Roma e as instituições comunitárias não ficavam salvaguardados. De facto, a conferência dos ministros dos Negócios Estrangeiros, realizada em Paris, a 17 de abril de 1962, terminou com o reconhecimento do desacordo existente. De Gaulle considerou-se de imediato livre de expressar o que pensava, o que deu brado a 15 de maio.

Por isso, os ministros do MRP demitiram-se logo. De Gaulle, que pareceu surpreendido com a sua reação, tentou demovê-los, mas em vão. A verdade é que tinham de ser rápidos se pretendiam recuperar os seus lugares de deputados, pois a lei apenas lhes concedia um mês para escolher entre o seu mandato e a sua função ministerial. Ainda mais do que a sua alusão mordaz à Europa dos pais fundadores (de passagem, de Gaulle condenou o «volapuque integrado»), foi talvez novamente o seu distanciamento em relação aos Estados Unidos que motivou a atitude dos responsáveis democratas-cristãos. Enquanto a questão argelina se prolongou, as posições do chefe de Estado nesta matéria eram, senão aceites, pelo menos recebidas em silêncio. Depois deixara de ser assim: há já algum tempo que os atlantistas de todos os matizes se reuniam para jantar na casa de Pierre Uri, colaborador de Jean Monnet, perto de Alma, e a sua vigilância não tinha quebras, muito pelo contrário.

O golpe foi duro para Georges Pompidou, que ligara o seu nome à abertura ao espetro político. A nada parece ser poupado nesta fase inicial. Alguns dias mais tarde, a 23 de maio, uma nova provação se abate sobre ele: enquanto Salan consegue salvar o pescoço no Alto Tribunal militar, Jouhaud é condenado à morte. A sentença parece tanto mais iníqua quanto Jouhaud é um *pied-noir*. De qualquer forma, de Gaulle está cheio de raiva. Furioso por Salan ter escapado ao pelotão de execução, pretende que Jouhaud seja efetivamente fuzilado. Felizmente, Georges Pompidou e Jean Foyer, ministro da Justiça, conseguem evitar que cometa este erro, colocando na balança a sua demissão. Contra a OAS, que perde o controlo, o general já não contém a raiva. Teme, não sem razão, que a política de terra queimada ordenada por Salan comprometa a instalação do executivo provisório argelino em Rocher-Noir, nos arredores de Argel. Receia igualmente que comandos decididos cheguem à metrópole para provocar uma guerra civil.

O problema dos *harkis* coloca-se neste momento de forma dramática. É conhecida a circunspeção do general em relação a estes muçulmanos ligados à França. Talvez lá no fundo pense que não foram fiéis à sua pátria. Em todo o caso, receia mais do que nunca a sua entrada em França e envida todos os esforços para a evitar. Uma comissão presidida por Michel Massenet, membro do Conselho de Estado, defende o repatriamento de um grande número de efetivos, mas as suas conclusões são rejeitadas. Contra todas as evidências, pretende-se acreditar que os argelinos respeitarão a sua promessa de não exercer violência sobre os seus compatriotas. A 21 de junho, um comité dos assuntos argelinos, presidido pelo chefe de Estado, trava deliberadamente as transferências. No dia 1 de junho, quando a independência da Argélia se torna efetiva, após o voto expresso pelos seus habitantes (90% de sins), massacres planeados acontecem um pouco por toda a parte. Os *pieds-noirs* que não partiram têm a mesma sorte. A Louis Jacquinot, que lhe pergunta, no Conselho de Ministros, se eles podem beneficiar da proteção do exército francês, de Gaulle responde muito secamente:

> Nem pensar nisso. Após a autodeterminação, a manutenção da ordem pública diz respeito ao Governo argelino, já não nos diz respeito a nós. Os franceses não têm outra coisa a fazer senão tentar resolver os seus problemas com este Governo. Eles confundem os seus interesses com os da França, mas estão enganados. [18]

Felizmente, muitos *pieds-noirs* abandonarão a Argélia antes de Ben Bella, que é agora chefe de Estado, impor o reino do terror, esvaziando de conteúdo os acordos de Évian. Graças a Georges Pompidou, mais sensível ao seu drama do que de Gaulle, a reinserção social de muitos deles será realizada em condições muito satisfatórias.

Agindo assim, é evidente que de Gaulle não pode senão suscitar o ódio cada vez mais violento dos membros da OAS. A 22 de agosto, no Petit-Clamart, na estrada de Villacoublay, tendo de passar por Saint--Dizier para chegar a Colombey, o seu carro é metralhado por um comando. Por milagre, ninguém é atingido no interior da viatura, onde, para além do motorista, vão também a sr.ª de Gaulle e o general de Boissieu, marido de Élisabeth de Gaulle. Graças à presença de espírito deste último, o chefe de Estado baixou-se, iludindo assim os tiros. «Desta vez foi à tangente,» dirá este simplesmente, ao chegar a Villacoublay. Retira rapidamente a lição do acontecimento. Há muito que pensa em fazer com que o presidente da República passe a ser eleito por sufrágio universal e direto para que o seu sucessor se possa apoiar numa legitimidade incontestável e, sobretudo, para frustrar os planos dos notáveis que, pelo sistema criado em 1958, em caso de força maior, conseguirão provavelmente fazer eleger um opositor à V República, como, por exemplo, Antoine Pinay.

O perigo para os adversários do general é, portanto, imediato. Daí a sua determinação em combater tal projeto. O seu zelo é ainda maior por o parlamento não ir ser consultado, o que viola a Constituição. No entanto, o texto reforma a lei fundamental, devendo ser submetido diretamente ao povo por via de referendo. No Governo há poucas vozes discordantes a fazerem-se ouvir. Apenas Pierre Sudreau, hostil ao projeto, prefere demitir-se. Na oposição, pelo contrário, não falta ninguém. Furioso por não ter sido consultado, o presidente do Senado, Gaston Monnerville, assume a chefia do que vai ficar conhecido como «cartel dos nãos»». No dia 30 de setembro, em Vichy, durante o congresso do Partido Radical a que pertence, não hesita em declarar:

> Deixem-me dizer-vos que a moção de censura me parece ser a réplica direta, legal e constitucional ao que considero ser uma transgressão.

Na verdade, com estas palavras muito fortes (transgressão é sinónimo de prevaricação), Gaston Monnerville visava Georges Pompidou, porque, na ausência de iniciativa parlamentar, apenas o primeiro-ministro pode apresentar ao chefe de Estado um pedido de referendo. Em todo o caso, no dia 4 de outubro, é aprovada uma moção de censura por 280 votos em 480. Pela primeira vez desde 1958, o Governo é derrubado.

O general não parece muito afetado pelo facto. Para marcar distâncias, não recebe Georges Pompidou senão a 26 de outubro. Como se previa, dissolve a Assembleia. Por isso, irão ter lugar eleições legislativas no dia 18 de novembro, após o referendo marcado para 28 de outubro. A dupla campanha terá por tema a prática da V República tal como de Gaulle a concebe e pretende até perpetuar. O estado de espírito dos apoiantes do cartel do não, com o presidente do Senado à frente, é bem sintetizado por esta fórmula de Paul Reynaud, dirigida a Georges Pompidou durante o debate da moção de censura:

> A França está aqui e não noutro lado... Senhor primeiro-ministro, vá dizer ao Eliseu que a nossa admiração pelo passado permanece intacta, mas que esta Assembleia ainda não está tão degenerada que renegue a República.

Esta linguagem e esta conceção da República, clássica durante a terceira, continuam a ser ouvidas. A 28 de outubro, apenas 62% dos votantes aprovam a reforma constitucional. Menos de 50% dos inscritos disseram sim à eleição do presidente da República por sufrágio universal e direto. Apesar de tudo, é evidente que os partidos políticos tradicionais estão em grande parte desacreditados. O MRP e o Partido Radical nunca mais recuperarão verdadeiramente desta campanha. Nas eleições legislativas, realizadas nos dias 18 e 25 de novembro, os eleitores retiram as ilações do referendo e dão a maioria absoluta ao partido gaullista e aos seus aliados – alguns moderados e os independentes giscardianos, reunidos sob a batuta do ministro das Finanças. Para os notáveis e os organismos intermédios, o revés é evidente.

O resultado explica-se pela evolução dos eleitores, sensíveis ao estilo direto e soberano do hóspede do Eliseu e talvez também ao papel que desempenhou com mestria durante toda a crise de Cuba. O brusco e grave aumento da tensão Leste-Oeste foi motivado pela descoberta pelos americanos de mísseis nucleares em Cuba, em meados de outubro. Confrontado com esta ameaça, o presidente Kennedy optou por uma resposta gradual: foi decidido o bloqueio da ilha, mas manteve em aberto a opção dum bombardeamento com mísseis. Nesta circunstância, de Gaulle não hesitou um instante: foi o primeiro dos aliados da América a dar o seu apoio incondicional. Para explicar a linha de atuação dos Estados Unidos, foi enviado a Paris o antigo secretário de Estado de Truman, Dean Acheson, e o general recebeu-o com a maior deferência: «O senhor pode dizer ao seu presidente,» afirmou de Gaulle, «que a França o apoiará em qualquer circunstância.»

A reação do general era de facto previsível. Por muito crítico que fosse em relação à América, era ainda mais hostil ao comunismo. Apesar de tudo, o vigor da sua reação impressionou, e, sem dúvida alguma, não apenas os americanos. Mal fora ultrapassada a questão argelina, os franceses ficam tranquilizados por terem à frente do Estado um homem duma tal envergadura e que tudo leva a crer que se irá agora dedicar com prioridade à modernização do país.

Independência

Por mais pragmático que seja quando as circunstâncias o exigem, de Gaulle é o homem dos grandes desígnios. Poucos dirigentes contemporâneos planificaram mais a sua ação. Após ter resolvido a questão argelina, projeta finalmente aplicar a diplomacia de envergadura com que sonha há muito, mas antes disso tem de voltar a transformar a França numa potência respeitada. Daí o esforço de modernização.

Confirmado nas suas funções após a vitória nas legislativas, Georges Pompidou vai ser o homem desta política. No seu estilo e em algumas das suas reações, distingue-se, sem dúvida, do chefe de Estado. Mais pragmático, mais inclinado a facilitar as coisas, mais circunspecto muitas vezes, não deixa por isso de estar plenamente de acordo com os princípios orientadores do gaullismo, sobretudo no domínio da política externa. A modernização do aparelho de produção e das estruturas económicas não encontra maior defensor do que este antigo aluno da escola normal que passou pela banca e está completamente a par das realidades económicas.

Estas não são tão más quanto se poderia pensar, longe disso. Apesar do fardo constituído pela guerra da Argélia, a economia francesa voltou a crescer a partir de 1960. Ao longo da sua história, a França nunca registara um crescimento tão elevado, com uma taxa de 5% ao ano.

A Alemanha e a Itália são ultrapassadas. À época, apenas o Japão consegue ter uma performance superior. As escolhas oportunas feitas durante a IV República e prosseguidas posteriormente começam a dar os seus frutos.

Em matéria de industrialização, não deixa de haver muito a fazer, apesar do plano Monnet lançado depois da guerra. Embora os setores automóvel, aeronáutico e químico estejam em nítido progresso, outros, como a construção e a siderurgia, estão em crise. É preciso construir grupos com dimensão internacional e, ao mesmo tempo, conquistar mercados. Nesta matéria, de Gaulle tem uma visão de longo alcance, enquanto Pompidou fica encarregado de organizar as reformas.

O mesmo se passa no domínio do ordenamento do território. Também aqui o primeiro-ministro é pragmático: o Estado já não intervém para financiar tranches completas de equipamento, mas pode favorecer determinados projetos, como, por exemplo, troços de autoestrada. O Plano torna-se menos diretivo. Para Pompidou, tudo deve estar subordinado ao crescimento, sendo aceitável uma certa dose de inflação... o que não é necessariamente a opinião do general.

Na aplicação da política externa, a autoridade do chefe do Estado é, pelo contrário, absoluta e não admite partilha. Aqui, tal como noutros domínios, de Gaulle procede metodicamente e por etapas. Na primeira fase, trata-se de restabelecer as condições da grandeza francesa, na segunda, de construir a Europa tendo-a por centro e, finalmente, num prazo mais dilatado, de se libertar dos Estados Unidos, potência considerada hegemónica. No dia 31 de dezembro de 1962, ao apresentar os votos de Ano Novo aos franceses, anuncia a orientação do seu pensamento: «Chegou o tempo em que, sem cair na presunção, podemos e devemos olhar para longe e visar alto.»

A 14 de janeiro, durante uma conferência de imprensa no Eliseu, o general apresenta as primeiras linhas gerais desta política de independência, opondo-se a dois projetos acalentados pelos americanos: a entrada da Grã-Bretanha no Mercado Comum e a força multilateral proposta pelo presidente Kennedy. A sua atitude compreende-se pelos resultados da cimeira americano-britânica de Nassau, realizada em dezembro. De facto, à saída deste encontro, o primeiro-ministro Harold Macmillan aceitou atribuir à força multilateral da NATO um arsenal nuclear construído com ajuda americana. De Gaulle, que sempre esperou poder firmar uma aliança militar com Londres, pensou ter sido rebaixado e julga que o desejo de Kennedy era propor à França o tratamento que fora dado à Grã-Bretanha e, portanto, fazer-lhe perder o estatuto de potência atómica. Quanto à perspetiva de ver a Grã-Bretanha juntar-se aos Seis, de Gaulle é-lhe resolutamente contrário devido aos laços privilegiados entre Londres e Washington. Segundo pensava, a Inglaterra não poderia deixar de ser o cavalo de Troia dos Estados Unidos. Para além disso, nunca acreditou por um instante sequer na possibilidade de ser criada uma parceria em termos de igualdade, tal como Kennedy, inspirado neste caso por Jean Monnet, lhe propôs no discurso pronunciado em Filadélfia, a 4 de julho de 1962.

Para a América o golpe dado a este projeto e à Aliança Atlântica vai revelar-se ainda mais sensível quando, a 22 de janeiro, alguns dias após esta conferência de importância capital, de Gaulle e o chanceler Adenauer assinam no Eliseu um tratado de entendimento e cooperação. A aproximação franco-alemã foi evidentemente iniciada por Robert Schuman e Jean Monnet com o lançamento da Comunidade Europeia do Carvão e do Aço, em 1950, mas o acontecimento não deixa de ser de extrema importância. Devido à sua estatura, de Gaulle confere à conclusão deste acordo uma dimensão excecional. O tratado assume depois ainda maior importância por se inserir numa estratégia cujo objetivo é pôr fim à tutela americana sobre o Velho Continente.

Como é seu hábito, o general preparou a operação com enorme cuidado. Em julho de 1962, durante uma viagem de Adenauer a Paris, lançou a ideia dum entendimento bilateral e o chanceler aceitou, apesar da opinião adversa da maior parte dos seus colaboradores. Dois meses mais tarde, durante o périplo triunfal efetuado por de Gaulle pela República Federal, a perspetiva começou a concretizar-se. O presidente da República, ovacionado por multidões em delírio (em Hamburgo, havia mais gente do que para Hitler, dirá um dia Helmut Schmidt a Valéry Giscard d'Estaing), tinha compreendido bem o estado de espírito do seu interlocutor alemão. Adenauer não queria trair a Aliança Atlântica, mas, desconfiado, apesar de tudo, em relação aos Estados Unidos, desejava obter uma garantia do lado francês. O encontro das Bahamas, de que fora excluído, e as pressões americanas para ser mais prudente em relação a de Gaulle fortaleceram finalmente a sua resolução. Por isso, a 16 de janeiro, foi assinado este tratado histórico. De início, os dois parceiros pensaram num mero acordo, mas, por razões constitucionais, a diplomacia alemã impôs um texto mais solene.

O tratado tinha, evidentemente, um duplo aspeto. No plano simbólico, o mais importante para a opinião pública, estabelecia de forma espetacular a reconciliação entre os dois países, que durante tanto tempo haviam sido adversários. Do ponto de vista concreto, estipulava encontros regulares ao mais alto nível e uma maior cooperação militar, sendo seu objetivo chegar nesta matéria a ideias comuns. Na verdade, a ideia do general era oferecer uma garantia suplementar aos alemães, já membros da NATO, ficando entendido que neste novo par franco-alemão, a França seria o elemento motor e preponderante. Na sua última conversa com o chanceler, que teve lugar a 22 de janeiro, o chefe de Estado fizera notar muito secamente que não voltaria à Alemanha, a menos que o tratado fosse ratificado. Este era justamente o ponto delicado da questão. Ao preferir um simples acordo e não um tratado, o chanceler sabia o que fazia, pois um processo de ratificação é sempre delicado e moroso. Assim foi, de facto, e os americanos viram logo que aí residia o ponto fraco da ofensiva que o general lhes dirigia.

Em Washington, a assinatura do tratado teve o efeito dum raio. Numa nota dirigida a Kennedy, e datada de 30 de janeiro, McGeorge Bundy, seu conselheiro muito próximo, não esconde que está muito surpreendido com a rapidez com que de Gaulle se afirma na cena internacional, quando afinal a questão argelina mal terminara. O clima das relações franco-americanas deteriora-se. O embaixador em Paris, Charles Bolhen, regista:

> «O general é a encarnação duma França conservadora, cheia de princípios hierárquicos, religiosos e militares. É mesmo por esta razão,» não hesita em acrescentar, «que se opôs a Pétain!» ([1])

A resposta americana pode apenas ser gradual. Aliás, Kennedy admira sinceramente de Gaulle e confessa mesmo o seu fascínio por ele. Para além disso, apesar das oposições estratégicas, americanos e franceses têm interesses comuns consideráveis. A administração Kennedy pretendia que de Gaulle aceitasse a força multilateral sem contrapartidas, renunciando a construir uma força nuclear autónoma. Pelo seu lado, o presidente francês, muito a par das realidades técnicas e do custo da força de dissuasão nuclear, tenta também que lhe sejam entregues submarinos e ogivas nucleares sem contrapartidas. A única coisa inegociável é a indivisibilidade do poder nuclear. Numa carta endereçada a Clare Luce, Kennedy é particularmente claro quanto a este aspeto. Embora esteja disposto a proceder a algumas alterações na NATO para melhor associar os aliados europeus da América, pretende ser o único a ter a possibilidade de disparar a arma suprema ([2]). Os americanos sabem que o tratado franco-alemão é popular, por isso não é possível discordar abertamente dele. Trata-se, isso sim, de retirar dele com suavidade as disposições mais inquietantes para os Estados Unidos.

Hoje em dia, os arquivos permitem o acesso aos seus segredos e sabe-se como o departamento de Estado atuou para alcançar este resultado. A cavilha-mestra do complô foi o parlamentar alemão Kurt Birrenbach, um atlantista confesso, que, a partir do fim do mês de janeiro, se esforça freneticamente para encontrar uma solução. A 19 de fevereiro, o antigo secretário de Estado Dean Acheson, próximo de Kennedy, sopra-lhe a resposta:

> O chanceler Adenauer cometeu um erro – e na minha opinião um erro grave – ao assinar o tratado com a França... Mas há uma coisa que os três partidos do Bundestag poderiam fazer para enviar uma mensagem mais clara ao presidente francês: seria acrescentar uma reserva, senão mesmo uma emenda, estipulando a determinação alemã em manter a defesa da Europa através da NATO e a ligação com a América do Norte. ([3])

Finalmente, é Jean Monnet que vai retomar e tornar efetiva a ideia avançada por Dean Acheson. Durante algum tempo, concedeu algum crédito a de Gaulle. Sendo partidário duma parceria igualitária com os americanos, está longe de ser seu fiel servidor, como de Gaulle pensa, mas agora está inquieto. Como é habitual, mobiliza todos os seus amigos e assim, em abril, por ocasião duma reunião em Bona, no hotel Königshof, onde costuma alojar-se, o preâmbulo imaginado por Dean Acheson é ultimado ([4]). A 16 de maio, o Bundestag ratifica o tratado, acrescentado com este texto, que altera, evidentemente, o seu sentido.

De Gaulle fica muito descontente.

«Os americanos,» diz ele a Alain Peyrefitte, «tentam esvaziar do seu conteúdo o nosso tratado... Portam-se como porcos! Merecem que renunciemos ao tratado e que mudemos de aliança, entendendo-nos com os russos.» ([5])

Em julho, de visita a Bona, deixa transparecer a sua contrariedade. «Os tratados, como sabem, são como as jovens: duram enquanto duram. Se o tratado franco-alemão não for aplicado, não seria a primeira vez que tal aconteceria na história.» Depois, cita uns versos célebres de Victor Hugo: «Infelizmente, quantas jovens vi morrer.» Quando, em Outubro, Adenauer abandona a chancelaria e lhe sucede Ludwig Erhard, um economista, pai do que se chama o milagre alemão, dá-se o momento da verdade em relação ao tratado. O novo chanceler não disfarça nada o seu atlantismo, a tal ponto que é apenas nesse quadro que se afirma adepto da construção europeia. No entanto, apesar do esfriar das relações, o texto histórico assinado em janeiro de 1963 manter-se-á e permitirá às elites políticas e administrativas dos dois países, outrora adversárias, conhecerem-se e trabalharem em conjunto.

A 22 de novembro, dá-se uma mudança ainda mais determinante quando John Kennedy é assassinado. De Gaulle nunca escondeu as suas divergências com ele. Ainda há pouco tempo havia manifestado as suas reservas quando soube do envolvimento crescente dos americanos no Vietname do Sul, de que era exemplo paradigmático o golpe de estado fomentado por Washington, na sequência do qual o presidente Diem fora assassinado. Apesar de tudo, o general tinha consideração por Kennedy. Logo que foi conhecida a notícia trágica vinda de Dallas, foi de avião até Washington e, durante as exéquias, esteve na mira de todos os observadores. Uma vez mais, de Gaulle mostra que, nas horas graves, é um aliado fiel dos Estados Unidos. O que acontece é que com o novo presidente, o texano Lyndon Johnson, a ligação nunca se estabelecerá. «É um cowboy radical-socialista», dirá de Gaulle a Alain Peyrefitte.

«A intendência irá atrás.» Terá de Gaulle alguma vez dito esta frase? Sempre o desmentiu, ainda que esta fórmula traduza provavelmente, pelo menos em parte, o seu modo de pensar. Em todo o caso, a partir do início de 1963, a intendência tem dificuldade em ir atrás e o general perturba-se, até porque no final de 1965 deve realizar-se a primeira eleição presidencial por sufrágio universal e direto. Subitamente os preços sobem e as disparidades insuportáveis entre os assalariados tornam-se notórias. Os mineiros parecem particularmente maltratados. Segue-se uma greve interminável, muito dura e muito mal gerida por Georges Pompidou, que, a 4 de fevereiro, requisita os grevistas sem outro resultado que não a radicalização do conflito. Por fim, em março, surge uma solução quando uma comissão presidida por Pierre Massé, comissário geral do plano, divulga diferenças de salário alarmantes nos setores público e privado. O mundo rural, apoio do regime, também se agita: o colapso de algumas produções e a redução de 10% nos direitos aduaneiros que irá ser aplicado no final de maio aos produtos de consumo provocam a cólera. Realizam-se manifestações. O ministro da Agricultura, Edgard Pisani, é mesmo capturado e obrigado a beber litros de leite!

Rapidamente se conclui que estas diferentes manifestações de mal-estar têm causas comuns. A inflação volta a ameaçar. Em 19 de abril, na televisão, de Gaulle chama claramente a atenção para o perigo. Enquanto nas ruas se desfila aos gritos de «Charles, queremos dinheiro», este responde «Só se pode distribuir dinheiro ou crédito se os tivermos.» O seu diagnóstico é o do argentário Valéry Giscard d'Estaing, que julga indispensável estabilizar os preços e os salários. Georges Pompidou, pelo contrário, está menos convencido da profundidade do mal. Para ele, a inflação nunca será uma prioridade. Todavia, nesta circunstância, de Gaulle decide soberanamente e, por isso, em setembro, é aplicado um plano drástico de estabilização. A beberagem a tomar vai ser amarga: redução do crédito, congelamento dos preços, fomento da poupança, novos impostos e redução da despesa pública. As críticas e os protestos convergem. De Gaulle não se preocupa. Georges Pompidou bem pode dizer que a economia não pode ser dirigida como se fosse uma parada militar, mas o general apoia resolutamente o seu ministro das Finanças e faz triunfar o seu ponto de vista.

«É na minha pessoa que reside a autoridade soberana,» dizia Luís XV ao parlamento de Paris, em 1766. De Gaulle, nestes anos, poderia certamente dizer o mesmo. Aliás, não fica longe disso quando, a 31 de janeiro de 1964, numa conferência de imprensa, declara abruptamente: «Deve estar evidentemente assente que a autoridade indivisível do Estado está confiada por inteiro ao presidente por parte do povo que o elegeu, que não há nenhuma outra, nem ministerial, nem civil, nem militar, nem judicial, que não seja conferida e mantida por ele...» A oposição fica indignada. De facto, o general ignora com soberba e espezinha até alegremente o próprio princípio do regime representativo: a separação dos poderes. De Gaulle não é evidentemente um ditador, até por não pensar um minuto sequer em manter-se no poder sem ter a confiança da maioria dos franceses. Porém, o funcionamento da V República não deixa de estar fundado na autoridade. Neste sentido, o seu fundador tem o mérito de ser franco. Independentemente do seu talento, os ministros são meros executantes. Presidido por um fiel, Léon Noël, o Conselho Constitucional é então um órgão sem poder. O Conselho de Estado prossegue a sua dupla tarefa de juiz administrativo e de conselho do Governo, mas muitas vezes a sua ação é entravada pela vontade do chefe de Estado em controlar o poder judicial. Aliás, na maior parte do tempo, os tribunais aplicam de maneira muito estrita o artigo 26 da lei de 29 de julho de 1881, que reprime qualquer ofensa ao presidente da República. Os intelectuais de ideias subversivas expõem-se assim a sanções. O escritor Jacques Laurent, por exemplo, será condenado por palavras um pouco grosseiras. Por último, a rádio e a televisão nacionais são estritamente controladas. O ministro da Informação não evita mesmo dar abertamente instruções aos jornalistas. Na prática, apenas o Senado e a imprensa escrita exercem a função de contrapeso, aliás não sem alguma eficácia, porque a maioria dos órgãos de informação nacionais e regionais são mais favoráveis à oposição.

Esta surge ainda fraca e dividida. Mas perante a eleição presidencial, procura, no entanto, organizar-se. No *L'Express*, em breve o jornalista Jean Ferniot esboça o retrato dum misterioso sr. X suscetível de colocar de Gaulle em xeque. Rapidamente fica claro que o sr. X não é outro senão Gaston Defferre, presidente da câmara de Marselha, notável conhecido, socialista moderado, capaz, portanto, de congregar todos os opositores, do centro-esquerda ao centro-direita. Todavia, embora o homem tenha incontestáveis qualidades – grande resistente, foi um descolonizador muito sensato no ministério da França Ultramarina –, o projeto que se pretende que empreenda afigura-se difícil. De facto, detestado pelos comunistas, Gaston Defferre enfrenta desde o início a hostilidade de Guy Mollet e dos caciques da SFIO.

De Gaulle aparenta indiferença relativamente a estas manobras: «O essencial,» diz ele ao passar por Lyon, no dia 26 de setembro de

1963, «não é o que podem pensar o comité Gustave, o comité Théodore ou o comité Hippolyte» («pensava no clube Jean-Moulin ou na franco--maçonaria...,» explicará a Alain Peyrefitte) (6).

Neste momento, a verdadeira viragem ocorre com o problema de saúde de que o general é vítima em abril de 1964: há algum tempo que sofre dum adenoma prostático de natureza não-cancerosa e durante toda a viagem que efetuou ao México, entre 16 e 19 de março, teve de ter instalada uma sonda. Depois, no dia 17 de abril, é operado no maior segredo pelos professores Aboulker e Steg. A intervenção corre bem, mas lembra a todos que, apesar da sua resistência, o chefe de Estado é um mortal. Georges Pompidou, que, pela força das coisas, assume agora o protagonismo (preside nomeadamente ao Conselho de Ministros), faz figura de herdeiro possível. O aumento do seu poder é ainda maior devido ao duelo que o opõe a François Mitterrand, no Palácio Bourbon, oito dias após a operação, e de que sai vitorioso, conforme é opinião unânime. A sua cota de popularidade sobe. Em setembro, durante o congresso da UNR, em Dinard, Jacques Chaban-Delmas apresentá--lo-á como «o homem de quem muito se espera para amanhã e depois de amanhã.»

Enquanto o primeiro-ministro se ocupa cada vez mais dos assuntos internos, é à diplomacia que de Gaulle se dedica com a energia de sempre. Ainda não chegou a hora de cumprir todos os seus objetivos e, sobretudo, a libertação da França em relação à potência americana, mas, enquanto espera, vai marcando o território, lançando algumas balizas.

Durante a sua viagem ao México, não só propôs aos seus anfitriões que caminhassem *la mano en la mano* com a França, mas exortou--os a distanciarem-se dos Estados Unidos. «Eles não aceitam que os seus aliados tenham uma política independente,» disse ele ao presidente Lopez Mateos. «Mas é necessário que a aceitem.»

No outono, um longo périplo condu-lo à América do Sul, onde retoma os mesmos temas:

> «O nosso mundo em transformação não deve ser orientado apenas por dois pólos,» declara no dia 25 de setembro, perante os militares no poder no Equador. «Embora estes dois pólos não sejam de modo nenhum comparáveis – o pólo americano respeita as liberdades, o pólo soviético pode desmoronar-se se não der o seu lugar ao homem –, é

perigoso, no entanto, que o mundo esteja dependente apenas destas duas forças. O mundo é rico e variado. A América Latina é necessária ao seu equilíbrio, tal como a Europa, se esta se souber unir. A política francesa visa ajudar a Europa a unir-se e a América Latina a desenvolver-se.» (7)

Na Colômbia, o presidente Guillermo Valencia acolhe favoravelmente esta linguagem. No Chile, pelo contrário, o presidente Alessandri é muito mais reservado, ficando até chocado (8). No entanto, em todo o lado, de Gaulle depara-se com uma evidência: a ajuda americana é indispensável a estes países e a França ainda não dispõe de meios para tomar o lugar dos Estados Unidos.

Este jogo irrita evidentemente Washington, e ainda mais por a França reconhecer nesta mesma altura a China comunista. «Não me parece que haja a menor possibilidade de melhoria enquanto de Gaulle se mantiver no poder,» escreve a 5 de março o embaixador Bohlen. (9) A reação, apesar de tudo, é moderada:

«Em relação ao general de Gaulle,» relata Walt Rostow, conselheiro da Casa Branca, «o presidente Johnson decidiu ter a mesma atitude que em relação a Mao: deve-se ignorá-lo e sobretudo nunca o atacar.» (10)

Porém, o fosso entre Paris e Washington aumenta ainda mais por surgirem novos pomos de discórdia. Por exemplo, o general é mais do que nunca partidário da neutralização do Vietname. Não acredita que o envolvimento americano seja eficaz: «Não penso que possam ganhar, ainda que tenham mais aviões, canhões e armas de todos os tipos,» diz ele ao secretário de Estado adjunto, George Ball. «O problema é, em primeiro lugar, de natureza política e psicológica. Não quero dizer que os vietnamitas sejam contra vós, mas eles encaram a América como uma potência estrangeira e excessivamente dominadora.» (11)

No Camboja e no Laos, de Gaulle sustenta também a linha neutralista defendida pelos príncipes Sihanouk e Souvanna Phouma.

Por último, a França distancia-se cada vez mais da linha pró-israelita adotada na IV República. Após a operação do Suez, fora decidido que Paris ajudaria Telavive a dispor de armas nucleares. No momento presente, esta perspetiva já não se mantém. Esta mudança de atitude é notória na primavera de 1964, quando o primeiro-ministro israelita Lévi Eshkol chega a Paris. É claro que o general expressa a sua simpatia e até a sua admiração pelo Estado hebreu, mas acrescenta:

> Como tendes sucesso e, como costumamos dizer em francês, «há muitas coisas que não se podem esquecer», nem sempre sois cómodos com os vossos vizinhos. São árabes, como sabeis, e, como tal, exageram. Desejamos que, apesar de permanecerdes fechados e prósperos, sejais também pacientes e pacíficos. São estes os nossos votos. (12)

A um ano da eleição presidencial, todos pensam o mesmo: agora só conta a perspetiva desta data fundamental. De Gaulle não se inquieta demasiado. A sua popularidade continua elevada e os seus adversários estão divididos. Embora a opinião pública pareça agarrada a acordos do tipo frente popular, Gaston Defferre tem dificuldade em fazer triunfar a sua estratégia, pois o presidente do MRP, Jean Lecanuet, deseja entender-se com os moderados em torno de Antoine Pinay. Objetivamente, o general não tem qualquer razão para alterar a sua linha de conduta. Em *Le Coup d'État Permanent*, François Mitterrand denuncia a sua maneira de governar, o seu autoritarismo e inclusivamente a sua inclinação para a ditadura, mas a energia do ataque seduz mais do que a própria argumentação.

Como estratega avisado, o general abstém-se, é claro, de revelar as suas armas. Nem sequer Georges Pompidou está informado das suas intenções, o que, para prevenir qualquer eventualidade, o leva a escrever um livro a celebrar os seus próprios méritos, iniciativa que não será esquecida ao mais alto nível ... A 31 de janeiro de 1964, durante uma conferência de imprensa, de Gaulle esquiva-se com uma pirueta quando responde a um jornalista que deseja conhecer os seus projetos: «Segundo vocês, o sr. X será o general de Gaulle.» De qualquer forma, a sua combatividade mantém-se intacta. A 4 de fevereiro de 1965, uma vez mais perante representantes da imprensa reunidos no Eliseu, revela um novo plano da sua estratégia contra o que diz ser a «hegemonia americana». Agora é o sistema monetário internacional dominado pelos americanos que está na sua mira. Há muito que perfilha as teorias do economista liberal Jacques Rueff, que se lançou num combate ao sistema do Gold Exchange Standard. Tal como Rueff, pensa que a inflação que assola a

França tem a sua origem nos mecanismos adotados no pós-guerra e propõe a sua substituição pelo padrão-ouro.

Em Bruxelas, o presidente francês bate também com a mão na mesa. O tempo em que olhava favoravelmente para o Mercado Comum já está esquecido. Atualmente, a integração económica suscita-lhe reservas, e mais ainda as perspetivas de união política. O pretexto para uma prova de força é fácil de encontrar: o vice-presidente da Comissão Europeia, o alemão Walter Hallstein, e o holandês Sicco Mansholt, encarregado da política agrícola comum, propuseram na primavera de 1965 uma significativa ampliação das atribuições da comissão. Para além disso, tudo é feito para que o general enfrente dificuldades com o mundo agrícola quando se aproxima uma data eleitoral importante. Jean Monnet desaprovou explicitamente estes projetos, temendo que provocassem uma crise. Na verdade, é isso que se passa. No conselho dos dias 28, 29 e 30 de junho, Maurice Couve de Murville opõe-se ao ponto de vista de Hallstein e de Mansholt. Pouco depois, o representante da França junto das comunidades é chamado a Paris e os funcionários franceses passam a estar proibidos de se apresentar nas instâncias europeias. Assim começa o que ficará conhecido como a «política da cadeira vazia». Irá prolongar-se até ao fim do ano, contribuindo significativamente para reforçar o crédito do general junto do mundo rural.

Com a aproximação da data de Dezembro, e embora se continue a desconhecer as intenções de de Gaulle, a sua posição parece continuar a ser sólida. Os seus adversários estão divididos. Na primavera, a candidatura de Gaston Defferre esvazia-se subitamente perante a impossibilidade manifesta de juntar numa federação os democratas-cristãos, reputados clericais, e os socialistas, apoiantes do laicismo. «Tenho um excelente secretário-geral,» [13] ironiza de Gaulle ao falar com Guy Mollet, líder da SFIO, que torpedeou Defferre, ao revelar-se intransigente quanto aos problemas do laicismo. Tudo se altera a partir de setembro. De facto, no dia 9, François Mitterrand anuncia a sua candidatura, preconizando uma estratégia de unidade da esquerda. O adversário está longe de ser negligenciável, até por a sua energia se encontrar decuplicada pela antipatia que nutre por de Gaulle desde o seu primeiro encontro na Argélia, durante a guerra. É claro que Mitterrand mantém uma reputação um pouco tempestuosa. Várias vezes ministro durante a IV República, é um político hábil e nem a questão do recente atentado dos jardins do Observatório pôs fim à sua carreira. O seu talento oratório, a sua cultura e a sua autoridade são incontestadas. Daí o impacto da sua candidatura.

A 19 de setembro, é a vez de Jean Lacanuet, presidente do MRP, se declarar candidato, sob a bandeira da Europa e do atlantismo. Ninguém imagina, evidentemente, que Mitterrand e Lecanuet possam bater de Gaulle, mas podem desde já colocá-lo em dificuldades.

Até ao último momento, de Gaulle mantém o mistério sobre as suas intenções. Em junho, durante um jantar no Eliseu, solicitou a opinião dos seus fiéis – Pompidou, Palewski, Debré e Malraux –, mas sem revelar as suas intenções. Por fim, a 4 de novembro, num discurso televisivo, anuncia que será candidato:

> Se a adesão franca e maciça dos cidadãos me exortar a permanecer em funções, o futuro da nova República estará certamente garantido. Em caso contrário, todavia, ninguém duvida que se desmoronará de imediato e que a França terá de suportar uma situação de caos no seio do Estado que será ainda mais desastrosa do que a que conheceu no passado, só que desta vez não terá saída possível.

Seguro da sua legitimidade histórica, de Gaulle aborda a eleição sem inquietação. Não sem razão, considera favorável o balanço do seu primeiro septénio. No plano financeiro, a situação é agora sã, as reservas foram reconstituídas, a inflação foi anulada e prevê-se uma retoma. Em matéria social, os resultados foram menos brilhantes sem, contudo, serem desastrosos. Os efeitos do plano de estabilização continuam a fazer-se sentir. A habitação continua em crise. Globalmente, a partir de 1958 os progressos foram reais.

De Gaulle está tão seguro de si que nem se pronuncia, negligenciando o tempo de antena a que tem direito na rádio e na televisão. Pelo contrário, os seus adversários, a que se juntaram por fim Jean-Louis Tixier-Vignancour, um advogado de extrema-direita, Pierre Marcilhacy, um homem do centro-esquerda, e um desconhecido, Marcel Barbu, multiplicam as suas intervenções. Não sem sucesso. Jean Lecanuet seduz os que se sentem atingidos pela política externa do general e François Mitterrand congrega a esquerda. Ao apoiar-se no seu peso histórico, de Gaulle engana-se. Aprofunda-se o hiato em relação às gerações jovens.

Lenta, mas seguramente, as intenções de voto a favor do presidente cessante caem. Sempre silencioso, entrega a Michel Debré o confronto com Pierre Mendès France nas ondas da Europe 1. No dia 5, de Gaulle falha assim a maioria necessária com 43,7% dos votos, enquanto François Mitterrand e Jean Lecanuet obtêm 32,29% e 15,85% dos sufrágios, respetivamente.

De Gaulle fica dececionado – tão dececionado que confessará ter tido a tentação de se retirar –, mas rapidamente recupera e compreende que é agora necessário fazer campanha. Por isso, aparece várias vezes a dialogar na televisão na companhia do jornalista Michel Droit. Surpreendidos, divertidos e seduzidos, os franceses descobrem de súbito um de Gaulle que até então era apenas conhecido dos seus próximos: sarcástico, divertido e irónico. Quando salta do sofá a imitar «os cabritos» que gritam «A Europa, a Europa, a Europa» para condenar os partidários da integração europeia, toda a França fica seduzida. «Ah! Se me tivesse falado sempre assim,» diz ao general, no *Le Figaro*, Marianne de Faizant.

O resultado do escrutínio não oferece qualquer dúvida, ainda que Jean Lecanuet, magoado pelos ataques de de Gaulle contra os europeístas, recuse dar uma orientação precisa de voto. François Mitterrand pode esperar que se lhe juntem, para além da esquerda que soube unir, alguns adversários do regime: Jean Monnet, Paul Reynaud e até Jean-Louis Tixier-Vignancour e Georges Bidault.

A 14 de dezembro, de Gaulle é reeleito com 54,5% dos sufrágios (contra 45,49% de François Mitterrand). Em termos absolutos o resultado é muito satisfatório, mas 24 departamentos do Sul deram a sua confiança a François Mitterrand e idêntica escolha fizeram os eleitores com menos de 35 anos de idade. Entre de Gaulle e os franceses as coisas nunca mais serão como dantes.

Últimos Combates

Mal se encontra reconduzido nas suas funções, o general nomeia de novo Georges Pompidou para primeiro-ministro. Aparentemente nada mudou. Apenas os iniciados sabem que na cúpula do Estado já não reina o entendimento. Já descontente por ter visto o presidente da República preferir as teses de Valéry Giscard d'Estaing às suas, o chefe do Governo sentiu-se magoado por não ter sido o primeiro a ser avisado da intenção de de Gaulle de se recandidatar à presidência. «Talvez se tenha esquecido de que o general continuou a ser um militar com o gosto das surpresas,» sublinha Simonne Servais, colaboradora de Georges Pompidou e gaullista fiel ([1]).

A primeira vítima desta situação é o ministro das Finanças, Valéry Giscard d'Estaing. Pompidou passa a ver nele um rival e não lhe perdoa o ter prolongado a duração do plano de estabilização. Abandona, portanto, o gabinete. Para este entram, a pedido do general, Michel Debré para as Finanças, Edgar Faure para a Agricultura e Edgard Pisani para o Equipamento. No essencial, Pompidou consegue fazer triunfar muitas das suas ideias no domínio interno. O plano Debré, tornado público em fevereiro, tem a sua marca. A industrialização e a revalorização dos produtos agrícolas são os objetivos prioritários. Estão previstos incentivos ao investimento e é fomentado o reagrupamento das empresas. Assim, após a absorção da sociedade Lorraine-Escaut pela Usinor, fundem-se a Ugine e a Kuhlman. Se a isto acrescentarmos que o primeiro-ministro é o chefe da maioria parlamentar *de facto*, compreende-se bem por que razão Pierre Viansson-Ponté fala então da «resistível ascensão de Georges Pompidou».

Por seu lado, de Gaulle dedica-se sobretudo ao seu grande desígnio diplomático, àquela luta contra a hegemonia americana que pretende continuar. Todavia, logo desde os primeiros dias do seu novo mandato, uma questão imprevista vai impedi-lo de efetivamente o prosseguir. A 25 de outubro de 1965, o chefe histórico da esquerda marroquina, Medhi Ben Barka, foi raptado em Paris. Rapidamente se fica a saber que os polícias e os funcionários franceses auxiliaram os esbirros de Hassan II que vieram à capital para proceder ao rapto. Há mesmo quem defenda que o ministro do Interior do soberano marroquino, o misterioso general Oufkir, teria estado presente em Paris durante a operação, após a qual Ben Barka foi provavelmente assassinado.

Na *rentrée* de janeiro, o *«affaire»*, como o designará o jornalista Emmanuel d'Astier de la Vigerie, ocupa a primeira página dos jornais. Sucedem-se os abalos. Georges Figon, um dos protagonistas do drama, suicida-se em condições estranhas. O SDECE suspende outro comparsa, Marcel Leroy-Finville. São emitidos mandados de prisão contra Oufkir e o seu adjunto, o coronel Dlimi. A 21 de fevereiro, numa conferência de imprensa, de Gaulle comenta impávido: «Tudo isto não é senão vulgar e subalterno.»

Será dizer pouco afirmar que ninguém acredita nesta versão. No entanto, atualmente tudo leva a pensar que de Gaulle dizia a verdade. Como é evidente, as autoridades francesas tinham sido avisadas dum projeto de encontro entre Ben Barka e emissários do rei de Marrocos, a realizar em Paris, mas segundo o testemunho do prefeito Maurice Grimaud([2]), nessa época diretor da Sûreté, «está fora de questão que o ministro do Interior e até Jacques Foccart tenham dado cobertura a um assassinato de repercussões consideráveis.»

De qualquer forma, de Gaulle está furioso. A um nível bastante subalterno produziram-se, sem dúvida, disfuncionamentos muito graves, pelo que encarrega de imediato Léon Noël da reforma da polícia e do SDECE. É grande a sua cólera em relação a Hassan II. Nunca lhe perdoará ter procedido desta forma. «Soberbo,» dirá ao seu embaixador

Robert Gillet: «o senhor vai dizer ao rei que estou ofendido.» ([3]) Em termos menos diplomáticos, vai pôr os pontos nos ii diante do rei Hussein da Jordânia:

> Marrocos comportou-se com a França de maneira intolerável. A própria personalidade do sr. Ben Barka não tem senão uma importância secundária neste assunto. O que é inadmissível é que um ministro do rei de Marrocos tenha podido violar abertamente a soberania francesa e cometer um crime no território francês... Para além disso, falei desde o início com o rei acerca deste assunto e alertei-o para os riscos a que este expunha a amizade franco-marroquina. Mas parece que o rei não teve em consideração esta minha observação. Não afastou o seu ministro e deixou as coisas seguirem o seu curso. ([4])

O processo do *affaire* Ben Barka decorrerá uns meses mais tarde. Tendo-se entregue à justiça, Dlimi será absolvido, enquanto Oufkir será condenado a prisão perpétua.

Virada esta página, de Gaulle dedica todo o seu tempo à diplomacia. No início do ano, marcou um ponto em Bruxelas, porque os representantes dos cinco parceiros da França na CEE, reunidos em fevereiro, no Luxemburgo, com o objetivo de pôr termo à crise da cadeira vazia, chegaram a um compromisso que reduz ligeiramente os poderes da Comissão e, sobretudo, estipula que, no caso de estarem em jogo interesses vitais, um país pode solicitar a aplicação da regra da unanimidade. Afinal, de Gaulle ganhou e, escorado nesta vitória, conta iniciar outra etapa do seu plano: retirar a França da NATO.

Como se sabe, este objetivo não é novo, mas no início do segundo mandato o general dispõe duma razão suplementar para querer cumpri-lo: após o seu regresso à política ativa, pensou durante muito tempo que a República Federal o ajudaria a fazer contrapeso à América no seio da Comunidade Europeia. Dizia ele a Philippe Ragueneau:

> A Europa, como sabe, é um prato. O assado é a França e a Alemanha, tendo um pouco de agrião à volta, que é a Itália, e de molho, que é o Benelux. ([5])

Atualmente, esta perspetiva está ultrapassada. De Gaulle perdeu qualquer esperança de modificar a NATO. Após o fracasso da força multilateral, no final de 1965, os americanos propuseram a criação dum comité aberto a todos os países da NATO, encarregado de estudar os aspetos nucleares das medidas suscetíveis de ser decididas em caso de conflito. Com o objetivo de aceder deste modo, ainda que por uma via indireta, à responsabilidade no domínio nuclear, o Governo de Erhard aceitou esta perspetiva, provocando com isso a ira do general. Este, por não poder contar com o apoio de Bona, está agora decidido a retirar--se da NATO.

Já antes da eleição presidencial comunicara ao secretário-geral do Quai d'Orsay a sua mudança de altitude:

> É importante conservar boas relações com os Estados Unidos [...], mas não é por isso que é preciso sermos conciliadores... As alianças são celebradas para determinadas eventualidades em tempo de guerra e a que atualmente nos une foi feita para a hipótese dum ataque da Rússia à Europa Ocidental. Ora, na hora atual, esta ameaça [...] pode ser considerada inexistente. Nestas condições, se os americanos mantiverem a sua posição, poderemos aceitar examinar com eles o que convirá fazer se se verificar tal hipótese, mas isso não justifica de modo algum a existência dum comando unificado em tempo de paz, nem tão-pouco a permanência de tropas americanas no nosso território ou o direito de travessia aérea por parte dos aviões americanos. (6)

Em vez do tratado do Atlântico Norte, tal como funciona desde o pós-guerra, de Gaulle sugere a criação duma simples aliança com os anglo--saxões de que a Alemanha e, acessoriamente, a Itália seriam excluídas.

> É impensável uma aliança com a Alemanha, dado que não temos os mesmos fins, nem os mesmos objetivos. A Alemanha pretende alterar as suas fronteiras a leste e adquirir o controlo das armas atómicas. É grande a responsabilidade dos Estados Unidos ao encorajá-los a optar por este caminho. (7)

O general está tão dececionado com a Alemanha que acrescenta:

> Mesmo em caso de ataque, reservamo-nos a possibilidade de intervir ou não, segundo as circunstâncias. Se Hamburgo, por exemplo, fosse

ocupada pelas tropas russas e os americanos interviessem, não faríamos necessariamente o mesmo se considerássemos que esta intervenção russa se ficava a dever a uma provocação alemã. (⁸)

Como é evidente, de Gaulle alterou bastante a sua posição. A lógica é mais do que nunca nacional e, por isso, a manutenção da França na NATO já não tem razão de ser.

Por fim, no dia 7 de março, o embaixador dos Estados Unidos, Charles Bohlen, é convocado ao Quai d'Orsay, sendo-lhe entregue uma carta destinada a Lyndon Johnson onde se anuncia que a França se retira da NATO. A reação de Washington é violenta: um porta-voz da Casa Branca fala de «punhalada». Numa nota não publicada, o presidente Johnson, por seu lado, refere-se a uma «utilização pouco sensata da soberania nacional e até destrutiva dos melhores interesses dos Aliados» (⁹). Os alemães também são muito críticos. Num primeiro momento, os americanos parecem acreditar que a vontade do general não será irrevogável, todavia, no final do mês de março, Paris anuncia que no dia 1 de julho as tropas francesas estacionadas na Alemanha retirarão do dispositivo da NATO. No dia 1 de abril de 1967, todas as bases americanas em França serão encerradas. No final do mês de junho, a viagem efetuada pelo presidente da República à União Soviética é outra ocasião para marcar a sua distância em relação aos Estados Unidos e afirmar uma linha própria da França. Tal como quando esteve reunido com Estaline, em 1944, de Gaulle não sente nenhuma simpatia pelo regime soviético, mas analisa-o friamente, o que o leva a pensar que, na longa história da Rússia, não passa dum epifenómeno e que, de momento, não parece ser agressivo. De Gaulle, é claro, é acolhido com grande deferência pelos três principais dirigentes: Leonid Brejnev, Alexei Kossyguine, chefe do Governo, e Nicolai Podgorny, presidente do Presidium do Soviete Supremo e, portanto, chefe de Estado. O presidente francês é o primeiro ocidental a ter entrada no cosmódromo de Baikonur. Um problema de fundo domina as conversações: o da Alemanha. O general esforça-se por convencer os seus anfitriões de que esta questão, cada vez mais preocupante, não poderia ter solução senão no quadro duma política nova que não estivesse fundada no antagonismo dos blocos. O chefe de Estado francês é evidentemente prudente. Por isso, recusa reconhecer a República Democrática Alemã, uma criação de Moscovo, mas afirma que as fronteiras definidas após a guerra são inalteráveis e que a reunificação não está na ordem do dia. Esboça sobretudo os contornos duma nova Europa, muito diferente da que fora até então construída:

> «A França,» diz ele a Leonid Brejnev, a 29 de junho, «é a favor da renovação da Europa, o que não é possível sem a União Soviética. Foi por isso que aqui vim.» ([10])

No plano concreto, o balanço da viagem é modesto. A criação de comissões permanentes destinadas a favorecer a cooperação económica é a iniciativa mais notável. «O que há de mais espetacular nesta viagem é justamente o ter tido lugar,» dirá Maurice Couve de Murville, campeão do *understatement*.

Percebe-se rapidamente que não se tratou senão duma primeira etapa. De facto, em viagem ao Camboja, de Gaulle pronuncia dois meses mais tarde, em Phnom Penh, um discurso em que denuncia energicamente a presença e a política americanas no Vietname:

> «Admiro e gosto dos americanos,» disse ele ao embaixador dos Estados Unidos durante uma escala em Adis-Abeba, «mas devemos dizer o que pensamos e os americanos agradecer-me-ão isso mais tarde. É do seu interesse e do interesse de todos que eu fale.» ([11])

No estádio de Phnom Penh, completamente cheio, de Gaulle não tropeça nas palavras:

> A menos que o universo caminhe para uma catástrofe, apenas um acordo político poderá restabelecer a paz. Não há dúvida nenhuma de que tal saída não está hoje ao nosso alcance [...] mas a França considera necessário afirmar que, na sua opinião, também não existe outra.

Entre de Gaulle e os americanos, o fosso aumenta. Convencido de que só importa a realidade nacional, o general afeta uma absoluta indiferença perante a estratégia anticomunista da Casa Branca. No plano militar tem, evidentemente, razão, pois os acontecimentos futuros provarão que não se vence uma guerrilha aumentando o esforço de guerra. Em relação ao fundo da questão, o chefe de Estado choca até os que lamentam as posições extremadas dos americanos.

Na tese americana (trata-se simplesmente duma revolta no Sul apoiada pelo Norte) há lugar, como observará justamente Alfred Grosser, para uma posição intermédia: a ajuda do Norte é tão completa que o Sul será pura e simplesmente anexado por este. ([12])

Entretanto, outros não deixam de fazer notar também que o general denuncia com muito menos ênfase a hegemonia soviética. Durante a sua viagem à URSS, recusou, ao que parece, deslocar-se aos países bálticos anexados, mas não chegou ao ponto de condenar publicamente o imperialismo soviético.

Pronunciada a 200 quilómetros da frente onde combatem os GI americanos, o discurso de Phnom Penh tem um impacto muito forte do outro lado do Atlântico. No departamento de Estado há quem se indigne por de Gaulle não ter mencionado a presença comunista. Em Moscovo, regista-se apenas o facto: a 1 de dezembro, em visita a Paris, um Kossyguine cínico especificará que o Vietname do Norte está totalmente dependente da ajuda soviética e, acessoriamente, que a URSS não está de modo algum interessada nos desígnios europeus do general.

> «Em princípio,» diz ele a de Gaulle, «seria efetivamente muito bom que pudéssemos chegar a acordo. No entanto, quando começamos a expor uma tal política, surgem certas dificuldades. Em que aspetos poderíamos fazer convergir politicamente os nossos pontos de vista de acordo com a perspetiva que o senhor apresenta?» ([13])

Quanto mais o tempo passa, mais o general parece ter apenas como horizonte terminar normalmente o seu mandato, como se já não agisse para a História. No final de 1966, quando Willy Brandt se torna ministro dos Negócios Estrangeiros do Governo de coligação formado pelo democrata-cristão Kurt Kiesinger, demonstra-lhe uma simpatia evidente: embora o julgue demasiado próximo dos americanos, aprecia a sua vontade de diálogo com o bloco soviético.

> «Nada é pior para a Europa,» diz-lhe a 16 de dezembro, «do que uma hegemonia americana que nos abafa, que nos impede de sermos nós mesmos e de nos entendermos com o Leste.» ([14])

Após o fracasso do plano Fouchet, as suas ideias sobre a Europa mudaram profundamente. Diz com grande franqueza ao chanceler Kiesinger que preferia uma zona de comércio livre, que lamenta ter tido de aceitar o Mercado Comum e que se opõe à entrada da Grã-Bretanha nesta organização devido aos laços persistentes com a América.

Por outro lado, no plano interno, apenas os objetivos a longo prazo o parecem interessar verdadeiramente. Mais do que nunca acredita nas virtudes da associação capital-trabalho, meio de realizar uma terceira via entre o comunismo e o capitalismo. Sendo sabido publicamente que Georges Pompidou discorda desta perspetiva, parece inevitável que surja um conflito ao mais alto nível sobre este tema.

O antagonismo entre o chefe de Estado e o seu primeiro-ministro surge ainda mais nitidamente por não usarem a mesma tática face à oposição. Com a aproximação das legislativas da primavera de 1967, enquanto François Mitterrand conseguiu pôr de pé uma federação da esquerda democrática e socialista e Jean Lecanuet anuncia a próxima criação dum Centro Democrático, Georges Pompidou aplica toda a sua energia a unir a maioria, aliás, não sem dificuldade, uma vez que Valéry Giscard d'Estaing, demitido por si do Governo, pretende manter a autonomia dos seus republicanos independentes. Quanto a de Gaulle, mantém uma maior distância. Formalmente, nunca aderiu à teoria da necessidade duma maioria. A perspetiva duma derrota inquieta-o menos do que ao primeiro-ministro. Para si apenas conta a sua legitimidade e di-lo claramente a Alain Peyrefitte.

> Se não tivermos maioria na Assembleia, dispensá-la-emos. Desde que não sejamos completamente esmagados, obviamente. Esta Constituição foi feita para governar sem maioria… Quatrocentas e oitenta e cinco eleições locais não podem prevalecer sobre a eleição solene do presidente. [15]

Contudo, com a aproximação das eleições, a lógica do afrontamento prevalece. Obrigado a aceitar uma unidade de candidatura desde a primeira volta, Valéry Giscard d'Estaing reage com vigor defendendo o «sim, mas» em relação ao regime gaullista, a que de Gaulle replica que não se governa com «mas».

Por fim, após uma primeira volta que até foi encorajadora para o poder, este acaba por obter uma maioria de apenas um lugar. Quatro ministros, e não dos menos importantes (Pierre Messmer, Maurice Couve de Murville, Jean Charbonnel e Alexandre Sanguinetti) saem derrotados e Valéry Giscard d'Estaing, devido à posição de charneira do seu grupo, recupera o seu papel dominante. Mas para de Gaulle o mais aborrecido é não poder mudar de primeiro-ministro, que era a sua intenção. Para substituir Pompidou pensava convidar Couve de Murville, mas, como este saiu derrotado, impõe-se a manutenção do primeiro-ministro em funções.

O novo Governo não traz qualquer surpresa. Maurice Couve de Murville, apesar da sua derrota, mantém o lugar. Maurice Schuman regressa com a pasta da Ciência, enquanto Jacques Chirac, um próximo de Pompidou, é nomeado secretário de Estado do Emprego. Para ultrapassar as resistências de uns e de outros no parlamento, o primeiro-ministro, com a aprovação do general, decide recorrer a decretos, em conformidade com o artigo 38 da Constituição, para restabelecer o equilíbrio financeiro da Segurança Social, alcançar o pleno emprego e introduzir a participação dos trabalhadores nos resultados do crescimento. No Governo, a única voz discordante é Edgard Pisani, que apresenta a sua demissão.

Embora os resultados das eleições não lhe tenham sido realmente favoráveis, e no seio da maioria Valéry Giscard d'Estaing faça sentir cada vez mais a sua posição divergente (em privado, diante do embaixador dos Estados Unidos, afirma que o general está «atrasado uma época», pondo em causa sobretudo as suas ideias sobre a ordem monetária internacional) [16], de Gaulle multiplica as iniciativas no plano internacional como se, antes de abandonar o palco, desejasse lançar ainda alguns desafios e sobretudo opor-se aos pontos de vista americanos.

Isso condu-lo, em primeiro lugar, a reafirmar, durante uma conferência de imprensa realizada a 16 de maio, a sua oposição à entrada da Grã--Bretanha no Mercado Comum, numa fase em que as instituições europeias estão a ser criadas. Mais ou menos na mesma altura, distancia-se espetacularmente de Washington, adotando uma posição muito pessoal na nova crise que agita o Médio Oriente. De facto, o encerramento do golfo de Akaba por Nasser criou grande tensão e inquietação nos israelitas. Lévi Eshkol pressiona-o a condenar a iniciativa de Nasser, mas de

Gaulle recusa, contentando-se em expressar, a 24 de maio, a inquietude que a situação lhe provoca. «Não façais a guerra, este é o conselho dum amigo e dum homem que conhece as consequências das coisas,» ([17]) diz ele a Abba Eban, ministro israelita dos Negócios Estrangeiros, de passagem por Paris. De Gaulle pede uma concertação diplomática, mas os russos recusam.

Quanto ao fundo do problema, o general não tem qualquer ilusão. Numa carta dirigida ao primeiro-ministro israelita, chegou mesmo a admitir que o fecho do estreito de Tiran constituía um ato de guerra. Sabe também qual é o seu prestígio e o peso que teria se defendesse o direito ao Médio Oriente. Apesar de tudo isso, pensa que é necessário reequilibrar a política francesa para o Médio Oriente e a revisão dos laços criados entre Israel e a França durante a IV República.

A partir de agora, esta linha está claramente definida e não mudará mais, apesar das exortações do primeiro-ministro israelita.

No dia 2 de junho, é dado um novo passo quando, numa declaração lida pelo ministro da Informação, de Gaulle faz saber que a França condenará o estado que primeiro utilizar as armas. Paris decide de imediato o embargo de todas as entregas de armas com destino aos países árabes e ao estado hebraico.

A 5 de junho, quando Israel sai vencedor duma guerra relâmpago de seis dias, o isolamento do general é manifesto. A oposição, sobretudo pela voz de Pierre Mendès France e de François Mitterrand, desaprova a sua posição, que apenas é aceite pelo Partido Comunista. No interior da maioria, fazem-se ouvir vozes discordantes e até Michel Debré e André Malraux ficam embaraçados e incomodados. Um pouco mais tarde, Raymond Aron manifestará a sua discordância num livro intitulado *De Gaulle, Israël et les Juifs*.

> «A trapaça quando ao serviço duma grande obra é facilmente perdoada,» escreve ele, «mas o mesmo não se passa quando o objetivo cheira a petróleo e a inversão das alianças parece ditada pelo humor, o amor-próprio ferido e cálculos obscuros.» ([18])

Aron faz um diagnóstico correto. Embora de Gaulle não seja evidentemente antissemita, para si apenas conta o interesse nacional francês e não algum afeto que o faça inclinar-se a favor de Israel.

«Desde 1957 que muitas coisas mudaram, em particular em relação ao mundo árabe,» dirá ele muito diretamente a Harold Wilson, no dia 19 de junho. «Durante a guerra, a opinião pública esteve superficialmente do lado de Israel, país pequeno e infeliz, mas no fundo os franceses e eu próprio não somos a favor que de Gaulle se una aos árabes… Nós não somos suficientemente ricos, contando apenas com as nossas próprias forças, nem tão desconfiados que nos disponhamos a morrer. Não acompanharemos os Estados Unidos numa crise internacional.»

Mal a crise é ultrapassada e o general muda de cavalo de batalha. Sempre se interessou pelo Quebeque, terra francófona, e, após a viagem rápida que aí fez, a sua reflexão amadurece: na sua opinião, chegou o momento de levantar o problema da independência da velha província. Mais uma vez o desígnio de de Gaulle é maduramente pensado. Desde há meses – de facto, desde há anos – que de Gaulle se mantém ao corrente da evolução do Quebeque e sobretudo do aparecimento duma Frente de Libertação do Quebeque que não hesita sequer em recorrer ao terrorismo. Homens como Philippe Rossilon, um alto funcionário atípico, prestam-lhe informações no local. No início do ano, evidenciou a sua mudança de atitude ao recusar receber com as honras devidas a um chefe de Estado o seu velho amigo, o general Vanier, antigo embaixador em Paris, que se tornou governador do Canadá. Aliás, a sua intransigência neste aspeto conduziu à anulação da visita. No início de 1967, de Gaulle opôs-se também de forma categórica ao envio de felicitações a Otava pela celebração do bicentenário do Canadá.

Por estas razões, a viagem que o chefe de Estado deve efetuar ao Quebeque, por ocasião da exposição universal de Montreal, alimenta a inquietação dos governantes canadianos. No dia 22 de julho, quando está a bordo do *Colbert*, nas proximidades das costas canadianas, o *Times*, de Londres, escreve sobre a eventualidade duma intervenção do general sobre o tema da herança francesa que há demasiado tempo está adormecido no Quebeque.

No início da visita, todavia, tudo parece correr bem. Recebido pelo governador-geral Michener e o primeiro-ministro da província Daniel Johnson, de Gaulle garante: «Entre o Canadá, no seu conjunto, e a França não há nem haverá nunca outra coisa que não seja estima e amizade.» No entanto, a cada etapa o tom do general vai subindo, manifestando a sua simpatia aos que desejam colocar um ponto final na situação dos quebequenses. Num jantar oferecido por Daniel Johnson, afirma: «Assiste-se aqui à ascensão dum povo que quer dispor de si mesmo.» No dia 24 de julho, é a apoteose. Tomando a «estrada do rei», uma estrada com cerca de 300 quilómetros outrora dedicada pelos pioneiros franceses ao rei de França, de Gaulle dirige-se a Montreal. Em todas as aldeias que atravessa a multidão rejubila. Ao final da tarde, chega por fim àquela cidade. De acordo com o programa, deve simplesmente aparecer à varanda da câmara municipal, mas no último momento foram colocados uns microfones e pronuncia um discurso:

> O meu coração é invadido por uma intensa emoção ao ver à minha a frente a cidade francesa de Montreal. É em nome do velho país, é em nome da França, que vos saúdo. Saúdo-vos de todo o meu coração. Vou contar-vos um segredo que vos peço que não repitam a ninguém. Esta tarde, aqui e ao longo de toda esta estrada, encontrei-me numa atmosfera do mesmo género da que já encontrara na Libertação.

E após ter exortado o Canadá francês a libertar-se, de Gaulle conclui:

> Viva Montreal! Viva o Quebeque! Viva o Quebeque livre! Viva o Canadá francês e viva a França.

Ainda que fosse evidente que o general preparara uma intervenção espetacular (falara mesmo do seu projeto diante da tripulação do *Colbert* durante a travessia do Atlântico), talvez não tivesse antecipado o seu impacto. Os mais escandalizados são, evidentemente, os governantes canadianos. A comparação com a jornada de Libertação de Paris é tida como de muito mau gosto. O primeiro-ministro Lester Pearson qualifica de «inaceitáveis» as palavras proferidas por de Gaulle.

No Quebeque, é notório também um certo mal-estar nos meios oficiais. O presidente da câmara de Montreal, Jean Drapeau, fica consternado por de Gaulle ter utilizado a palavra de ordem dos terroristas ao gritar «Viva o Quebeque livre!». Segundo André Patry, colaborador do primeiro-ministro do Quebeque, Daniel Johnson [19], de Gaulle, exausto e um pouco surpreendido por ter desencadeado tal alarido, passou a noite a telefonar para Paris e decidiu encurtar a viagem, cancelando a deslocação a Otava e voltando a Paris sem mais tardar.

Acolhido em Orly pela totalidade do Governo, parece estar encantado com o seu périplo.

> «Ah, meus senhores,» diz ele aos seus ministros, «foi uma viagem magnífica, magnífica. Era necessário que eu falasse aos franceses do Canadá. Os nossos reis abandonaram-nos.»

No seu conjunto, os membros do Governo não partilham do seu entusiasmo. Georges Pompidou interroga-se sobre a atitude do general. Maurice Couve de Murville, em privado, fala de «uma parvoíce» [20].

Outras personalidades têm em geral reações ainda mais enérgicas. De Pierre Mendès France a Valéry Giscard d'Estaing, passando por Hubert Beuve-Méry, diretor do *Le Monde*, a maioria dos responsáveis condena a iniciativa do general. Apenas os comunistas a apoiam sem reservas.

A história, por seu lado, será mais compreensiva. Como é evidente, pode ser que o general tenha chocado ao utilizar palavras ofensivas e ao intervir nos assuntos internos doutro estado, mas ainda que a independência do Quebeque seja problemática, não se poderá negar que o seu gesto inusitado contribui para fazer evoluir uma situação injusta.

Na sua denúncia da política dos blocos, é claro que, apesar de tudo, de Gaulle elege como alvo privilegiado a América. Isso ficou patente na visita a Varsóvia, no início do mês de setembro, quando acabou por negar encontrar-se com o cardeal Wichinsky, primaz da Polónia e principal opositor ao regime comunista de Gomulka. Ao seu novo chefe de Estado-maior, o general Lalande, que fica surpreendido por ter ouvido o primeiro-ministro polaco fazer um discurso muito duro e muito anti--alemão na Dieta, não esconde os seus sentimentos profundos:

> Sabe, é preciso compreendê-lo. Aliás, esta criação da Alemanha de Leste convém-lhes muito. Mas temos de ver para além disso. Para mim, que a Alemanha seja cortada em duas, dá-me imenso gozo, é evidente. [21]

Quanto à questão do Próximo Oriente, de Gaulle afina pelo mesmo diapasão. A bordo do *Colbert*, falou aos oficias numa linguagem sem ambiguidades: «Os israelitas fazem um bom trabalho. Admiro-os e estimo-os muito. Mas não há nenhuma relação entre esta amizade, o Estado de Israel e os interesses da França. Não há aqui lugar para sentimentalismos.» ([22]) Ao mesmo tempo aproxima-se dos países árabes. Embora não o surpreenda, a obstinação de Israel em não renunciar aos territórios ocupados desde a Guerra dos Seis Dias oferece-lhe um novo pretexto de crítica e, a 17 de novembro, numa conferência de imprensa, fala de «um povo de elite, seguro de si e dominador». Estas palavras soam desta vez nitidamente como um escândalo. Raymond Aron, que manteve sempre certa distância em relação ao sionismo, não esconde a sua desaprovação: «Escrevendo livremente neste país livre, direi que o general de Gaulle inaugurou nítida e voluntariamente um novo período da história judaica e talvez do antissemitismo.» Excecionalmente, o general julga útil explicar-se. Aproveitará a cerimónia dos votos de Ano Novo, no dia 1 de janeiro, para ter uma conversa com o grande rabino de França, Jacob Kaplan, e escreverá a David Ben Gurion. Ainda que a hipótese dum de Gaulle que teria passado a ser antissemita não seja defendida por ninguém, o erro cometido é por muitos considerado grave, inclusivamente nas fileiras gaullistas.

De desafio em desafio, parece que de Gaulle passou a habitar um mundo que não é o do cidadão comum. Para além disso, Georges Pompidou marca progressivamente o seu território e o congresso da UNR, realizado em Lille, entre 24 e 28 de outubro, consagra o seu papel de chefe da maioria.

A Onda de Maio

«A França aborrece-se...» O título deste artigo de Pierre Viansson-Ponté, no *Le Monde* de 15 de fevereiro de 1968, passou à posteridade. De facto, no início de 1968, a França está num estado curioso. Em grande medida, de Gaulle recuperou o estatuto do país, mas acendem-se sinais vermelhos um pouco por todo o lado. A expansão abranda, a inflação sobe, o défice do comércio externo aumenta e, sobretudo, o poder de compra dos mais desfavorecidos – os trabalhadores com salário mínimo (SMIC) – não cessa de se deteriorar, perante a indiferença geral. Para além desta degradação do contexto económico e social, a França vive uma formidável mudança caracterizada pelo desmoronamento duma ordem antiga, baseada largamente em crenças religiosas, e a emergência dum estilo de vida muito mais individualista. Ora, esta mudança não é verdadeiramente acompanhada por de Gaulle. Em larga medida, o general recusa ou até não compreende nada destas transformações de costumes que estão a ocorrer. Quando Alain Peyrefitte lhe fala da necessidade de legalizar a contraceção, depara de início com um não categórico. Por fim, quando de Gaulle dá luz verde, introduz fortes restrições:

> As pílulas não devem ser pagas pela Segurança Social. Não são medicamentos. Os franceses querem um pouco mais de liberdade de costumes. Mesmo assim, não iremos reembolsar a bagatela. [1]

De forma mais genérica, de Gaulle continua a ser adepto de métodos relativamente autoritários, adaptados aos tempos de crise, mas muito menos aos dias comuns. Contra Georges Pompidou, adepto do livre acesso à universidade, pretende impor uma seleção à entrada no ensino superior, mas sem qualquer concertação, nem esforço de explicação. «Toda a minha vida consistiu em fazer que outros façam o que não queriam fazer,» diz ele ao general Lalande ([2]).

Em janeiro, surgiram sinais de mal-estar, mas sem que ninguém imaginasse um instante sequer que a França estava prestes a viver um abalo terrível. Tudo começou em Nanterre com uma controvérsia sobre a liberdade sexual no interior das residências universitárias. Quando o ministro da Juventude e dos Desportos, François Missoffe, inaugurava a piscina da universidade, um estudante alemão, Daniel Cohn-Bendit, interpelou-o bruscamente, dizendo que a construção da piscina obedecia à vontade do poder em desviar o instinto sexual dos jovens para o desporto. Trocista, o ministro aconselhou o jovem provocador a dar um mergulho, resposta que o interpelado considerou tipicamente nazi. De imediato, foi levantado um processo de expulsão contra Cohn-Bendit.

A partir daqui, foram-se realizando manifestações violentas no meio estudantil. A oposição à guerra do Vietname favorece-as, precisamente no momento em que têm início em Paris as conversações entre americanos e vietnamitas. No entanto, ninguém nas altas instâncias se inquietou demasiado. De Gaulle manifestou-se apenas intrigado com os esquerdistas, «uns rapazolas, uns borguistas».

A tensão sobe mais a partir de 24 de abril quando Alain Peyrefitte, ministro da Educação Nacional, apresenta um projeto de seleção para acesso à universidade. No dia 1 de Maio, durante o desfile tradicional, a bandeira negra do anarquismo faz a sua aparição e, a 3 de maio, as perturbações tornam-se muito graves, o que não impede o primeiro-ministro de partir para o Afeganistão. Furiosos por terem visto alguns dos seus camaradas levados a conselho disciplinar, os estudantes invadem a Sorbonne. A polícia expulsa-os, mas o Quartier Latin passa desde então a estar em efervescência permanente. Pouco depois, surgem distúrbios e é erguida uma barricada na praça Edmond-Rostand. Na ausência de Georges Pompidou, Louis Joxe desempenha interinamente as suas funções, mas hesita em tomar algumas decisões.

«Estamos numa situação ambígua,» diz Alain Peyrefitte, «em que o papel do primeiro-ministro, teoricamente desempenhado pelo seu substituto interino, não o é verdadeiramente, e em que o chefe de Estado o desempenha parcialmente...» ([3])

No domingo, dia 5, tendo ficado em Paris, ao contrário do que lhe era habitual (costuma ir todos os fins de semana para Colombey), de Gaulle convoca Louis Joxe, Alain Peyrefitte e o ministro do Interior, Christian Fouchet. Os ministros tendem para a contemporização. Todavia, a opinião do general não é essa: dá instruções de firmeza e ordena que não se volte a abrir a Sorbonne. É evidente que a situação lhe escapa. No dia seguinte recebe Louis Terrenoire, fiel entre os fiéis, que anota no seu diário:

> Estamos perante desordens universitárias que começaram em Nanterre, mas de Gaulle não avalia de modo nenhum a sua gravidade, nem pressente como irão evoluir. ([4])

O que Louis Joxe recorda é semelhante:

> O general mudou. Estava confuso devido a esta revolta estudantil. Disse-me de manhã: «No fundo, não há razão para inquietações. Não passa duma estudantada.» À noite, pelo contrário, mudara de opinião e dava ordens para que se abordasse a questão diretamente. ([5])

As condenações pronunciadas contra os estudantes geram rapidamente novas perturbações e a opinião pública parece simpatizar com a contestação. No dia 8 de maio, cinco prémios Nobel, François Jacob, Alfred Kastler, André Lwoff, François Mauriac e Jacques Monod, reclamam medidas apaziguadoras. Desencadeia-se uma engrenagem fatal: ao declarar que recuperarão a Sorbonne logo que seja aberta, Jacques Sauvageot, um dos dirigentes do movimento estudantil, torna impossível qualquer gesto da parte do poder. No dia 10, a situação torna-se insurrecional. O Quartier Latin é ocupado. As barricadas proliferam e, embora tenha grande preocupação em evitar qualquer derrapagem violenta, o prefeito da polícia Maurice Grimaud é obrigado a dar ordem de ataque. Desde 6 de fevereiro de 1934, nunca as forças policiais tinham sido levadas a realizar operações tão delicadas. Graças ao sangue-frio de Maurice Grimaud e dos seus homens, não há a lamentar nenhum morto, apesar de os feridos serem em grande número.

Estes acontecimentos dramáticos desenrolam-se na cúpula do Estado numa atmosfera irreal. Georges Pompidou continua no Afeganistão, Louis Joxe, partidário duma linha moderada, a exemplo de Christian Fouchet, continua a assumir interinamente as funções, mas respeita as diretivas dadas pelo general. Por seu lado, este dorme enquanto decorrem os distúrbios. Só será acordado às cinco da manhã pelo seu ajudante de campo. Se estivesse presente, Georges Pompidou tê-lo-ia avisado certamente mais cedo.

Furioso, de Gaulle convoca uma reunião de crise a realizar no seu gabinete uma hora e meia mais tarde. Pierre Messmer, ministro das Forças Armadas, está presente e, com autoridade, dissuade o chefe de Estado de recorrer ao contingente para manter a ordem. Louis Joxe, por seu lado, não consegue obter dele um gesto de apaziguamento. «Dissemos-lhe,» contará Louis Joxe a Peyrefitte, «que esta escalada era absurda... O general foi intratável: "Não se capitula diante do inimigo."» (6)

Estava prestes a iniciar-se um drama quando Georges Pompidou regressa do Afeganistão. Mal desembarca do avião, informa os ministros que vão recebê-lo sobre a resolução que tomara: a Sorbonne será reaberta. Opondo-se a esta medida, Peyrefitte apresenta a sua demissão pouco depois. Quanto a Louis Joxe, está bem colocado para saber que de Gaulle se opõe totalmente à perspetiva referida pelo chefe do Governo e di-lo. A réplica sai disparada como uma bala – o que seria inimaginável alguns meses antes: «O general já não existe, de Gaulle morreu, já não há mais nada.» (7)

No entanto, para surpresa geral, Pompidou consegue fazer aceitar o seu plano pelo chefe de Estado. De facto, ameaçou demitir-se se não obtivesse uma resposta positiva e de Gaulle cedeu. Na cúpula do Estado a crise alastra.

Algumas horas após o seu regresso, Georges Pompidou anuncia ao país as suas decisões. No dia 13, um imenso cortejo que reúne todas as tendências da esquerda desfila desde a Gare de l'Est até Denfert-Rochereau. Reaberta a Sorbonne, esta foi imediatamente reocupada, mas não há incidentes violentos. Parece, portanto, que o chefe do Governo ganhou a sua aposta.

Há muito que o general pretendia fazer uma viagem oficial à Roménia. Estranhamente, não renuncia ao seu projeto. Portanto, no dia 14, após a sua partida para Bucareste, Georges Pompidou fica como único detentor do comando. Infelizmente, a situação não evolui de modo nenhum no sentido que este esperava. Nesse mesmo dia, na Assembleia Nacional, o seu discurso impressiona pelos seus largos horizontes, mas as desordens alastram por toda a parte. Na Sorbonne, desenrola-se um *happening* gigantesco e contínuo. No dia 15, o Odéon é tomado de assalto. Para além disso, o mundo operário começa a juntar-se ao movimento de contestação.

No dia 18, de regresso a Paris, após conversações com Nicolae Ceausescu em que manteve um discurso muito hostil à política dos blocos, de Gaulle não esconde o seu descontentamento:

> O que se passa já dura há demasiado tempo. Desta vez é uma barafunda, é a anarquia. Não se pode tolerar. É preciso acabar com isto. Já tomei as minhas decisões. Hoje vamos evacuar o Odéon e amanhã a Sorbonne. (8)

No entanto, Pompidou não cede. Calmamente, faz valer argumentos a favor duma resposta moderada. O general, por seu lado, mantém o seu ponto de vista e dá instruções ao ministro do Interior para manter uma firmeza absoluta: «Pois bem, Fouchet, é preciso fazer o que é preciso com a polícia, é preciso motivá-la.» (9)

Uma vez mais, a intervenção do prefeito da polícia revela-se providencial. As ordens do chefe do Estado são evidentemente irrealistas, arriscando-se a potenciar a violência. Com tato, Maurice Grimaud tenta ganhar tempo, evitando contrariar frontalmente o general.

Para sair da crise, de Gaulle tem uma ideia que o atrai: a organização dum referendo sobre a participação. Ao atacar as raízes do mal, espera ganhar o desafio. Enquanto Pompidou enfrenta uma moção de censura (que tem o voto de 34 centristas em 42), que acaba derrotada, de Gaulle prepara o seu plano de batalha. À saída duma reunião no Eliseu, o ministro da Informação, Georges Gorse, resumiu assim o ponto de vista do presidente da República: «A reforma sim, a desordem não.» Rapidamente se afigura que é difícil vencer o desafio. No dia 24, na televisão, o general tem uma má prestação, conforme ele mesmo reconhece.

Envelhecido, não consegue ser convincente sobre a necessidade de reformas. A partir daí o seu desencorajamento é manifesto:

> «É a barragem de Fréjus,» diz ele a Edmond Michelet [10]. «Tudo se desmoronou. É impossível alguém fazer alguma coisa contra um cataclismo destes... E depois há o problema de eu ter 77 anos.»

Sentindo-se em posição de força, os sindicatos aceitaram encontrar-se com o Governo e o patronato, no sábado 25, no ministério dos Assuntos Sociais, na rua de Grenelle. Estas negociações, em que o general não participa, começam debaixo duma enorme tensão. Ocorrem mais tumultos, mas desta vez houve mortos. O presidente do CNPF aceita de imediato um aumento de 33% do SMIC. A sequência das negociações revela-se mais difícil. No entanto, ao privilegiar a CGT pró-comunista, Georges Pompidou consegue um acordo com os sindicatos, não só em relação ao SMIC, mas também em relação à formação profissional, a segurança social e o direito sindical nas empresas. É um sucesso inesperado. Todavia, na segunda-feira, 27, às dez horas, fica-se a saber que, apesar das exortações do velho Benoît Frachon, a base, os operários da Renault, em Billancourt, recusam os acordos.

A situação é ainda mais confusa por a oposição estar a retirar dividendos dos acontecimentos. Na segunda-feira, 27, por convocação da UNEF e do PSU, tem lugar no estádio Charléty uma grande manifestação. Pierre Mendès France, que desempenha então uma função de recurso, toma parte nela, mas sem aceitar tomar a palavra.

Embora objetivamente o movimento contestatário se esvazie, o general parece tomado de grande perturbação. No dia 28, perante o general Lalande, tem um discurso quase desesperado:

> Perante um povo que está prestes a ficar paralisado, nada posso dizer. Não tenho confiança nenhuma. Sinto que caminhamos para a catástrofe, mas não lho posso dizer. [11]

Pouco depois, faz as mesmas confidências a Jacques Foccart:

> Não posso lutar contra a apatia, contra a vontade de todo um povo de se deixar desfazer. Não é possível. Não o podemos levar pelo braço indefinidamente. O que é que quer, fez-se o que se pôde. [12]

Por seu lado, a sr.ª de Gaulle confessa-se muito chocada por ter sido insultada na rua.

No dia 29 de manhã, quando François Mitterrand acaba de apresentar a sua candidatura à presidência da República, os colaboradores do general verificam que se preparam grandes mudanças. O Conselho de Ministros previsto para a manhã é anulado e pouco depois Xavier de La Chevalerie, chefe de gabinete do general, surpreende-se por ver membros do pessoal a preparar bagagens num dos pátios do Palácio. Confessar-se-á intrigado com estes preparativos. Jacques Foccart tenta informar-se. Em vão. Foram dadas instruções para manterem o silêncio. Cerca das 11 horas e 30 minutos, Foccart acaba finalmente por se cruzar com Alain de Boissieu. Exorta-o a levantar o moral do chefe de Estado: «Insista, porque, na verdade, isto não é possível, porque é abandonar o país.» ([13])

Introduzido no gabinete do sogro, o general de Boisseau passa por momentos difíceis. Segundo o testemunho que dará a Jacques Foccart, no dia 26 de outubro de 1968, e numa carta que lhe dirigirá mais tarde, fica-se a saber que de Gaulle se sente profundamente pessimista. Ao mencionar «uma conversa bastante viva e penosa com um interlocutor que me escutava sem reagir... neutralizado por um certo ambiente familiar, pela fadiga e pelo desgosto,» ([14]) Boissieu não deixa pairar qualquer dúvida: o general queria ir à Alemanha para ver o general Massu, comandante-em-chefe das tropas francesas do outro lado do Reno. Quando muito, aceitou não tomar nenhuma decisão definitiva na sequência dessa viagem. Há um indício importante que ressalta deste testemunho irrecusável: quando se separam, de Gaulle quis entregar-lhe uma carta destinada a apresentar a sua demissão a Georges Pompidou. Corretamente, Alain de Boissieu fez-lhe notar que esse texto, que era contrário à Constituição, carecia de valor, mas de Gaulle, parecendo ceder aos seus argumentos, não abandonou a ideia, pois meteu a carta no bolso.

Imediatamente após esta conversa, o general e a sr.ª de Gaulle foram para o heliporto de Issy-les-Moulineaux. Esperava-os um helicóptero. Oficialmente, o aparelho deve dirigir-se para Colombey, todavia, após uma escala em Saint-Dizier, rapidamente se vê que é outro o seu destino. É então que o piloto toma a direção da Alemanha com o cuidado de voar muito perto do solo a fim de escapar aos radares. Pela força das circunstâncias, ninguém sabe onde se encontra o presidente da República.

Em Paris, quando a notícia se torna conhecida nos meios oficiais, o pânico toma conta de todos. Prevenido por Bernard Tricot, secretário-geral do Eliseu, Georges Pompidou fica ainda mais inquieto por de Gaulle, antes de partir, lhe ter feito um telefonema curioso. Após ter insistido na sua necessidade de se afastar e de repousar, concluiu: «Estou velho, o senhor é jovem, é o senhor que é o futuro. Até à vista, um abraço.»

Entretanto, em Baden-Baden, sede do comando das tropas francesas na Alemanha, é assinalada a vinda do helicóptero. Avisado quando fazia a sua sesta, Massu assiste à chegada dum de Gaulle exausto e desencorajado. Segundo as suas múltiplas declarações, apenas a sua intervenção teria permitido que de Gaulle recuperasse.

Revelada na obra póstuma de Georges Pompidou, *Pour Rétablir une Vérité*, esta tese foi de imediato contestada pelos fiéis do general. Contradizendo a versão que ele mesmo dera a Foccart, o general Boissieu ([15]) insistia que esta escapada até Baden-Baden não passava duma manobra que tinha por objetivo lançar os franceses na estupefação. Aliás, a intenção inicial do chefe de Estado seria a de deslocar-se ao monte Saint-Odile e só a impossibilidade de falar com Massu ao telefone teria obrigado o helicóptero a dirigir-se a Baden-Baden.

Pelo contrário, surgiram múltiplos testemunhos a sustentar a versão apresentada por Jacques Massu. Na sua declaração mantida durante muito tempo secreta, o general Lalande, que não pode ser suspeito da menor parcialidade (companheiro durante a Libertação, foi chefe de Estado-maior do general), referiu pormenores decisivos que corroboram a tese de Massu: encarregado de acompanhar Philippe de Gaulle e a sua família (que passaram 15 dias em Baden-Baden), ficou chocado com o desencorajamento do general e da sr.ª de Gaulle e, sobretudo, após o volte-face do presidente da República ao decidir regressar a Paris, pela existência dum plano de camuflagem. Mas houve demasiadas pessoas que viram o general para que fosse razoável esperar que se guardasse segredo. Uma parte da verdade será revelada numa carta muito confidencial destinada ao embaixador. Verifica-se que a conclusão de Lalande é particularmente clara:

No momento em que finalmente os helicópteros descolam e em que saudamos o chefe de Estado, somos tomados pela sensação de ter escapado a uma catástrofe. Nesta questão, Massu foi formidável e com o seu dinamismo conseguiu convencer e até fazer regressar o general.

Um último pormenor interessante: ao chegar a Baden-Baden, de Gaulle quis entregar a Lalande a carta destinada a Pompidou, que, apesar das exortações do seu genro, acabara por levar consigo.

Um facto é certo: ao deixar Paris, e independentemente dos seus projetos a longo prazo, de Gaulle desejava tornar-se inacessível e, deste modo, também repousar. Na própria noite desta jornada de graves consequências, pois Georges Pompidou nunca perdoará ao general tê-lo deixado na incerteza, encontra-se com aquele ao fazer escala em Colombey para aí dormir. Na verdade, já ganhou a partida. O seu desaparecimento provocou um choque, no entanto, segundo os testemunhos, entre os quais o do seu ajudante de campo François Flohic, é com o espírito sereno que escreve o discurso previsto para ser difundido.

No dia seguinte, ao meio-dia, está de regresso ao Eliseu. Antes do Conselho de Ministros previsto para as duas horas da tarde, recebe Georges Pompidou. Qualquer discussão parece fora de propósito. O primeiro-ministro, que pensava apresentar a demissão, consegue apenas que o referendo seja adiado e que a Assembleia seja dissolvida. Entretanto, Jacques Foccart organiza uma grande manifestação de apoio nos Campos Elísios.

Ao fim da tarde, quando o general fala na rádio, logo desde as primeiras palavras se sente que ele já ganhou. A personagem recuperou a sua energia, o seu sentido da ação, o seu gosto pelas fórmulas. A autoridade é soberana. A voz que recorda os sombrios anos da guerra e da ocupação não pode deixar de provocar emoção numa circunstância certamente menos dramática, mas grave ainda assim.

> Não me retirarei. Tenho um mandato do povo e cumpri-lo-ei. Não demitirei o primeiro-ministro, cujo valor, solidez e capacidade merecem a homenagem de todos. Dissolvo hoje a Assembleia Nacional. Em conformidade com a Constituição, se esta situação de força se prolongar, terei de tomar outras medidas, que não o escrutínio imediato do país, para manter a República.

Após ter denunciado a ameaça de ditadura comunista e condenado «a ambição e o ódio dos políticos que foram postos de lado», de Gaulle conclui:

> Muito bem: não! A República não abdicará. O povo voltará a erguer-se. O progresso, a independência e a paz vencerão, tal como a liberdade.

Após ter terminado o seu discurso, o general pode verificar o efeito que produz: da varanda do seu escritório, que dá para o jardim, ouve o impressionante ruído que sobe dos Campos Elísios, onde um milhão de manifestantes começa a desfilar atrás de André Malraux, Michel Debré, François Mauriac e outras grandes figuras do gaullismo.

O Governo formado no dia seguinte traz a marca do chefe de Estado. Enquanto Fouchet é sancionado e perde o seu posto de ministro do Interior, o gaullista de esquerda René Capitant toma posse da pasta da Educação, acrescentando que engolirá «a serpente Pompidou por dever». O primeiro-ministro surge ainda mais ameaçado por Maurice Couve de Murville ficar com o ministério das Finanças (onde depois será substituído por Michel Debré), o que parece reduzir a sua autonomia num domínio onde é natural intervir.

Pouco a pouco, a situação vai-se clarificando, embora se produzam ainda embates muito violentos. A 7 de junho, quando os estabelecimentos de ensino começam a reabrir, de Gaulle intervém na televisão numa entrevista com Michel Droit. A sua forma é brilhante e não o é menos a sua energia a favor da participação. A emissão acerta no alvo e, apesar de o regresso à ordem não se efetuar sem altos e baixos, as eleições legislativas que devem ter lugar a 23 e 30 de junho apresentam-se com boas perspetivas.

De facto, os gaullistas registam um triunfo. A esquerda não comunista, o partido comunista e os centristas, pelo contrário, sofrem um sério revés. No dia 30, a UDR obtém a maioria absoluta na Assembleia Nacional. Tudo estaria bem se esta vitória não pertencesse também a Georges Pompidou, cujo papel e solidez ao longo de todos os acontecimentos não passaram despercebidos à opinião pública. Com quase 80 anos de idade, de Gaulle sabe que tem de preparar a sua saída (o almirante de Gaulle revelará mais tarde que tinha intenção de se retirar por ocasião deste aniversário), mas antes disso, deseja concretizar uma última grande reforma: a participação, acompanhada por uma grande reforma regional. Como se sabe, Georges Pompidou não deixou de manifestar continuamente as suas reticências a esta perspetiva. Para além disso, o aumento do seu poder durante os acontecimentos irritou o general. São outros tantos motivos a militar a favor do seu afastamento.

Pouco depois do triunfo eleitoral e para surpresa de grande parte da opinião pública, de Gaulle dá a conhecer a sua decisão de nomear Maurice Couve de Murville para Matignon, na verdade, uma escolha em que já pensava há muito. Georges Pompidou fica ainda mais desgostoso por a sua substituição ter ocorrido após a resolução dum imbróglio que lhe fez pensar que o chefe de Estado desejava testar uma vez mais a sua fidelidade. Apesar duma carta calorosa e encorajadora escrita por de Gaulle, aludindo muito claramente à sua próxima candidatura à presidência da República, o antigo primeiro-ministro fica magoado. Porém, ainda não sabe que de Gaulle disse à frente de Jacques Foccart suspeitar que representara uma comédia quando disse estar fatigado, reconsiderando depois, embora demasiado tarde: «A tática existe, é preciso praticá-la, mas sou quem a pode praticar, não é a ele que pertence essa opção.» [16] De qualquer forma, agora tudo mudou no regime: ao lado dum de Gaulle idoso e que pareceu hesitar no mês de maio, Pompidou, elevado à presidência de honra do grupo UDR (foi eleito deputado do Cantal), faz figura de recurso.

É dizer pouco defender que a nomeação de Couve de Murville é desconcertante. Se a presença deste grande diplomata pareceria natural no Quai d'Orsay, já é difícil imaginá-lo em Matignon, atrelado ao quotidiano dos assuntos de Estado. Sendo o Governo que dirige idêntico ao do seu predecessor, exceção feita a Edgar Faure na pasta da Educação, parece impor-se a ideia duma sanção infligida a Georges Pompidou.

Oficialmente nada mudou. De facto, o ataque à autoridade do chefe de Estado e a degradação da situação financeira em consequência dos acontecimentos de maio provocam uma mudança de prioridades. Agora as questões económicas são as mais importantes e, neste domínio, o primeiro-ministro marca pontos ao concretizar, a 1 de julho, como estava previsto, a abertura oficial do Mercado Comum. Nos assuntos externos, pelo contrário, a margem de manobra parece agora mais estreita. Entretanto, a desconfiança do general em relação aos anglo-saxónicos e à Alemanha não diminui. Isso pode verificar-se, por exemplo, quando, na noite de 20 para 21 de agosto, as forças do Pacto de Varsóvia invadem a Checoslováquia, onde há meses que o secretário--geral do Partido Comunista, Alexandre Dubcek, tentava uma experiência de socialismo de rosto humano. Para o general, o acontecimento é evidentemente triste e condenável, mas sobretudo contraria a sua política de aproximação a Moscovo. Daí uma reação comedida por intermédio do Quai d'Orsay e mais cínica em privado: «É uma querela entre comunistas e, no fim de contas, é-me indiferente». Foi o que disse, aliás, algumas semanas mais tarde, a Olivier Wormser ([17]), embaixador em Moscovo, que lhe veio anunciar a probabilidade duma intervenção soviética. Na verdade, esta questão perturba os seus planos. De súbito, o seu sonho duma Europa liberta da tutela americana arrisca desfazer--se e o general está ainda mais inquieto porque, conforme diz nas suas notas, «os russos, para garantir a sua segurança, sobretudo em relação à Alemanha, irão sem dúvida mais longe». Ao novo embaixador dos Estados Unidos, Robert Sargent Shriver, cunhado de Kennedy, não esconde que, em caso de ameaça soviética contra a Alemanha, conta sobretudo com a proteção americana, porque os europeus, e em particular a França, não dispõem de meios para reagir. Inquieta-se o embaixador: «Utilizarão as vossas forças clássicas em caso de ataque russo contra os alemães?». A resposta do general é desprovida de ambiguidades:

> Não queremos ser invadidos. Este é o primeiro aspeto. Os meios a usar para não sermos invadidos são outros. Mas antes de mais importa o que irão fazer os Estados Unidos. ([18])

De Gaulle está tão irritado com este problema que responsabiliza... os alemães!

> «Tudo isto aconteceu,» diz ele em setembro ao chanceler Kiesinger, «porque a cooperação franco-alemã não funcionou, porque a Alemanha pretendeu conduzir a sua própria política... O procedimento dos russos é completamente natural, porque eles querem manter o seu domínio sobre o império, nomeadamente do ponto de vista ideológico. Não é impossível que tentem atingir os seus objetivos ameaçando a própria República Federal.» ([19])

Embargado pelo novo contexto internacional, de Gaulle concentra a sua energia nos problemas internos. O primeiro objetivo é tornar possível o recomeço efetivo das aulas na universidade. Com esta finalidade, Edgar Faure, o novo ministro da Educação Nacional, põe em campo todo o seu talento. Em breve verá a luz do dia uma nova lei de orientação universitária, muito criticada à direita, que consagra a autonomia das universidades, a avaliação contínua dos conhecimentos, a extinção das aulas magistrais e a eleição dos responsáveis universitários. Não há dúvida de que o general não está nada entusiasmado com esta lei, mas, não podendo apresentar outra solução, também não a repudia. A urgência impõe-se, até porque os efeitos da crise da primavera se fazem sentir muito rapidamente no plano financeiro. O franco é atacado neste final do mês de setembro e parece inevitável proceder-se a uma desvalorização. Finalmente, é no último momento que Raymond Barre, vice-presidente da Comissão das Comunidades Europeias, consegue convencer o chefe de Estado a não proceder a um ajustamento monetário, que, na sua opinião, não é condição para obter o apoio dos bancos europeus. No sábado dia 23 de novembro, a notícia torna-se oficial: o franco perde a sua paridade. A prazo, a desvalorização é inevitável, mas seria catastrófico fazê-la a quente.

De Gaulle mostrou-se tão recetivo às ideias defendidas por Raymond Barre que pretende organizar o referendo a que teve de renunciar na primavera. Não só não abandonou o projeto, mas completou-o e aprofundou-o. Curiosamente, desta reflexão emergem no outono dois projetos, ligados de forma muito artificial e cujas relações com a participação não são nada evidentes: a regionalização e a reforma do Senado, estando este destinado a ser uma assembleia não parlamentar, consultiva e devendo representar as forças vivas da nação. Quando de Gaulle divulga o seu projeto, há muitos da maioria que se alarmam. Têm ainda mais motivos de inquietação por a reforma se ir fazer através dum referendo.

Quanto mais o tempo passa, mais o resultado desta consulta parece incerto. Às razões de fundo em breve se junta um elemento conjuntural. Desde que deixou Matignon, Georges Pompidou faz figura de pretendente. Ora, na *rentrée* o seu nome e o da sua mulher foram envolvidos na questão Markovic, o nome dum guarda-costas do ator Alain Delon que fora recentemente encontrado assassinado num depósito de lixo de

Yvelines. Um vagabundo chamado Akov chega mesmo a afirmar que aquele terá participado em orgias em que a mulher do antigo primeiro--ministro esteve presente. Avisado muito tardiamente sobre esta maquinação que o procurava rebaixar, Pompidou ficou furioso ao verificar que, não só nas mais altas instâncias ninguém pensou em o avisar, mas também, segundo rumores persistentes, o complô teria ramificações na cúpula do Estado. Ficou muito ressentido por o ministro das Finanças, René Capitant, ter parecido privilegiar uma tese que o comprometia, por Maurice Couve de Murvillle não o ter avisado e, finalmente, por de Gaulle não rejeitar o rumor.

«Nem na praça Vendôme, na casa do sr. Capitant, nem em Matignon, na casa do sr. Couve de Murville, nem no Eliseu,» escreverá depois, «houve a menor reação de gente de bem!» [20]

Georges Pompidou sente-se de imediato liberto de qualquer lealdade em relação ao general. Por isso, em meados de janeiro, em viagem a Roma, confia aos jornalistas que, quando chegar o momento, apresentará a sua candidatura ao Eliseu. Nas semanas precedentes, em várias ocasiões fizera as mesmas declarações perante audiências informadas, mas desta vez a informação transmitida para Paris abre as primeiras páginas dos jornais. Agora, todos os que à direita pensam que o tempo de de Gaulle já acabou passam a ter um candidato e, evidentemente, a campanha referendária toma um curso totalmente diferente.

No círculo do presidente da República, alguns reconhecem que o resultado é agora aleatório e defendem o adiamento da consulta. Há alturas em que de Gaulle parece prestes a ceder, mas, por fim, a 2 de fevereiro, em Quimper, anuncia oficialmente a sua intenção de consultar o povo. A partir de então põe-se em movimento uma engrenagem fatal. São tantos os que se opuseram a de Gaulle! São tantos os interesses que foram contrariados pela sua vontade! Sentindo-se ameaçado, o Senado encontra na pessoa do centrista Alain Poher um presidente mais aberto ao diálogo do que Gaston Monnerville, mas não menos resolvido a defender a Alta Assembleia. Em todo o lado os notáveis se mobilizam de novo, enquanto o general hesita. «Sabe,» diz ele a Lalande, «não tenho pressa de fazer o referendo. Ninguém se interessa.» [21] Por fim, segue o conselho dos que dizem para não recuar. Quanto mais o tempo passa, mais cresce o campo dos opositores. Gaullistas incontestáveis como René Cassin, antigo vice-presidente do Conselho de Estado, e o jurista Marcel Prélot desaprovam abertamente a supressão do Senado.

Enquanto aguarda, o chefe de Estado continua, aparentemente com o mesmo ardor, o seu grande desígnio diplomático. No fim do mês de fevereiro, provoca um abalo nas chancelarias ao aparentar alguma abertura em relação à Grã-Bretanha, incitando-a através do seu embaixador em Paris, Sir Christopher Soames, genro de Churchill, a entrar no Mercado Comum. O abalo foi ainda maior por a perspetiva aberta pelo general ser acompanhada por um apelo a que abandonasse o eixo atlântico. Na verdade, como se ficará a saber mais tarde, parece que Soames extrapolou a partir de palavras de circunstância. No início do mês de março, quando o novo presidente americano, o republicano Richard Nixon, realiza uma viagem a França, de Gaulle tem mais sorte. Há muito que sente estima pelo vice-presidente de Eisenhower, um realista que prefere aos sonhadores messiânicos ao estilo de Roosevelt. A deslocação a Paris é ocasião para serem reatados os laços bastante frouxos com Washington, apesar de, bem entendido, se manterem as reservas da França em relação à política americana para o Vietname e a qualquer ideia de integração europeia ou atlântica.

A campanha para o referendo, por outro lado, dá muito menos motivos de satisfação. As oposições vão-se conglobando contra os projetos, sendo a mais inquietante a de Valéry Giscard d'Estaing. De acordo com vários testemunhos, neste momento, de Gaulle começa a ter dúvidas sobre o resultado. O fatalismo tomou agora conta dele e isso sente-se nas entrevistas televisivas com Michel Droit. Alguns chegam a perguntar-se se não procura um suicídio político. A hipótese é arriscada, mas é verdade que procura uma saída, consciente da sua idade e obcecado com a velhice que, por exemplo, devorou Pétain.

> «Se for sim,» diz ao general Lalande, «continuarei e procuraremos encontrar dalguma maneira uma solução, mas não será o mesmo, porque terei vencido no referendo. Mas, no fim de contas, venço nos dois casos.» [22]

No dia 25 de abril, sem ilusões quanto ao resultado, de Gaulle grava o seu último discurso. Sublinhando que o voto do dia 27 de abril «comprometerá o destino da França», afirma que «independentemente do número, da energia e da dedicação do exército dos que o apoiam,» abandonará as suas funções.

Após um almoço rápido, o general sobe para a sua DS em companhia da sr.ª de Gaulle. À saída do parque, na avenida Marigny, o coronel Laurent, comandante militar do palácio, saúda-o como é hábito. Todavia, pela primeira vez, de Gaulle manda parar o seu carro baixa o vidro e, sem uma palavra, aperta a mão do militar. Às quatro e meia da tarde chega à Boisserie. As suas primeiras palavras são para Charlotte, a criada de quarto: «Regressamos definitivamente. Desta vez é a sério.»

De facto, no domingo 27, o «não» ganha nitidamente com 53,97% dos sufrágios expressos. O resultado é tão incontestável que o general precipita as coisas ao tornar pública sem tardar a decisão que anunciara. Pouco depois da meia-noite, um comunicado cai de súbito sobre os telespetadores: «Deixo de exercer as minhas funções de presidente da República. Esta decisão tem efeito hoje ao meio-dia.»

«Nada vale a pena...»

Pela primeira vez desde que, em junho de 1940, fizera a sua entrada na História, Charles de Gaulle regressa à esfera privada sem esperança de regresso. Do que foram os seus primeiros dias na Boisserie não se sabe muito, exceto, por confidências dos seus próximos, que sentiu uma grande tristeza por ter perdido a sua última aposta. Como confessara ao general Lalande, estava certo de ter assim saído como devia, mas uma tal transformação da sua vida não poderia deixar de provocar uma sensação de perda. Sendo difícil de admitir, embora parecesse politicamente justificado, restava sobretudo o anúncio imediato da candidatura de Pompidou à Presidência da República. Esta amargura transparece, aliás, na carta em que não pôde deixar de acrescentar algumas fórmulas assassinas, embora julgue «naturalíssima e absolutamente indicada» a ambição do seu antigo primeiro-ministro:

> Não há dúvida de que teria sido preferível que não o tivesse anunciado algumas semanas antes, o que fez perder alguns votos ao «sim», o fará perder alguns votos a si e poderá sobretudo trazer dificuldades à sua personagem, se for eleito [...] Tendo em conta as dimensões do todo, é evidente que durante a campanha eu não me manifestarei de qualquer modo que seja.

Por esta razão e também porque há muito que sonha conhecer a Irlanda, país onde conta antepassados longínquos, a 10 de maio, o general, acompanhado pela sr.ª de Gaulle, pelo fiel Flohic e por uma pequena comitiva, toma o avião para Cook. Apesar de ser acolhido no aeroporto pelo primeiro-ministro, Jack Lynch, a sua estadia é puramente privada, pelo menos de início.

Durante a primeira etapa, no Hotel Heron's Cove, situado numa costa rochosa de grande beleza, as raras pessoas autorizadas a encontrar-se com ele ficam impressionadas com a sua tristeza e o seu pessimismo.

> «Fico contente se Pompidou for eleito,» diz ao embaixador da França, Emmanuel d'Harcourt. «Mas se for outro, mesmo um socialista, será igual. Já não será uma monarquia, aquilo vai descambar.» ([1])

Ao fim de alguns dias, de Gaulle recupera, no entanto, alguma serenidade. Em Cashel, segunda etapa da sua estadia, começa a redação das suas *Mémoires d'Espoir*, dedicadas ao período de 1958 a 1969. Diante dos seus próximos recorda frequentemente o início da França Livre e entrega-se a confidências relativamente às quais fora outrora mais reservado:

> O que lamento na minha vida é não ter instituído a monarquia, que não tivesse havido um membro da Casa de França para isso. Na verdade, fui um monarca durante 10 anos. Não há ninguém senão eu a ter uma política francesa.

Também não esconde as suas desilusões em relação à Europa:

> Para a construir, é verdadeiramente necessário um federador, o que Carlos Magno foi e Napoleão e Hitler tentaram ser.

À rédea solta sobre o tema, condena «Schuman, o boche» e «Monnet, o mistificador» ([2]).

No dia 2 de junho, ao instalar-se em Kerry, de Gaulle superou manifestamente a sua provação. Faz mais confidências, e bastante explosivas, a Emmanuel d'Harcourt:

Se me tivesse mantido no poder teria ajudado os valões, os do Jura, os genebrinos, os do cantão de Vaud e os habitantes das ilhas anglo-normandas a afirmarem-se. O que fiz no Quebeque é muito importante e deve permitir aos canadianos franceses encaminharem-se para o estatuto de estado independente... Os franceses, infelizmente, são medíocres. O mesmo se passa com os italianos e os americanos. Os soviéticos sê-lo-ão cada vez mais, porque assim a época o exige, é a sua lei. As pessoas de hoje não são heroínas. Desde que parti, tudo parou no plano internacional. (3)

No dia 17 de junho, de Gaulle desloca-se a Dublin para cumprimentar as autoridades do país que o acolheu. Tem oportunidade para se encontrar enfim com Eamon de Valera, «o pai da nação», que passou a ser presidente da República, e o aconselhar a ser independente dos ingleses. Tendo Georges Pompidou sido eleito presidente dois dias antes, de Valera pensa que o visitante se deve regozijar com isso, mas não ouve senão este breve comentário: «Sim, é o menos mau.»

No dia 18 de junho, Emmanuel d'Harcourt reúne alguns franceses na embaixada para um almoço, tendo como figura central o ilustre visitante. Apesar da sua cortesia, a todos de Gaulle dá a impressão de estar alheado. «Nada vale a pena, nada se passa e, no entanto, tudo acontece, mas isso é indiferente,» escreve ele no livro de ouro do embaixador, retomando um pensamento de Nietzsche. No dia seguinte, durante um grande almoço oferecido pelo primeiro-ministro em sua honra, no castelo de Dublin, parece, pelo contrário, que retomou a sua combatividade, a tal ponto que faz um brinde «a toda a Irlanda», desafiando assim, uma vez mais, os ingleses. O incidente não é evitado senão com a censura do registo pelas autoridades.

Regressado à Boisserie, donde não sai a não ser para uns passeios ou curtas estadias em casa de parentes, o general oscila entre o desprendimento, as recordações e a amargura. Embora o cidadão de Gaulle veja em Pompidou o mais apto para ocupar as funções que acaba de abandonar, a personagem histórica não pode deixar de ter um ponto de vista diferente. Disse-o muitas vezes: não se pode suceder a de Gaulle e o que pode ser feito pelos homens que detêm o poder situa-se noutro registo.

«O general trabalha na segunda parte das suas *Mémoires*,» escreve a sr.ª de Gaulle a uma amiga, em finais de setembro. «Já não quer envolver-se em coisa alguma, e muito menos dizer algo por intermédio de quem quer que seja. Ninguém foi encarregado de qualquer ação.»

Entre os seus antigos ministros, apenas podem ir vê-lo os que já não têm posições oficiais. Até quando recebe Maurice Couve de Murville, o general tem o cuidado de convidar também o seu cunhado, Jacques Vendroux, como testemunha da conversa, para evitar qualquer abuso das suas palavras. Apenas André Malraux tem um tratamento diferente. É conhecido o relato admirável que fez da sua visita a Colombey, em dezembro de 1969, em *Les Chênes qu'on Abat*.

Assaltado pela preocupação de concluir as suas *Mémoires d'Espoir*, de Gaulle não abandona o seu refúgio senão para se deslocar a Espanha, em junho de 1970. Desde a sua saída do Eliseu, deseja manifestamente não estar em França por ocasião do aniversário do apelo de 18 de junho e parece lamentar nunca se ter encontrado com Franco, que, quando abandonou as suas funções, lhe escreveu uma carta cujo conteúdo o sensibilizou. Mauriac, Malraux e muitos outros ficam surpreendidos com esta escolha, mas entendem que não o compromete senão a ele e, para além disso, que o papel que desempenhou durante a guerra o torna insuspeito. A visita limita-se afinal a uma breve conversa, seguida dum almoço, à saída do qual confessa ter-se encontrado com um anfitrião «muito velho» (embora seja mais novo do que ele)! «O senhor é o general Franco, e isso é alguma coisa. Eu fui o general de Gaulle,» teria dito o antigo chefe de Estado.

De regresso a França, após uma estadia turística na Andaluzia, de Gaulle já não sai mais da Broisserie. Raras visitas e alguns passeios pontuam esta existência muito recolhida. A 18 de setembro, o aparecimento inesperado do primeiro volume das *Mémoires d'Espoir* não deixa de ser um acontecimento nacional. Embora o acolhimento da crítica seja mais reticente do que no caso de *Mémoires de Guerre* – a escrita do general parece mais trabalhada, mais convencional – o êxito junto do público é imediato.

No dia 9 de novembro, cerca das 19 horas, o general, tal como faz todas as tardes, deixa o seu escritório e junta-se à sr.ª de Gaulle na biblioteca, enquanto espera pelo jantar. De súbito, quando se entretém com uma paciência, tem uma indisposição. Um grito, algumas palavras. Meia hora mais tarde tudo está acabado. A França e o mundo só saberão a notícia no dia seguinte de manhã.

As reações são à medida da personagem e do seu destino prodigioso. «Tudo o que se relacionava com a sua personalidade, incluindo os seus defeitos, era duma grande envergadura, duma dimensão desconhecida em França desde Napoleão,» constata finalmente com admiração o grande diplomata americano David Bruce [4], que muitas vezes discordou dos seus pontos de vista. Neste momento de emoções, raros são os que, como Pierre Mendès France [5], tentam distinguir o homem da guerra, quase unanimemente admirado, do fundador da V República, inevitavelmente mais controverso. Tal como outros gigantes da História, de Gaulle não revelava toda a sua dimensão senão na adversidade e nas tempestades. Embora o maquiavelismo inerente à sua personalidade tivesse marcado até ao fim muitas das suas ações, após 1958, não deixou de dar ao seu país, não só uma estabilidade institucional apreciável, mas também um estatuto incontestado no mundo e progressos decisivos em matéria económica. Com o correr dos anos, não há dúvida de que perdeu contacto com a juventude e uma parte das forças vivas. A sua conceção bastante singular da grandeza da França também pode ser discutida, mas até os seus piores adversários tiveram de reconhecer que ao abandonar voluntariamente o poder a 27 de abril de 1969 fizera uma saída magnífica, desmentindo os que pretendiam que, se tinha uma certa ideia da França, tinha também uma ideia muito pessoal da democracia.

Notas

UM HOMEM À PARTE

([1]) C. Guy, *En écoutant de Gaulle*, p. 213 (as referências completas das obras citadas figuram na bibliografia, p. 233).
([2]) M. Marcq, «La famille», in Fondation Charles-de-Gaulle. *Charles de Gaulle, la jeunesse et la guerre, 1890-1920*, Plon, 2001, p. 28.
([3]) *Ibid*.
([4]) Ph. de Gaulle, *Mémoires Accessoires*, t. 1, p. 17.
([5]) Ch. de Gaulle, *Le Fil de l'Épée*, Imprimerie nationale, 1996, p. 68.
([6]) Ch. de Gaulle, *L'Appel*, p. 2.
([7]) Citado por M. Thomas em «Une certaine idée de l'affaire», in *Charles de Gaulle, la jeunesse et la guerre, op. cit.*, p. 159.
([8]) Ch. de Gaulle, *L'Appel, op. cit.*
([9]) J.-R. Tournoux, *Pétain et de Gaulle*, p. 49.
([10]) Charles de Gaulle, *Lettres, notes et carnets*, t. 1, p. 85.
([11]) C. Guy, *op. cit.*, p. 213.
([12]) É. Roussel, *Charles de Gaulle*, p. 42.
([13]) J.-R. Tournoux, *op. cit.*, p. 42.
([14]) Texto amavelmente comunicado ao autor pelo bastonário Bernard de Bigault du Granrut.
([15]) Service historique de la défense, Conseil supérieur de la défense nationale, caixa 2, p. 374.

PROFETA NO DESERTO

(¹) Testemunho de G. Roditi ao autor, junho de 1996.
(²) O. Guichard, *Mon Général*, p. 59.
(³) P. Reynaud, *Le Problème Militaire Français*.
(⁴) É. Roussel, *Charles de Gaulle*, op. cit., p. 76.
(⁵) Citado por J. Lacouture, *De Gaulle*, t. l, pp. 301-302.
(⁶) O. Germain-Thomas e Ph. Barthelet, *De Gaulle jour après jour*, p. 37.
(⁷) P. Huard, *Le Colonel de Gaulle et ses Blindés*, p. 297.
(⁸) É. Roussel, *Charles de Gaulle*, op. cit., p. 84.
(⁹) *L'Action Française*, 1 de junho de 1940.
(¹⁰) J. Lacouture, op. cit., t. 1, p. 320.

O APELO

(¹) E. Roussel, *Charles de Gaulle*, op. cit., p. 993.
(²) Archives nationales, archives Paul Reynaud, 74 AP 22.
(³) Recordações inéditas de R. de Margerie.
(⁴) E. Roussel, op.cit., p. 99.
(⁵) Winston Churchill, *Mémoires*, t. 3: *L'Heure tragique*, p. 187.
(⁶) Sobre este ponto, vd. E. Roussel, op. cit., pp. 104-106.
(⁷) Ch. de Gaulle, *L'Appel*, op. cit., p. 56.
(⁸) C. Guy, *En Écoutant de Gaulle*, op. cit., p. 89.
(⁹) Ch. de Gaulle, *L'Appel*, op. cit., pp. 58-59.
(¹⁰) E. Roussel, op. cit., p. 109.
(¹¹) Service historique de la défense, fonds Weygand, 1K130, caixa 11.
(¹²) H. Amouroux, *La Grande Histoire des Français sous l'Occupation*, t. 2, p. 825.
(¹³) Recordações inéditas de R. de Margerie.
(¹⁴) E. Roussel, op. cit., pp. 111-115.
(¹⁵) Ch. de Gaulle, *L'Appel*, op. cit., p. 64.
(¹⁶) E. Spears, *Témoignage sur une Catastrophe*, pp. 346-356.
(¹⁷) Archives G. Courcel, relato inédito sobre junho de 1940.
(¹⁸) H. Amouroux, *Le 18 Juin 1940*, p. 327.
(¹⁹) *Ibid.*, p. 364.
(²⁰) Testemunho de Marianne Monnet-Nobécourt ao autor.
(²¹) E. Roussel, *Charles de Gaulle*, op. cit., pp. 128-130.
(²²) *Ibid.*, p. 1001.
(²³) PRO FO 371/24349, p. 30.
(²⁴) Archives nationales, fonds René Cassin, 382 AP 79.
(²⁵) E. Roussel, op. cit., p. 150.

«NÓS SOMOS A FRANÇA»

(¹) Simone Weil, *Écrits de Londres et Dernières Lettres*, Gallimard, 1957, p. 61.
(²) E. Roussel, *op. cit.*, pp. 160-161.
(³) *Ibid.*, p. 169.
(⁴) Churchill College, Spears Papers, SPRS 1/1136/5.
(⁵) E. Roussel, *op. cit.*, p. 179.
(⁶) Maurice Martin du Gard, *La Carte Impériale*, André Bonne, 1949, p. 122.
(⁷) J.-R. Tournoux, *Jamais Dit*, pp. 87-88.
(⁸) Testemunho do coronel Passy ao autor.
(⁹) Testemunho do general Massu ao autor.
(¹⁰) Testemunho de Pierre Messmer ao autor.
(¹¹) Institut Charles-de-Gaulle, Fonds d'histoire orale, testemunho de Philippe Dechartre.
(¹²) PRO FO 371/24361.
(¹³) *Ibid.*
(¹⁴) E. Roussel, *op. cit.*, pp. 194-195.
(¹⁵) MAE Guerre 1939-1945, Londres, Argel, caixa 189.
(¹⁶) Ch. de Gaulle, *L'Appel*, *op. cit.*, p. 145.
(¹⁷) Archives Nationales, Fonds Catroux, 72 AJ 428.
(¹⁸) Churchill College, Churchill Archives, Char 20/39/91-92, telegrama de Spears para Churchill, 5 de junho de 1941.
(¹⁹) Churchill College, Churchill Archives, Char 20/41/35-36, telegrama de Sir Olivier Lyttelton para Churchill, 22 de julho de 1941.
(²⁰) E. Spears, *Pétain et de Gaulle*, *op. cit.*, p. 165.
(²¹) E. Roussel, *op. cit.*, p. 225.
(²²) *Ibid.*, pp. 225-228.
(²³) *Ibid.*, p. 226.
(²⁴) *Ibid.*, pp. 227-228.
(²⁵) PRO FO 371/28545.

SÓ CONTRA TODOS

(¹) PRO FO 371/954/8.
(²) *Le Point*, 20 juin 1998.
(³) Archives Nationales, Fonds René Pleven, 560 AP 16.
(⁴) E. Muselier, *De Gaulle Contre le Gaullisme*, p. 226.
(⁵) *Ibid.*, p. 246.
(⁶) PRO PREM 3/120/4.
(⁷) *Ibid.*
(⁸) PRO PREM 3/120/4.
(⁹) Library of Congress, Leahy Diary, 4 de junho de 1941.

(¹⁰) *Le Komintern et la Seconde Guerre mondiale*, 1.ª parte, p. 101, Moscovo, 1998 (Les monuments de la pensée historique).
(¹¹) *Ibid.*
(¹²) *Ibid.*
(¹³) PRO FO 954, 5 de março de 1942.
(¹⁴) E. Muselier, *De Gaulle Contre le Gaullisme*, p. 336.
(¹⁵) PRO FO 371/3/960.
(¹⁶) Archives G. de Courcel, relato de E. d'Harcourt sobre a estadia na Irlanda do general de Gaulle, 1969.
(¹⁷) Arquivos de política externa da Federação Russa, fundo 136, inventário 26, dossiê 1010, pasta 183.

TOMADA DO PODER EM ARGEL

(¹) E. Roussel, *op. cit.*, p. 291.
(²) PRO 954/8, 27 de maio de 1942.
(³) Fondation Saint-John Perse, Archives diplomatiques d'Alexis Léger. Conversa de Gaulle-Boegner, 28 de maio de 1942.
(⁴) *Ibid.*
(⁵) E. Roussel, *op. cit.*, p. 308.
(⁶) F. Kersaudy, *De Gaulle et Churchill*, p. 188.
(⁷) *Ibid.*
(⁸) Archives MID (Moscovo), fundo Molotov, inventário 4, dossiê 267, pasta 2 579-81.
(⁹) PRO FO 954/8, p. 304.
(¹⁰) *Ibid.*
(¹¹) Hoover Institution Stamford (Califórnia, EUA), Robert Murphy Papers, Box 26, Folder 2.
(¹²) H. Couteau-Bégarie e C. Huan, *Darlan*, Fayard, 1988, p. 708.
(¹³) F. Kersaudy, *op. cit.*, p. 197.
(¹⁴) E. Roussel, *op. cit.*, p. 346.
(¹⁵) Archives nationales, fonds R. Cassin, AP 429, notas de G. Palewski sobre a conferência de Anfa.
(¹⁶) C. Hettier de Boislambert, *Les Fers de l'Espoir*, Plon, 1978, p. 383.
(¹⁷) Churchill College, Churchill Archives, carta de Churchill ao rei Jorge VI, 18 de fevereiro de 1943.
(¹⁸) Service historique de la défense, fonds Beauffre, 225 K2, carta de Linares à Giraud, 14 de dezembro de 1942.
(¹⁹) E. Roussel, *Jean Monnet*, Fayard, 1996, p. 359.

LIBERTAÇÃO

([1]) Churchill College, Duff Cooper Papers, DUFC 4/4 (outubro de 1943).
([2]) PRO FO 954/8, p. 203.
([3]) J. Laloy, *Yalta*, Laffont, 1988, p. 81.
([4]) J. Baumel, *Résister*, Albin Michel, 1999, p. 364.
([5]) F. D. Roosevelt Library.
([6]) Churchill College, Duff Cooper Archives, DUFC 4/4, carta de D. Cooper a Eden, 28 de março de 1944.
([7]) D. Cordier, *Jean Moulin*, Gallimard, 1999, p. 507.
([8]) Testemunho de J. Baumel ao autor.
([9]) PRO FO 954/9, pp. 58-59.
([10]) PRO FO 954/9, pp. 66-67.
([11]) F. Kersaudy, *De Gaulle et Churchill*, *op. cit.*, p. 276.
([12]) E. Roussel, *op. cit.*, p. 427.
([13]) Churchill College, Churchill Archives, Char 20/166/93, telegrama de Churchill a Montgomery, 14 de junho de 1943.
([14]) PRO FO 954/9, p. 334, Eden a D. Cooper, 17 de agosto de 1944.
([15]) Ch. de Gaulle, *Mémoires*, Pléiade, p. 568.

A PROVA DO PODER

([1]) Testemunho de Claude Bouchinet-Serreulles ao autor.
([2]) S. Ravanel, *L'Esprit de Résistance*, Seuil, 1995, p. 392.
([3]) J. Laloy, *Yalta*, *op. cit.*, p. 83.
([4]) Library of Congress, Papers of W. A. Harriman, Box 411, memorando de 18 de março de 1964.
([5]) D. D. Eisenhower Library, Presidential Papers, Principal File, Box 34.
([6]) Fondation Charles-de-Gaulle, Fonds d'histoire orale.
([7]) Arquivos privados de Jean Donnedieu de Vabres.
([8]) MAE, Secrétariat général, 1945-1960, vol. 1, Allemagne, 1945-1949.

DESERTO

([1]) Churchill College, Duff Cooper Papers, DUFC 4/6, 27 de janeiro de 1946.
([2]) *Ibid.*, p. 55.
([3]) Ch. de Gaulle, *Lettres, Notes et Carnets*, maio de 1945-junho de 1951, p. 188.
([4]) *Ibid.*, p. 538.
([5]) C. Guy, *op. cit.*, p. 241.
([6]) E. Roussel, *op. cit.*, p. 543.
([7]) *Ibid.*, p. 544.

(8) J.-R. Tournoux, *La Tragédie du Général*, pp. 110-111.
(9) J. Lacouture, *De Gaulle*, t. 2, p. 283.
(10) Service historique de la défense, fonds Général Ély.
(11) Arquivos do general de Rancourt, carta de 30 de outubro de 1956.
(12) Publicadas na Plon.
(13) Ch. de Gaulle, *Mémoires*, Pléiade, p. 647.
(14) Archives nationales, fonds L. Terrenoire, notas de 25-26 de fevereiro de 1956.
(15) *Ibid.*, 18 de maio de 1956.
(16) E. Roussel, *op. cit.*, p. 571.
(17) Archives nationales, fonds L. Terrenoire, 5 de março de 1958.

O FARDO ARGELINO

(1) J. Chauvel, *Commentaire*, Fayard, t. 2, pp. 21-22.
(2) Testemunho de Pierre Lefranc ao autor.
(3) E. Roussel, *op. cit.*, p. 633.
(4) *Ibid.*, p. 633.
(5) MAE, Secrétariat général, Entretiens et messages, vol. 8, 2 de junho de 1959.
(6) *Ibid.*, 24 de junho de 1959.
(7) Testemunho de J.-M. Soutou ao autor.
(8) Fondation Konrad-Adenauer, Rohndorf, texto inédito de K. Adenauer sobre o encontro de Colombey.
(9) E. Roussel, *op. cit.*, p. 618.
(10) Fondation Konrad-Adenauer, texto de Adenauer citado antes.
(11) E. Roussel, *op. cit.*, p. 643.
(12) *Ibid.*
(13) *Ibid*, p. 642.
(14) *Ibid*, p. 651.
(15) Service historique de la défense, fonds Général Ély, mensagem para M. Challe, 28 de janeiro de 1960.
(16) Archives nationales, fonds L. Terrenoire, notas de 30 de janeiro de 1960.

«SÓ OS IMBECIS RECUSAM SER INFELIZES»

(1) E. Roussel, *op. cit.*, p. 663.
(2) P. Viansson-Ponté, *Histoire de la République Gaullienne*, t. 1, p. 288.
(3) *Ibid.*, p. 308.
(4) Archives nationales, fonds L. Terrenoire, notas de 28 de novembro de 1960.
(5) *Ibid.*, 16 de dezembro de 1960.
(6) *Ibid.*, 4 de janeiro de 1961.
(7) *Ibid.*, 10 de janeiro de 1961.

(⁸) *Ibid.*
(⁹) Archives nationales, archives Paul Reynaud, nota de 10 de maio de 1961.
(¹⁰) J. F. Kennedy Library, Boston, NSF, Box 70, relatório de N. Wahl para o presidente Kennedy, 6 de agosto de 1961.
(¹¹) Archives nationales, fonds L. Terrenoire, notas de 30 de agosto de 1961.
(¹²) *Ibid.*, notas de 30 de setembro de 1961.
(¹³) *Ibid.*, notas de 4 de outubro de 1961.
(¹⁴) *Ibid.*, notes de 26 de outubro de 1961.
(¹⁵) *Ibid.*, notas de 21 de março de 1962.
(¹⁶) Testemunho de Charles Morazé ao autor.
(¹⁷) Fondation nationale des sciences politiques, fonds M. Couve de Murville, CM7, nota de 27 de fevereiro de 1961.
(¹⁸) P. Pflimlin, *Mémoires d'un Européen*, Fayard, 1991, pp. 204-205.

INDEPENDÊNCIA

(¹) L. B. Johnson Library, Correspondence of Ambassadors, Bohlen para McCearge Bundy, 2 de março de 1963.
(²) J. F. Kennedy, NSF, Box 72, Kennedy para C. Luce, 19 de fevereiro de 1963.
(³) Fundação Konrad-Adenauer, fundo Birrenbach, carta de D. Acheson para Birrenbach, 31 de janeiro de 1963.
(⁴) E. Roussel, *op. cit.*, pp. 750-751.
(⁵) A. Peyrefitte, *C'Était de Gaulle*, t. 1, p. 552.
(⁶) *Ibid.*, p. 111.
(⁷) E. Roussel, *op. cit.*, pp. 766-767.
(⁸) *Ibid.*
(⁹) L. B. Johnson Library, France Memo, vol. l, Bohlen para Johnson, 5 de março de 1964.
(¹⁰) Testemunho de W. Rostow ao autor.
(¹¹) E. Roussel, op. cit., pp. 769-770.
(¹²) *Ibid.*
(¹³) P. Viansson-Ponté, *Histoire de la République Gaullienne*, t. 2, p. 141.

ÚLTIMOS COMBATES

(¹) Testemunho de S. Servais ao autor.
(²) Testemunho de M. Grimaud ao autor.
(³) Testemunho de R. Gillet ao autor.
(⁴) E. Roussel, *op. cit.*, pp. 789-790.
(⁵) Testemunho de Ph. Ragueneau ao autor.
(⁶) E. Roussel, *op. cit.*, p. 792.

(⁷) *Ibid.*
(⁸) *Ibid.*
(⁹) L. B. Johnson Library, France NATO Dispute Cables, vol. 2/66-3/66, não datado.
(¹⁰) Arquivos MID (Moscovo), fundo 136, inventário 50, conversa Gaulle-Brejnev, 29 de junho de 1966.
(¹¹) NARA, Central Decimal File, Box 2/74, Korry to Secretary of State, 27 de agosto de 1966.
(¹²) A. Grosser, *Les Occidentaux*, Fayard, 1978, p. 309.
(¹³) E. Roussel, *op. cit.*, p. 807.
(¹⁴) *Ibid.*, p. 808.
(¹⁵) A. Peyrefitte, *C'Était de Gaulle*, t. 3, p. 42.
(¹⁶) E. Roussel, *op. cit.*, p. 820.
(¹⁷) *Ibid.*, p. 823.
(¹⁸) R. Aron, *De Gaulle, Israël et les Juifs*, p. 24.
(¹⁹) Testemunho de A. Patry ao autor.
(²⁰) Testemunho de M. Couve de Murville ao autor.
(²¹ Service historique de la défense, fonds Général Lalande, notas de 12 de setembro de 1967.
(²²) Arquivos do Ministério israelita dos Negócios Estrangeiros, carta de W. Eytan, agosto de 1967.

A ONDA DE MAIO

(¹) A. Peyrefitte, *C'Était de Gaulle*, t. 1, *op. cit.*, p. 583.
(²) Service historique de la défense, fonds Général Lalande, 19 de março de 1968.
(³) A. Peyrefitte, *C'Était de Gaulle*, t. 3, *op. cit.*, p. 467.
(⁴) Archives nationales, notas de L. Terrenoire (6 de maio de 1968).
(⁵) Testemunho de L. Joxe ao autor.
(⁶) A. Peyrefitte, *C'Était de Gaulle*, t. 3, *op. cit.*, p. 501.
(⁷) Testemunho de L. Joxe ao autor.
(⁸) M. Grimaud, *En Mai Fais ce qu'Il te Plait*, pp. 256-257.
(⁹) *Ibid.*
(¹⁰) Arquivos Ed. Michelet-Brive.
(¹¹) Service historique de la défense, fonds Général Lalande.
(¹²) J. Foccart, *Le Général en Mai*, p. 143.
(¹³) *Ibid.*, p. 147.
(¹⁴) *Ibid.*, p. 397.
(¹⁵) A. de Boissieu, *Pour Servir le Général.*
(¹⁶) J. Foccart, *op. cit.*, p. 275.
(¹⁷) *Revue des Deux Mondes*, 1978, pp. 590-595.
(¹⁸) E. Roussel, *op. cit.*, p. 275.

([19]) Arquivos do ministério alemão dos Negócios Estrangeiros, conversa de Gaulle--Kiesinger, setembro de 1968.
([20]) E. Roussel, *op. cit.*, pp. 897-898.
([21]) Service historique de la défense, fonds Général Lalande, 29 de fevereiro de 1969.
([22]) *Ibid.*, notas de 22 de abril de 1969.

«NADA VALE A PENA...»

([1]) Notas inéditas de E. d'Harcourt, arquivos G. de Courcel.
([2]) *Ibid.*
([3]) *Ibid.*
([4]) Virginia Historical Society, David Bruce Diary, 19 de novembro de 1970.
([5]) Vd. o seu artigo «Une grande destinée», *Le Monde*, 12 de novembro de 1970.

Anexos

Referências Cronológicas

1890.   *22 de novembro*: nascimento de Charles de Gaulle, em Lille.
1909.   Entrada em Saint-Cyr.
1912.   Saída de Saint-Cyr. Serve no 33.º Regimento de Infantaria em Arras, onde Pétain é coronel.
1914.   *agosto*: ferido em Dinant.
1915.   *março*: ferido em Mesnil-les-Hurlus após ter sido promovido a capitão.
1916.   Ferido com muita gravidade perto de Douaumont.
        2 de março: distinguido pelo exército. Feito prisioneiro pelos alemães. Tentará várias vezes evadir-se.
1919.   *abril*: voluntário na Polónia.
1920.   *junho*: nova missão junto do estado-maior polaco.
1921.   Professor de História em Saint-Cyr. Casamento com Yvonne Vendroux.
1922.   Admitido na Escola Superior de Guerra.
1924.   Publicação de *La Discorde Chez l'Ennemi*.
1926.   No Estado-maior do exército do Reno.
1927.   Comandante do 17.º Batalhão de Caçadores em Trèves.
1929.   No Estado-maior do general comandante das tropas do Levante.
1931.   Nomeado para o secretariado do Conselho Superior da Defesa Nacional.
1932.   Publicação de *Fil de 1'Épée*.
1933.   Publicação de *Vers 1'Armée de Métier*. Encontro com Paul Reynaud.

1935. P. Reynaud entrega no Parlamento uma proposta de lei, preparada por de Gaulle, que visa criar uma unidade blindada.
1937. Comandante do 507.º Regimento de Blindados, em Metz.
1938. Publicação de *La France et Son Armée*.
1939. Comandante interino dos blindados do V Exército.
Janeiro: entrega um memorando a 80 personalidades para que sejam finalmente criadas divisões blindadas.
1940. *maio*: general de brigada a título temporário.
1940. *5 de junho*: subsecretário de Estado da Guerra no Governo de Reynaud.
1940. *18 de junho*: apelo na BBC. Criação da França Livre.
1940. *setembro*: fracasso da operação em Dakar.
1941. *24 de outubro*: encontro com Jean Moulin.
1942. *junho*: sucesso dos Franceses Livres em Bir Hakeim.
1943. *janeiro*: encontro com Churchill, Roosevelt e Giraud em Casablanca.
30 de maio: chega a Argel. Criação do Comité Francês da Libertação Nacional, tornando-se em outubro o seu primeiro presidente.
1944. *14 de junho*: desembarca em França.
Chefe do Governo provisório.
Julho: viagem aos Estados Unidos.
25 de agosto: entra em Paris.
Dezembro: viagem a Moscovo.
1945. *8 de maio*: vitória sobre a Alemanha.
16 de novembro: as exigências dos comunistas levam-no a colocar o seu mandato de presidente do Governo provisório à disposição da Assembleia.
1946. *20 de janeiro*: o general abandona o poder e denuncia «o regime exclusivo dos partidos».
1947. *abril*: criação do RPF.
16 de junho: em Bayeux, de Gaulle expõe as suas ideias em matéria constitucional.
Outubro: o RPF regista uma vitória importante nas eleições municipais.
1951. *junho*: o RPF sofre um revés nas eleições legislativas.
1953. De Gaulle coloca o RPF no limbo: «Eis que chega o tempo das ilusões. É preciso preparar o recurso.»
1958. De Gaulle é o último presidente do conselho da IV República após a crise provocada pela situação na Argélia.
28 de setembro: a constituição da V República é aprovada em referendo.

21 de dezembro: de Gaulle é eleito Presidente da República. Michel Debré é nomeado primeiro-ministro.

1959. *16 de setembro*: o general anuncia o direito à autodeterminação dos argelinos.

1960. *24 de janeiro-1 de fevereiro*: «semana das barricadas» em Argel.

1961. *janeiro*: referendo sobre a organização dos poderes públicos na Argélia.
Abril: golpe militar na Argélia.

1962. *19 de março*: assinatura dos acordos de Évian.
Georges Pompidou substitui Michel Debré no cargo de primeiro-ministro.
22 de agosto: atentado do Petit-Clamart.
12 de setembro: o general propõe a eleição do presidente da República por sufrágio universal e direto.
5 de Outubro: o Governo Pompidou é derrubado.
28 de outubro: o projeto de eleição do chefe de Estado por sufrágio universal e direto é aprovado por referendo.
18-25 de novembro: sucesso dos gaullistas da UNR-UDT nas eleições legislativas. G. Pompidou é nomeado de novo primeiro-ministro.

1963. *22 de janeiro*: assinatura do tratado franco-alemão no Eliseu.
Março: início da greve dos mineiros.

1964. *janeiro*: reconhecimento da China popular.
Abril: operação no Hospital Cochin.

1965. *4 de novembro*: de Gaulle anuncia a sua intenção de solicitar um novo mandato.
19 de dezembro: reeleito presidente da República na segunda volta do escrutínio, com 54,49% dos sufrágios expressos.

1966. *janeiro*: G. Pompidou nomeado novamente primeiro-ministro.
Março: a França retira da NATO.
20 de junho-1 de julho: viagem à URSS.
1 de setembro: discurso de Phnom Penh.

1967. *5-12 de março*: a maioria gaullista sai enfraquecida das eleições legislativas. G. Pompidou é reconduzido nas suas funções.
24 de julho: discurso de Montreal. De Gaulle termina com: «Viva o Quebeque livre!»

1968. *maio*: crise estudantil.
29 de maio: de Gaulle vai a Baden-Baden falar com o general Massu.

30 de junho: após a dissolução da Assembleia Nacional, o general obtém uma maioria esmagadora nas eleições legislativas. Maurice Couve de Murville é nomeado primeiro-ministro.

23 de novembro: após uma grave crise financeira, de Gaulle decide não desvalorizar o franco.

1969. *27 de abril*: fracasso do referendo sobre a regionalização e a reforma do Senado. De Gaulle demite-se imediatamente.

1970. *18 de setembro*: publicação do primeiro volume *das Mémoires d'Espoir*.

9 de novembro: morte do general de Gaulle em Colombey-les--Deux-Églises.

Créditos Fotográficos

1: Edward R. Yerbury/Coleção Musée de l'Ordre de la Libération.
2 e 4: L'Illustration.
3: Rue des Archives/PVDE.
5: Roger-Viollet.
6: J. A. Hampton/Hulton Archives/Getty Images.
7: DITE/USIS.
8: Imperial War Museum/Archives Gallimard.
9: Nick de Morgoli/Time Life Pictures/Getty Images.
10: AFP.
11: Archives de l'Élysée/Archives Gallimard.
12: Raymond Depardon/Magnum Photos.
13: Jean-Pierre Bonnotte/Gamma/Eyedea.

© *Éditions Gallimard, 2008.*

Referências Bibliográficas

OBRAS DE CHARLES DE GAULLE

La Discorde Chez L'Ennemi, Berger-Levrault, 1924; Plon, 1972.
Le Fil de l'Épée, Berger-Levrault, 1932; Plon, 1971; Imprimerie nationale, 1996.
Vers L'Armée de Métier, Berger-Levrault, 1938; Plon, 1971.
La France et Son Armée, Plon, 1938 e 1969.
Três estudos: *Rôle historique des places françaises, La Mobilisation économique à l'étranger, Comment faire une armée de métier, Mémorandum adressé par le colonel de Gaulle aux généraux Gamelin, Weygand, Georges et à MM. Daladier et Paul Reynaud*, Berger-Levrault, 1945; Plon, 1971.
Mémoires de Guerre, t. 1: *L'Appel, 1940-1942*; t. 2: *L'Unité, 1942-1944*; t. 3: *Le Salut, 1944-1946*, Plon, 1954, 1956 e 1959.
Discours et Messages, t. l: *Pendant la Guerre, 1940-1944*; t. 2: *Dans l'Attente, 1946-1958*; t. 3: *Avec le Renouveau, 1958-1962*; t. 4: *Pour l'Effort, 1962--1965*; t. 5: *Vers le Terme, 1966-1969*, Plon, 1970.
Mémoires d'Espoir, t. 1: *Le Renouveau, 1958-1962*; t.2: *L'Effort, 1962--...*, Plon 1970 e 1971.
Lettres, Notes et Carnets, 13 vol., Plon.
Mémoires, Gallimard, Bibliothèque de la Pléiade, 2000.

OUTRAS OBRAS

MAURICE AGULHON, *De Gaulle, Histoire, Mythe, Symbole*, Plon, 2000.
HENRI AMOUROUX, *Le 18 Juin 1940*, Fayard, 1964.
——, *La Grande Histoire des Français sous L'Occupation*, 6 vol., Laffont, 1976 a 1986.
RAYMOND ARON, *De Gaulle, Israël et les Juifs*, Plon, 1968.
——, *Mémoires*, Julliard, 1983.
——, *Chroniques de Guerre. La France Libre (1940-1945)*, Gallimard, 1990.
JEAN AUBURTIN, *Le Colonel de Gaulle*, Plon, 1965.
——, *Charles de Gaulle*, Seghers, 1966.
VINCENT AURIOL, *Journal du Septennat*, Armand Colin, 2 vol., 1970-1971.
PHILIPPE BARRÈS, *Charles de Gaulle*, Plon, 1944.
JACQUES BAUMEL, *Résister*, Albin Michel, 1999.
SERGE BERSTEIN, *Histoire du Gaullisme*, Perrin, 2001.
PIERRE-LOUIS BLANC, *De Gaulle au Soir de sa Vie*, Fayard, 1980.
PIERRE DE BOISDEFFRE, *De Gaulle Malgré Lui*, Albin Michel, 1978.
——, *Le Lion et le Renard*, Le Rocher, 1997.
GENERAL DE BOISSIEU, *Pour Combattre Avec de Gaulle*, Plon, 1981.
——, *Pour Servir le Général*, Plon, 1982.
CLAUDE BOUCHINET-SERREULLES, *Nous Étions Faits pour Être Libres*, Grasset, 2000.
ÉTIENNE BURIN DES ROZIERS, *Retour aux Sources, 1962, l'année décisive*, Plon, 1986.
ALEXANDER CADOGAN, *Diaries*, Cassell, Londres, 1971.
RENÈ CASSIN, *Les Hommes Partis de Rien*, Plon, 1975.
WINSTON CHURCHILL, *Mémoires*, Plon, 12 vol., 1948-1954.
CHARLES G. COGAN, *Charles de Gaulle*, St. Martin's Press, 1996.
MAURICE COUVE DE MURVILLE, *Une Politique Étrangère, 1958-1969*, Plon, 1971.
JEAN-LOUIS CRÉMIEUX-BRILHAC, *La France Libre. De l'appel du 18 juin à la Libération*, Gallimard, 1996.
JEAN DANIEL, *De Gaulle et l'Algérie,* Seuil, 1986.
MICHEL DEBRÉ, *Mémoires*, 4 vol., Albin Michel, 1984.
——, *Entretiens avec le Général de Gaulle, 1961-1969*, Albin Michel, 1993.
ALAN DECAUX e ALAIN PEYREFITTE, *1940-1945. De Gaulle, Celui Qui a Dit Non*, Perrin Éditions TF1, 1999.

ÉVELYNE DEMEY, *Paul Reynaud, Mon Père*, Plon, 1980.
JEAN D'ESCRIENNE, *Le General m'A Dit... 1966-1970*, Plon, 1973.
——, *De Gaulle de Loin et de Près*, Plon, 1978.
ALFRED FABRE-LUCE, *Gaulle Deux*, Julliard, 1958.
——, *Le Plus Illustre des Français*, Julliard, 1960.
FRANÇOIS FLOHIC, *Souvenirs d'Outre-Gaulle*, Plon, 1979.
——, *Ni Chagrin, Ni Pitié*, Plon, 1985.
JACQUES FOCCART, *Journal de l'Élysée*, t. 1: *Tous les soirs avec de Gaulle, 1965--1967*; t. 2: *Le Général en mai, 1968-1969*, Fayard/Jeune Afrique, 1998.
CHRISTIAN FOUCHET, *Mémoires d'Hier et de Demain*, Plon, 1971-1973.
JEAN FOVER, *Sur les Chemins du Droit avec le Général. Mémoires de ma vie politique, 1944-1988*, Fayard, 2006.
HENRI FRENAY, *La Nuit Finira*, Laffont, 1973.
MAX GALLO, *De Gaulle*, 4 vol., Laffont, 1998.
PHILIPPE DE GAULLE, *Mémoires Accessoires, 1921-1946*, 2 vol., Plon, 1997.
——, *De Gaulle, Mon Père*, 2 vol., Plon, 2003-2004.
(As teses e afirmações de Philippe de Gaulle foram objeto dum exame crítico por parte de Pierre Nora, Jean Lacouture e Éric Roussel, em *Le Débat*, março-abril de 2005.)
OLIVIER GERMAIN-THOMAS e PHILIPPE BARTHELET, *De Gaulle Jour Après Jour*, F. X. de Guibert, Paris, 2000.
MAURICE GRIMAUD, *En Mai Fais ce qu'Il te Plait*, Stock, 1977.
YVES GUÉNA, *Le Temps des Certitudes, 1940-1969*, Flammarion, 1982.
OLIVIER GUICHARD, *Mon Général*, Grasset, 1980.
——, *Un Chemin Tranquille*, Flammarion, 1975.
HENRI GUILLEMIN, *Le Général Clair-obscur*, Seuil, 1984.
CLAUDE GUY, *En Écoutant de Gaulle. Journal 1946-1949*, Grasset, 1996.
STANLEY e INGE HOFFMANN, *De Gaulle Artiste de la République*, Seuil, 1973.
PAUL HUARD, *Le Colonel de Gaulle et ses Blindés*, Plon, 1980.
FRANÇOIS KERSAUDY, *De Gaulle et Churchill*, Plon, 1981.
H. KUSTERER, *Der Kanzler und der General*, Nerke, 1995.
JEAN LACOUTURE, *De Gaulle*, Seuil, 1969.
——, *De Gaulle*, 3 vol., Seuil, 1984-1986.
PAUL-MARIE DE LA GORCE, *De Gaulle entre Deux Mondes*, Fayard, 1964.
——, *La France Contre les Empires*, Grasset, 1968.
——, *De Gaulle*, Perrin, 1999.

ALAIN LARCAN, *Charles de Gaulle. Itinéraires intellectuels et spirituels*, Presses Universitaires de Nancy, 1993.
ALAIN LARCAN e JEAN-FRANÇOIS LEMAIRE, *De Gaulle et la Médecine*, Les empêcheurs de tourner en rond/Fondation Charles-de-Gaulle, 1995.
PIERRE LEFRANC, *Avec Qui vous Savez, Vingt-cinq ans aux côtés de De Gaulle*, Plon, 1970.
—, *De Gaulle Raconté aux Jeunes*, Éditions G. P., 1975.
—, *De Gaulle, un Portrait*, Flammarion, 1989.
—, *De Gaulle, Rencontre avec l'Histoire, photographie*, Solar, 1994.
—, *La Tentation de Charles de Gaulle*, Flammarion, 1994.
PIERRE MAILLARD, *De Gaulle et l'Allemagne, le rêve inachevé*, Plon, 1990.
—, *De Gaulle et l'Europe*, Tallandier, 1995.
ANDRÉ MALRAUX, *Antimémoires 1*, Gallimard, 1967.
—, *Les Chênes qu'on Abat*, Gallimard, 1971.
—, *La Corde et la Souris*, Gallimard, 1976.
FRANÇOIS MAURIAC, *Bloc-Notes, 1952-1957*, Flammarion, 1958-1960.
—, *De Gaulle*, Grasset, 1964.
PIERRE MENDÈS FRANCE, *La Vérité Guidait leurs Pas*, Gallimard, 1976.
FRANÇOIS MITTERRAND, *Le Coup d'Etat Permanent*, Plon, 1964.
JEAN MONNET, *Mémoires*, Fayard, 1976.
JEAN MORIN, *De Gaulle et l'Algérie. Mon témoignage, 1960-1962*, Albin Michel, 1999.
AMIRAL MUSELIER, *De Gaulle Contre le Gaullisme*, Le Chêne, 1946.
LUCIEN NACHIN, *Charles de Gaulle, Général de France*, Colbert, 1944.
LÉON NOËL, *Comprendre de Gaulle*, Plon, 1972.
—, *La Traversée du Désert*, Plon, 1973.
—, *De Gaulle et les Débuts de la V République, 1958-1965*, Plon, 1976.
GASTON PALEWSKI, *Mémoires d'Action, 1924-1974*, Plon, 1988.
ALAIN PEYREFITTE, *C'Était de Gaulle*, Gallimard, Quarto, 2002.
EDGARD PISANI, *Le Général Indivis*, Albin Michel, 1974.
GEORGES POMPIDOU, *Pour Rétablir une Vérité*, Flammarion, 1982.
JEAN POUGET, *Un Certain Capitaine de Gaulle*, Fayard, 1973.
JEAN-FRANÇOIS REVEL, *Le Style du Général*, precedido de «De la légende vivante au mythe posthume», Complexe, 1988.
PAUL REYNAUD, *Le Problème Militaire Français*, Flammarion, 1937.
—, *Mémoires*, Flammarion, 1963.
—, *Carnets de Captivité*, Fayard, 1997.

ÉRIC ROUSSEL, *Charles de Gaulle*, Gallimard, 2002.
DAVID SCHOENBRUN, *Les Trois Vies de Charles de Gaulle*, Julliard, 1965.
EDWARD SPEARS, *Témoignages sur une Catastrophe*, Presses de la Cité, 1961.
—, *Pétain et de Gaulle, deux hommes qui sauvèrent la France*, Presses de la Cité, 1966.
LOUIS TERRENOIRE, *De Gaulle et l'Algérie. Témoignage pour l'Histoire*, Fayard, 1964.
—, *De Gaulle, 1947-1954. Pourquoi l'échec?*, Plon, 1981.
JEAN-RAYMOND TOURNOUX, *Pétain et de Gaulle. Secrets d'État, un demi-siècle d'histoire non officielle*, Plon, 1964.
—, *La Tragédie du Général*, Plon, 1967.
—, *Le Mois de Mai du Général*, Plon, 1969.
—, *Jamais Dit*, Plon, 1971.
—, *Le Feu et la Cendre. Les années politiques du général de Gaulle, 1946--1970*, Plon, 1979.
BERNARD TRICOT, *Les Sentiers de la Paix. Algérie, 1958-1962*, Plon, 1972.
—, *Mémoires*, Quai Voltaire, 1994.
MAURICE VAISSE, *La Grandeur, 1958-1969*, Fayard, 1998.
PIERRE VIANSSON-PONTÉ, *Histoire de la République Gaullienne*, 2 vol., Fayard, 1970-1971.
IRWIN WALL, *Les États-Unis et la Guerre d Algérie*, Soleb, 2006.

Índice

UM HOMEM À PARTE	7
PROFETA NO DESERTO	21
O APELO	31
«NÓS SOMOS A FRANÇA»	45
SÓ CONTRA TODOS	61
TOMADA DO PODER EM ARGEL	65
LIBERTAÇÃO	89
A PROVA DO PODER	101
DESERTO	115
O FARDO ARGELINO	131
«SÓ OS IMBECIS RECUSAM SER INFELIZES»	147
INDEPENDÊNCIA	167
ÚLTIMOS COMBATES	181
A ONDA DE MAIO	195
«NADA VALE A PENA...»	211
NOTAS	217
ANEXOS	227
REFERÊNCIAS CRONOLÓGICAS	229
REFERÊNCIAS BIBLIOGRÁFICAS	233

BIOGRAFIAS

Lenine. Uma Nova Biografia, Dmitri Volkogonov
Maquiavel, Marie Gaille-Nikodimov
O Verdadeiro Fidel Castro, Leycester Coltman
Bismarck, A.J.P. Taylor
Napoleão, Steven Englund
Lawrence da Arábia, Adrian Greaves